전사자 숭배

Fallen Soldiers: Reshaping the Memory of the World Wars
by George L. Mosse

전사자 숭배

국가라는 종교의 희생제물

조지 L. 모스 지음 | 오윤성 옮김

문학동네

감사의 말

이 책은 근대 내셔널리즘nationalism과 그 귀결이라는 주제에 대한 나의 관심에서 출발했다. 이 책의 목적은 인명 경시의 문제, 그리고 우리 시대를 너무도 크게 잠식해온 대량살상이라는 문제를 더 잘 이해하고, 가능하다면 새롭게 바라볼 수 있게 하는 것이다. 여느 때와 마찬가지로 내가 내 주장을 개선하고 강화하고 때로는 재고하도록 한 하워드 퍼티그에게 큰 빚을 졌다. 케임브리지 대학 펨브루크 칼리지의 J. M. 윈터 박사와 나눈 수년간의 대화 역시 큰 도움이 되었다. 위스콘신 대학의 동료인 스탠리 페인은 원고를 읽고 자신의 방대한 식견을 빌려주었다. 독일의 전쟁 기념물에 대해서는 마인홀트 루르츠의 글을 광범위하게 참고했으며, 빌레펠트 대학의 라인하르트 코젤렉 교수의 기념물 목록화 작업도 완성되길 기대하고 있다. 내가 '전쟁 경험의 신화'를 처음 이야기한 것은 1977년 신시내티 대학의 '찰스 펠프스 태프트 기념 강의'에서였다. 1979년에는 오스트레일리아 국립대 사회과학연구소의 사상사 분과 연구교수로 있으면서 오스트레일리아 전쟁기념관의 훌륭한 1차대전 수집물을 이용할 수 있었다. 1986년에는 히브리 대학 고등학술원의 회원으로 있으면서 전쟁의 결과와 도상에 관한 생각에 새로운 차원을 들여올 수 있었다.

오랜 시간에 걸쳐 쓴 책이라 고마움을 표해야 할 도서관과 그

관계자도 많다. 특히 컬럼비아 대학과 위스콘신-매디슨 대학의 도서관에서 많은 도움을 얻었다. 이스라엘의 국립 히브리 대학 도서관, 영국의 임페리얼 전쟁박물관, 프랑스 국립도서관, 바이에른 주립도서관도 빼놓을 수 없다.

이 책의 내용 중 일부는 『현대사 저널*Journal of Contemporary History*』에 처음 실렸다. 4장은 조금 다른 형식으로 『총력전 시대의 독일*Germany in the Age of Total War*』(볼커 R. 베르크한, 마틴 키친 편집. Croom Helm, London, 1981)에 먼저 발표되었다. 8장은 『민주주의와 독재*Demokratie und Diktatur*』(만프레트 풍케 외 편집. Droste Verlag, Düsseldorf, 1987)에 실린 글을 크게 보충한 것이다. 의용병에 관한 주요 내용 일부는 『유럽과 미국의 종교, 이데올로기, 내셔널리즘*Religion, Ideology and Nationalism in Europe and America*』(The Historical Society of Israel and the Zalman Shazar Center for Jewish History, Jerusalem, 1986)에 먼저 실렸다.

마지막으로, 모범적 인내심으로 원고를 여러 번이나 타이핑해준 로이스 코코런에게 감사의 말을 전한다.

지난 시간 나를 지탱하는 가장 큰 힘이 되어준 데이비드 버코프에게 이 책을 바친다.

1989년 6월
위스콘신 주 매디슨에서
조지 L. 모스

차례

일러두기

1 이 책은 George L. Mosse, *Fallen Soldiers: Reshaping the Memory of the World Wars* (Oxford University Press, 1990)을 완역한 것이다.

2 원서의 주註는 책 뒤에 미주로 실었고, 본문 하단의 각주는 한국어판 독자들의 이해를 돕기 위해 넣은 주이며, 본문 중간의 [ ]는 역자 첨언이다.

3 단행본과 잡지는 『 』, 그림·노래·영화 등은 〈 〉로 구분했다.

1

서론: 새로운 종류의 전쟁

이 책은 인간이 근대 전쟁을 어떤 방식으로 마주했으며 그 정치적 결과들은 무엇인지를 다룬다. 대량살상은 아마도 가장 근본적 전쟁 경험일 것이다. 근대전 경험의 핵심도, 우리가 분석할 내용의 핵심도 그것이다. 많은 이들이 근대전을 통해 처음으로 조직적 대량살상과 맞대면했다. 이 경험의 역사는 우리 시대에 거듭 상처를 남긴 (전쟁을 통한, 또는 국가가 승인한 학살을 통한) 대규모 살인에 대한 태도들을 이해하는 데 더없이 중요하다. 대량살상 경험에서 비롯된 결과들은 오늘날 오히려 더 지대한 영향을 끼치면서, 공적 생활의 많은 부분을 관통하고 또 분극화하며, 내셔널리즘 역사의 새로운 단계를 구획하고 있다.

이 책의 초점은 제1차 세계대전이다. 대량살상의 경험이 이 전쟁에서 새로운 차원에 접어들었고 그 정치적 결과가 전간기戰間期*의 정치에 결정적 영향을 미쳤기 때문이다. 1차대전에서 전투중에, 또는 부상으로 인해 사망한 인명은, 1790년부터 1914년 사이에 벌어진 큰 전쟁들의 사망자 전체의 두 배를 웃돈다. 몇 가지 수치를 보면 1차대전의 기억을 지배한 대량살상 경험의 전례 없는 규모가 명확해질 것이다. 1차대전의 사망자는 약 1,300만 명이다.[1] 그전까지 역사상 가장 많은 피를 흘린 군사 작전이었던 나

*1차대전 종전 이후부터 2차대전 발발까지의 시기, 즉 1919~1939년.

폴레옹의 러시아 원정에서는 40만 명이 죽었다. 결전도 아니었던 1916년 솜 전투의 전체 사망자는 그보다 60만 명이 많았다. 19세기 최대의 전쟁이었던 프로이센-프랑스 전쟁(1870~1871년)에서는 프랑스군 15만 명, 프로이센군 4만 4,780명이 사망했다.[2] 1차대전 무렵이면 나폴레옹 전쟁의 대량 인명 피해는 기억에서 점점 희미해지고 있었고, 19세기 전쟁의 희생 규모는 앞으로 벌어질 사태에 견줄 바가 아니었다. 전사戰死는 1차대전을 계기로 새로운 차원에 접어들었고, 그 결과 그 죽음을 은폐하고 초월하기 위해서는 이전에 비해 훨씬 막대한 노력이 요구되었다.

1차대전에 이르러 처음 나타난 또다른 중요한 차원들도 사람들이 전쟁을 인식하는 방식에 영향을 미쳤다. 1차대전은 기술 시대의 전쟁, 새롭고 더 효과적인 통신수단 시대의 전쟁이었으며, 그 모든 것이 전쟁의 이미지를 확산시키고 이미지화를 자극하는 데 일조했다. 그러나 무엇보다 중요한 것은 이 전쟁의 서부전선에 나타난 새로운 교전 형태가 수많은 병사의 삶에서 이 전쟁이 가지게 될 의미에 영향을 미쳤다는 것이다. 참호전은 그것을 치른 이들의 전쟁 인식은 물론, 후세대들이 1차대전을 이해하는 방식까지 결정지었다. 1차대전 전시와 전후에 수많은 이들이 경험한 대량살상, 이것이 이 책의 골조를 이룬다. 서부전선은 그 독특한 교전 양식으로 1차대전에 관한 산문과 시, 사진집과 영화를 도배했다. 서부전선은 당대인과 후세대가 1차대전을 이해하는 방식을 결정했다.

1914년 8월부터 11월까지, 이 전쟁은 19세기의 많은 전쟁과 마찬가지로 단기 기동전이 되리라는 일반적 예측대로 치러질 듯했다. 그러나 11월 중순, 전선은 교착 상태에 빠졌고, 양측이 각자 진지를 지키기 위해 땅을 파고 들어가면서 이동 거리가 마일[1마일은 약 1.6킬로미터] 단위에서 야드[1야드는 약 0.9미터] 단위로 축소되었다. 곧이어 북해부터 벨기에, 플랑드르, 프랑스를 거쳐 스위스까지 대략 475마일에 이르는 참호 시스템이 구축되었다.[3] 이

시스템은 상당히 정밀했다. 앞뒤로 나란히 늘어선 몇 열의 참호가 각각 공격, 방어, 보급을 맡았고, 교통호交通壕가 이들을 연결하며 풍경을 종횡하는 복잡한 그물망을 형성했다. 무인지대 너머 적의 참호까지는 100야드에서 400야드 거리였는데, 때로는 불과 5야드, 때로는 1,000야드나 되었다.[4] (주로 밤에) 보초를 서거나 보급품을 옮길 때를 제외하면 병사들은 통상 둘째 열에 설치된 방공호 안에서 지냈다. 계속되는 비와 안개 때문에, 또 참호를 판 땅의 다공질 토양 때문에 참호망 전체가 진창이 되기 일쑤였다. 맹렬한 포격은 인간만이 아니라 자연까지 파괴했기에 참호 주변의 풍경은 지구보다 달에 가까웠고, 이러한 참상은 참호 속에서 살아가야 했던 이들의 뇌리에 오래도록 남게 된다.

한 귀환병이 "참호라는 작은 세상"[5]이라고 표현했듯, 참호는 자급적 세계였다. 후방과의 연락이 어렵고 위험한 때가 많았기 때문이다. 병사들은 소규모 단위로 참호의 각 구역을 맡아 싸웠다. 독일군은 병사 열두 명에 부사관 한 명으로 분대를 짰고, 다른 나라들도 비슷한 규모를 운용했다. 이 분대가 모여 100명이 넘지 않는 소대를 이루었고, 소대장이 참호를 순찰했다. 한 분대는 흔히 한 번에 몇 주씩이나 그들끼리만 지내면서 지루할 만큼 끝없이 보초를 서고 반대편 참호로부터 저격을 당하고 때로는 흉벽 너머로 돌격해야 했다. 참호에서의 삶이란 암묵적 휴전기가 이어지다가, 그 사이사이에 양측이 교착 상태를 타개하려고 하면서 솜 전투, 베르됭 전투, 파스샹달 전투 같은 극적 대전투가 벌어지는 식이었다. 그러나 참호에서의 삶과 죽음은 언제까지나 계속되었고, 그것이 바로 전쟁의 일상이고 현실이었다.[6]

죽음은 도처에 있었다. 전투 상황만이 아니라 무인지대에도, 참호 안에까지도 죽음이 있었다. 병사들은 매장되지 않은 시신을 총기 받침이나 참호 속 길잡이로 이용했다. 때로는 자기 것보다 상태가 좋은 죽은 병사의 군화를 벗겨 취했다.[7] 한편, 병사들은 곳곳에서 대량살상에 맞닥뜨리는 동안 참호 생활의 또다른 측면에서 깊은 인상을 받았다. 한 분대에서 함께 생활하고 생존을 위해 서로 의지하는 가운데 병사들 사이에 싹튼 전우애가 그것이다. 전쟁 이전부터 이미 많은 이들이 현대 세계에 만연한 고독이라는 감정의 해독제로 모종의 의미 있는 공동체를 갈망하고 있던 차에, 전우애는 전쟁이 제공할 수 있는 긍정적 경험으로 여겨졌다. 물론 파멸의 한복판에서 전우애만으로 도처의 죽음 앞에서 느끼는 두려움과 슬픔을 전부 극복할 수는 없었다. 전선에서나 본국에서나 거의 모든 사람, 거의 모든 가족이 돌이킬 수 없는 상실을 겪었다.

애도는 일반적 감정이었지만, 그것이 1차대전의 기억을 지배하게 되지는 않는다. 그보다는, 고귀한 대의에 참여하고 희생했다는 자부심이 슬픔에 섞여드는 경우가 많았다. 모든 사람이 그러한 위안을 구한 것은 아니었어도, 전쟁 경험에서 좀더 값진 의미를 찾아내고 희생과 상실에 어떤 정당성을 확보하려는 열망은 널리 퍼져 있었다. 이러한 요구는 귀환병들에게 가장 강하게 나타났다. 많은 귀환병이 전쟁에서 겪은 공포의 기억과 전쟁의 영광 사이에서 갈피를 잡지 못했다. 그들에게 전쟁은 국가를 수호하는 신성한 임무를 수행하면서 삶에 새로운 의미를 얻은 시간이었던 것이다. 전선에서 싸우고 귀향한 병사들의 일기와 편지를 면밀하게 연구한 유일한 학자인 빌 개미지는, 가능한 한 빨리 전쟁의 기억을 잊고 싶어한 귀환병들이 있는가 하면, 어떤 이들은 전쟁에서의 확신, 목적, 동지의식을 잊지 않았으며, 심지어 그 비극적 시기를 자기 삶에서 가장 행복했던 때로 여긴 이들도 있다고 정리하고 있다.[8] 그의 연구는 귀환병 중 극히 일부를 다루었고, 그것도 유럽이 아니라 오스트레일리아에서 이루어졌다. 그렇지만 다른 수많은 나라에서도 자신의 전쟁 경험을 표명한 병사들, 즉 그것을 개인적으로 간직하거나 가족, 친구와만 나누기보다는 공적으로 이야기한 이들에게서 그와 같은 태도들이 흔히 나타났다.

전쟁에 대한 귀환병들의 기록은 대단한 영향력을 행사했다. 그들은 대의를 위해 목숨을 걸었던 것이다. 각 국가가 참되고 정당한 기억으로 채택한 것은 전쟁을 거부한 이들이 아니라 전쟁에서 긍정적 요소를 발견한 귀환병들의 기억이었다고 할 수 있다. 결국 전쟁은 국가의 영광과 국익을 위해 치러진 것이었으니 말이다. 전시에, 특히 전후에는 국가 차원의 위원회가 설립되어 전사자의 매장과 전쟁 기념 사업을 맡았다. 그 위안 기능은 개인적 차원과 사회적 차원에 두루 작용했으나, 그것이 기념하는 것은 전쟁의 공포가 아니라 영광이었고 비극이 아닌 의의였다. 국가의 이미지와 그 변하지 않는 호소력을 중요시한 이들은 전쟁에서 죽음이라는 아픈 부분을 들어내고 싸움과 희생의 의의를 강조할 신화를 구축해 나갔다. 그들은 이 전쟁에서 쓰인 시와 산문 및 전사자 기념 행위에서 도움을 구했다. 본질적으로 받아들이기 어려운 과거를 받아들일 만한 것으로 만들려는 이 신화화의 목표는 위안 기능 면에서도 중요했지만, 전쟁이 국가의 이름으로 치러진 이상 무엇보다도 국가를 정당화하는 데 중요했다.

그리하여 전쟁 경험의 실상은 '전쟁 경험의 신화'로 변형되기에 이르렀다. 전쟁을 뜻깊은, 나아가 신성한 사건으로 회고하는 이 전쟁관은 그것이 긴급하게 요구되었던 패전국에서 (독점적으로까지는 아니라도) 가장 두드러지게 발전했다. 전쟁 경험의 신화는 전쟁을 은폐하고 전쟁 경험을 정당화하는 방향으로 고안되었다. 즉 이 신화는 전쟁의 실상을 대체하기 위한 것이었다. 신성한 경험으로 개조된 전쟁의 기억은 국가에 전에 없던 종교적 분위기를 부여하고, 도처에 존재하는 성인과 순교자, 경배의 장소와 본받을 유산을 국가가 뜻대로 쓸 수 있게 했다. 1차대전 전시 및 전후에 매우 흔하게 나타난 그리스도의 품에 안긴 전사자의 모습(그림 1)은 순교와 부활이라는 전통적 믿음을 국가라는 전면적 시민종교civil religion에 투영했다. 전후에 이르러 전사자 숭배는 내셔널리즘이라

1. 전사자의 신성화: 그리스도의 품에 안긴 병사. 1938년에 건설된 이탈리아 레디푸글리아 군사 묘지의 황금훈장(이탈리아 최고의 군사 훈장) 수상자 기념 홀 소재.

는 종교의 핵심 장식물이 되었고, 전쟁에 패하고 평시로의 이행 과정에서 혼돈의 벼랑까지 내몰린 독일 같은 나라에서 가장 큰 정치적 영향력을 행사했다.

전쟁 경험은 그것을 둘러싸게 된 '전쟁 경험의 신화'를 통해 신성화되었다. 그렇지만 전쟁은 전혀 다른 경로로 대면되고 흡수되기도 했다. 전쟁을 일상생활의 물건, 대중 극장, 전투 현장 관광 등에 결부하는 전쟁의 사소화trivialization가 그것이다.(그림 2) 여기서 전쟁 경험은 마음대로 왜곡되고 조작될 수 있었다. 귀환병들은 그러한 사소화를 개탄했다. 전쟁중에나 전후에 그런 것에 쉽게 탐닉한 부류는 대개 본국에 남아 있었거나 너무 어려서 참전할 수 없었던 이들이었다. 그러나 전쟁 경험 자체에 비하면 전쟁의 사소화가 내셔널리즘이라는 시민종교에 끼친 정치적 영향은 그리 크지 않았다.

전쟁 경험의 신화가 완전히 허구였던 것은 아니다. 어쨌든 그것은 전쟁의 실상을 목격한 후 그 기억을 변형하는 동시에 영구화

2. 전쟁 키치: '힌덴부르크병病, 혹은 프로이센식 집 꾸미기'(『펀치 씨의 1차대전사*Mr. Punch's History of the Great War*』, 런던, 1919년, 119쪽).

하고자 했던 이들에게 호소력을 발휘했다. 특히 전쟁이 발발하자마자 자원입대할 정도로 열광적이었던 이들에게 그러했다. 물론 나이가 많아 참전할 수 없었던 이들도 전쟁을 미화하고자 했고 그럼으로써 전쟁의 영향을 부정하려고 했지만, 국가의 정전正傳에 들어가기에 가장 알맞은 것은 의용병들의 기록이었다. 사실 자신의 감정을 털어놓은 의용병은 극소수에 불과했지만, 나머지가 침묵을 지키는 한 그 소수의 시와 산문이 주목받을 수밖에 없었다. 독일의 에른스트 윙거* 같은 이들은 실로 성실하게 전쟁을 회고했

* Ernst Jünger (1895~1998). 독일의 작가, 철학자. 1차대전 때 서부전선에서 복무했고, 철십자훈장을 받았다. 종전 후 발표해 큰 반향을 불러일으킨 전쟁 수기 『강철 폭풍 속에서』(1920), 『내적 경험으로서의 전투』(1922)는 유미주의와 영웅주의적 사상이 녹아 있는 작품으로, 전쟁의 공포 속에서 탄생한 '새로운 인종', 강철 같은 영혼의 인간을 묘사하면서 집단주의와 전우애, 남성성을 찬미한다. 나치 집권기에는 독재와 폭력의 시대상을 비판적으로 담은 소설 『대리석 절벽 위에서』(1939)를 발표했다.

으며, 그러한 이들의 글이 전쟁을 정당화하는 애국적 정전에 포함되었다. 이처럼 전쟁 경험의 신화는 의용병들의 전쟁 인식에 따라 만들어져 영구화되었고, 그렇기에 우리는 바로 그들의 태도들을 분석해야 할 것이다. 전쟁 경험의 신화화에 대해 쓴다는 것은 의용병의 역사를 쓰는 것이기도 하다.

우리는 '1914년 세대'의 신화 표명에 대해, 즉 그들이 무엇을 했고 그 효과는 무엇이었는지에 주목할 수밖에 없다. 그와 함께, 그 신화의 구체적 상징인 군사 묘지, 전쟁 기념물, 전사자 기념 의식 등의 발전 과정도 살펴볼 것이다.

그러나 이 책은 참호전 세대가 아니라 그 100년 전 시점에서 시작한다. 전쟁 경험의 신화화를 통해 현실을 보다 견디기 쉽게 만든 첫번째 전쟁은 1차대전이 아니다. 이 신화는 프랑스 혁명전쟁(1792~1799년)*과 독일의 대 나폴레옹 해방전쟁(1813~1814년)† 에 기원을 둔다. 두 전쟁은 기존의 전쟁에는 존재하지 않았던 어떤 요구를 충족했다. 그전까지 전쟁은 대의와는 거의 무관한 용병대에 의해 치러졌던 반면, 프랑스 혁명전쟁은 시민군이 싸움에 나선 최초의 전쟁이었고 초창기의 시민군은 대의와 국가에 헌신하여 자원입대한 의용병을 중심으로 구성되었다. 두 전쟁에서 목숨을 잃은 병사는 자신이 알 수도 있는 누군가의 전우이거나 아들이거나 형제였다. 그들의 희생은 정당화되고 옹호되어야만 했다. 의용병은 이 전쟁들에서 처음으로 신화 제작자의 역할을 맡았다. 과거 용병대의 자원병은 대부분 직업적, 금전적 이유에서 입대했다는

*프랑스혁명으로 탄생한 프랑스 공화국 정부와 이에 반대하는 오스트리아, 프로이센, 영국, 러시아, 프랑스 왕당파 사이에서 벌어진 전쟁. 초기에는 프랑스가 불리했으나 프랑스 전역에서 모여든 의용병의 활약 등에 힘입어 전세가 바뀌었다.

†프랑스군의 러시아 원정 실패 이후, 프로이센을 중심으로 유럽 여러 나라가 동맹하여 나폴레옹 체제를 무너뜨린 전쟁. 전쟁에서 패한 나폴레옹은 엘바섬으로 유배되었다.

점에서, 프랑스와 독일의 의용병은 실로 새로운 종류의 병사였다. 전쟁 경험의 신화화는 최초의 근대전과 함께 시작되었다.

1차대전의 신화 제작자들은 이미 존재하는 신화를 바탕으로 하여 근대전의 새로운 차원들에 대응하는 방향으로 신화를 증축했다. 전사자를 어떤 식으로 기리고 매장해야 하는지, 전쟁 기념물에는 어떠한 상징성을 투영해야 하는지, 전사와 희생의 정당성을 주장하는 데 자연과 그리스도교를 동시에 어떻게 이용할 수 있는지 등, 신화 건축에 들어갈 자재들은 1914년이면 이미 자리를 잡았거나 아니면 널리 논의되고 있었다. 신화를 선전하는 의용병의 역할은 프랑스혁명기에 정해져 1914년 세대까지 그대로 이어진 것이었다.

1차대전에서 전쟁 경험의 신화가 행사한 권력과 호소력은 나라마다 달랐고, 전시보다 전후에 더 영향을 미쳤다. 여기에는 전쟁의 승패 여부, 전시에서 평시로의 이행 과정, 그리고 내셔널리즘 우파의 동력과 세력 등이 크게 작용했다. 이 신화를 가장 환영한 독일에서는 그것이 전후 정치를 가장 크게 특징지었다. 패전, 평시로의 지난한 이행, 사회 구조에 가해진 압력까지, 독일에서는 모든 조건이 내셔널리즘이라는 시민 신앙을, 그와 더불어 전쟁 경험의 신화를 강화하는 방향으로 작용했다. 이처럼 우리는 독일에서 이 신화의 효과를 가장 쉽게 알아볼 수 있지만, 이 신화는 여타 국가에서도 중요한 역할을 했다. 따라서 이 책은 독일을 분석의 중심으로 삼으면서 이탈리아, 프랑스, 영국의 사례를 함께 다룰 것이다.

전쟁 경험의 신화는 전간기를 이해하는 데 극히 중요하다. 그런데 이 신화는 2차대전 후까지도 힘을 발휘했을까? 앞으로 살펴보겠지만, 2차대전 또한 이 신화의 진화에 있어 매우 중요한 단계를 이루었다. 그러므로 우리는 이 신화의 기원을 찾아 시간을 뒤로 거슬러올라갔듯 1차대전 너머까지 탐색을 이어가야 한다. 비록 1차대전의 규모와 전면적 현실에는 미치지 못해도 인류는 프랑스혁명기에 근대식 교전이 시작된 이래 거듭 대량살상과 맞닥뜨리고 있었다. 그러한 경험을 하나의 역사적 과정으로 이해하지 않고서는 1차대전 시기 '전쟁 경험의 신화'의 쓰임새를 적절한 견지에서 바라볼 수 없다. 나아가, 전쟁 경험의 신화를 역사적 연속체로 정리하는 것은 지금까지도 두말할 나위 없이 중요한 두 가지 질문을 제기한다. 첫째, 전쟁 경험과 전사戰死를 직면하고 초월하게 한 신화의 효과는 전쟁을 정치적, 사회적 삶의 당연한 일부로 받아들이는 사태, 이를테면 근대전에 대한 내성을 초래했는가? 둘째, 전쟁 경험의 신화는 개별 인명에 대한 야만화와 무관심을 수반했고, 그것이 우리 시대의 더욱 막대해진 대규모 폭력 사태로 영구화되었는가?

'전쟁 경험의 신화'의 토대는 1차대전에 한참 앞서 자리를 잡았다. 이 토대를 파헤쳐야만 향후 수많은 이들의 기억과 정치에 영향을 미칠 이 신화의 추동력을 이해할 수 있다. 의용병은 이후 사람들이 근대전을 마주하게 되는 방식을 제시한 결정적 존재였다. 가장 먼저, 그들이 맡은 역할, 그리고 그러한 역할 수행을 가능케 한 조건들을 밝혀야 한다.

제1부 토대

2

의용병

I

의용병의 역사는 이제껏 서술된 바 없다. 물론 프랑스혁명의 시민군이나 '1914년 세대'는 얼마간 주목을 받았지만, 그들도 어떤 역사적 과정의 일부로 평가된 적은 없다. 그러나 의용병의 역사는 프랑스혁명부터 2차대전까지 면면히 이어진다. 우리가 이 자리에서 그 역사를 전부 살필 수는 없고, 의용병이 종군한 그 모든 부대를 (우리의 관심 국가에 한정한다 해도) 추적할 수도 없을 것이다. 대신, 구체적 예를 통해 의용병의 역사 가운데 '전쟁 경험의 신화' 형성에 결정적이었던 면면을 밝히는 쪽을 선택할 수밖에 없다.

어째서 프랑스 혁명전쟁에서는 그 많은 수의 젊은이가 목숨을 걸고 싸우겠다며 조국의 깃발 아래로 달려갔을까? 혁명 이전에는 없던 일이었다. 프랑스의 기존 군대는 귀족 장교와 용병, 군역을 수행하는 민병으로 이루어져 있었고, 혁명에 앞선 수십 년간 군사 정신이 약해지고 있다는 불평이 자자했다. 국왕이라는 상징이 고취시키던 열광도 혁명 한참 전에 식어 있었다.[1] 그렇다면 최초의 시민군이 탄생한 1792년 이전에는 "위험과 고통을 무릅쓰지"[2] 않으려 했던 젊은이들이 어째서 그 이후에는 기꺼이 나섰던 것일까? 우리는 이 질문의 답을 찾아야만 의용병들의 내적 동인을 발견할 수 있고, 나아가 '전쟁 경험의 신화', 즉 전쟁만이 제공할 수 있다는 개인과 국가의 재생regeneration이라는 이상을 만들어 내고 유지하는 데 의용병이 담당한 결정적 역할을 이해할 수 있다.

시민군을 구성한 의용병은 프랑스혁명기 이전까지 대부분의 전투를 담당했던 용병이나 징집병, 군에서 모집한 병사와는 달랐다. 전형적이게도, 한 의용병 연대에서 최초로 불린 〈라 마르세예즈La Marseillaise〉*는 용병을 "우리의 사나운 영웅들"과 대비한다. 1792년, 혁명 프랑스를 무너뜨리려는 전쟁의 조짐이 나타나자 입법의회는 자국 청년들의 열광에 기대어 침입자를 격퇴하고 혁명과 국가를 수호하고자 했다. 첫번째 자원입대의 물결은 강한 동인을 가진 부르주아 출신 시민이 주를 이루었다. 당시에는 의용병이라는 용어가 때때로 애매한 뜻으로 쓰인데다 징집병과 혼동되기도 한 탓에 그 정확한 수를 알아내기가 쉽지 않으나, 대략 22만 명은 넘었던 듯하다.[3] 어쨌든 (개별적 예외는 있었겠지만) 그전까지 한번도 군복무를 수행한 적 없었던 계급이 군에 합류했고, 이후 자원입대의 물결이 이어지면서 군 구성이 실제 인구 구성에 훨씬 가까워지긴 해도 이제 프랑스군에는 '전쟁 경험의 신화'를 제작하고 선포할 능력을 가진 교양 있는 부르주아 청년층이 상존하게 된다. 이윽고 1793년이면 의용병 중 도시 중간계급 출신은 11퍼센트에 지나지 않았고, 68퍼센트는 농민이었다.

의용병으로는 프랑스에 쳐들어오는 왕당파 동맹에 맞서 군을 지탱할 수 없게 되자 1793년 입법의회는 무기를 들 수 있는 모든 남성을 소집하는 국민 총동원령을 선포했다. "공화국의 영토에서 적을 몰아낼 때까지 모든 프랑스인은 군 복무에 징발된다"는 내용이었다.[4] 프랑스 한 지역의 기록에 따르면 총동원령으로 소집된 병사의 수는 그전까지 자원입대한 의용병 수에 미치지 못했다. 곧

*1792년 프랑스 혁명전쟁 때 만들어진 노래로, 제목은 마르세유 출신 의용병들이 이 노래를 처음 부른 데서 유래한다. 1879년 프랑스의 정식 국가國歌가 되었다.

징집 기피와 탈영이 만연했다. 의용병들은 혁명의 이념과 제도에 호의적이었던 반면,[5] 징집병들은 실로 다양한 의견을 보였다. 의용병은 그 역사 초기부터 대의에 대한 헌신과 그러한 헌신에서 비롯되는 충성을 상징했다. 이윽고 의용병과 징집병은 변함없이 혁명에 충성했던 정규군의 일부가 되었다.

의용병은 대부분 교양 있는 중간계급 청년이라는 속설은 쉽게 사라지지 않았다. 프랑스에서나 독일에서나 이 속설이 존속한 이유는 이해하기 쉽다. 시와 자서전을 쓰고 전쟁 수기를 남기고 여타 국민에게 호소력을 발휘한 것은 교수, 학생, 작가, 관리였던 것이다. 특히 1차대전 때는 장교가 된 의용병도 많았는데, 바로 그들이 수많은 전쟁 문헌을 기록했다는 사실을 기억할 필요가 있다. 군을 통솔하는 역할은 당연히 상류층의 몫으로 여겨졌고, 일반 병사는 그 단순한 강인함과 확신, 애국심으로써 이상화되었다. 교양과 표현력을 갖춘 중간계급 의용병이라는 속설은 독일에서 특히 강했는데, 그 시작은 1813년 약 3만 명의 의용병이 일어난 대 나폴레옹 해방전쟁이었다. 실상은 달랐다. 전체 의용병 중 식자층에 속한다고 볼 수 있는 병사는 12퍼센트에 지나지 않았고, 약 40퍼센트는 수공업자, 15퍼센트는 농민이나 임업 종사자였다.[6] 우리는 대다수를 이루는 의용병이나 일부 징집병이 이 전쟁에 대해 어떻게 느꼈는지 알 수가 없다. 그들은 공적 기록에는 거의 남아 있지 않으나, 그 시기에 쓰인 개인적 편지나 문서는 여러 역사가가 함께 달려들어도 제대로 검토할 수 없을 만큼 방대하다. 어쩌면 전쟁중 탈영 비율에서 무언가를 알아낼 수도 있겠지만, 1차대전 때의 자료조차 아직까지 엄격히 비밀에 부쳐지고 있어, 자료를 입수하기가 어렵다. 탈영병은 약식 재판에 회부되었다는 점에서, 혁명 이후의 전쟁들 및 1차대전의 탈영률이 낮았다고 해도 그것이 재판에 대한 두려움 때문이었는지, 운명에 대한 체념 때문이었는지, 아니면 애국심 때문이었는지는 확실히 말할 수 없다.

'전쟁 경험의 신화'의 발생은 교양 있는 중간계급 의용병의 열정에 기대는 한편 시민군의 새로운 지위에도 기대었으니, 이 또한 과거와 명백히 구분되는 지점이다. 이 시기의 징집병은 그전까지 군대를 구성했던 용병, 범죄자, 부랑자, 극빈자 등과는 달랐다.[7] 추상적 의미의 군복무, '상무 정신'은 그전부터도 늘 높이 평가되었다. 예컨대 루이 14세 시대의 화가 자크루이 다비드는 조국을 위해 죽음을 무릅쓰는 용감하고 남자다운 처신의 바탕이 되는 개인적, 군사적 규율을 예찬하는 그림을 그렸다.[8] 당시의 실상은 전혀 달랐다. 탈영 비율이 매우 높았고(연대 전체가 탈영하는 일도 종종 있었다) 군사적 규율은 대체로 무시되었다. 사실 프랑스혁명 이전 전쟁에서는 병사들이 전쟁의 목적에 공감하도록 애써 장려하는 일이 없었다. 병사들은 그런 것에 하등 관심이 없는 이들로 여겨졌다. 사회의 변두리에서 온 병사들은 사람들이 진지하게 상대하거나 집에 초대할 만한 이들이 아니었고(민가에 숙영을 강제했다가 민중봉기가 일어난 적도 있었다) 인사를 주고받기도 어려운 이들이었다. 이와 달리 의용병이나 어지간한 징집병은 누군가의 아들, 형제, 이웃이요, 지역 사회나 국가 공동체의 착실한 시민이었다. 바로 이것이 전쟁 경험의 신화 제작에 있어 의용병이 영향력을 행사하는 데 필요했던 한 전제조건, 즉 병사의 새로운 지위를 만들어낸 한 요인이었다. 과거 프랑스의 공공장소 입구에 "개, 매춘부, 병사 출입 금지"라는 표지판이 붙었던 자리에 이제는 "한때 군인은 수치스러운 직업으로 생각되었지만, 지금은 명예로운 직업이다"라고 선포하는 자코뱅파의 플래카드가 걸렸다.[9]

그러나 이 같은 사회적 위상의 변화가 병사의 새로운 지위를 가져온 유일한 요인은 아니었다. 새로운 종류의 전쟁이 출현했다는 것도 그에 못지않게 중요했다. 프랑스 혁명전쟁은 더이상 왕실의 전쟁으로 여겨지지 않았다. 군주의 권력을 방어하거나 확대할 뿐이지 인민의 이해와는 거의 무관했던 과거의 전쟁과는 달랐다.

혁명의 첫 국면과 군대 조직화를 추진한 혁명적 애국 세력 상퀼로트sans-culotte*의 중요성이 이 점을 입증한다. 그들은 (적어도 파리에서는) 대부분 수공업자였고, 소상인과 상당수의 노동자도 포함했다.[10] 상퀼로트는 인민의 애국적 단결을, 부자와 귀족에 맞선 혁명의 우애를 믿었다. 그들의 운동은, 기능은 다를지라도 신분은 동등한 '인민'이라는 추상적 개념을 바탕으로 한 민주주의 운동이었다. 상퀼로트는 급진적 행동파였지만, 대부분의 중간계급이 합류하여 혁명의 이념을 지지했고 그것을 지키기 위해 싸우고자 했다. 이제 병사들은 단지 한 명의 국왕을 대신해서가 아니라, 국민 전체를 '삼색기'와 〈라 마르세예즈〉라는 상징 아래 아우르는 하나의 이상을 위해 싸웠다.

혁명 공화국은 이 병사들에게 경의를 표했다. 그들이 공화국의 영웅이었다. "공화국 병사들에게 영광 있으라! 그 지도자들과 그들의 무용武勇에 영광 있으라!"[11] 이제 병사는 이 새로운 국가의 자기표상의 핵심이었던 혁명 축전에서 중요한 역할을 맡았다. 1792년 파리 중앙 묘지 재설계를 위한 공식 위원회의 제안은 바로 이 점을 강조하고 있었다. 그에 따르면, 묘 사이로 난 모든 길은 중앙 광장으로 이어져야 한다. 광장의 피라미드 안에는 조국을 위해 목숨을 바친 이들의 유골을 프랑스 위인들의 유골과 한데 섞어 안치한다.[12] 병사가 국가의 만신전에 입성했다. 실로 이것은 '전쟁 경험의 신화'의 중심이 될 전사자 숭배의 시작이었다.

프랑스 혁명전쟁 및 나폴레옹 전쟁, 그리고 새로운 국민의식의 발흥은 군인을 해볼 만한, 게다가 꽤 존중받는 직업으로 바꾸는 데 일조했다. 이른바 하류층 출신이 대부분이었음에도 이제 병사는 과거의 병사와는 전혀 다른 지위를 가진 시민-군이었다. 이러한 변화들은 곧 글을 쓸 줄 아는 교양 있는 의용병이 모든 병사의

*프랑스혁명에 참여한 민중세력. 귀족이 입던 반바지 형태의 '퀼로트'가 아닌 긴 바지를 입은 데서 유래하는 명칭이며, 혁명기에는 급진파에 많이 참여했다.

대변자를 자처하면서 죽음과 싸움의 혹독한 현실을 은폐하는 신화와 상징을 제작할 수 있게 되었음을 의미했다.

대 나폴레옹 해방전쟁 시기의 독일은 그 전쟁의 특수한 상황 때문에 전쟁 경험의 신화가 발전하기에 더없이 좋은 무대가 되었다. '조국'을 향한 열광이 대단했던 프랑스는 확립된 국민국가에, 유럽 전역에서 승전고를 울린 나라였다. 반면 프로이센은 나폴레옹에게 점령당했고, 국왕 프리드리히 빌헬름 3세는 그 사태를 받아들인 듯했다. 하지만 나폴레옹의 러시아 원정 실패가 그의 마음을 바꾸게 되고, 1813년 프로이센 왕은 마침내 국민에게 무기를 들라고 명했다. 그러자 좌절감과 굴욕감을 느끼고 있던 애국적 시인과 저술가 들은 이제 국가의 투쟁에 합류하고 그것을 기념할 수 있었다. 특히 시인 테오도어 쾨르너*와 막스 폰 셍켄도르프,† 저술가 에른스트 모리츠 아른트,‡ 사상가 프리드리히 얀§ 등(이들 모두가 이 전쟁에 의용병으로 나섰다)은 프로이센을 넘어, 전쟁을 통해 재생한 새로운 통일 국가까지 바라보았다.

그들은 1813년의 농원령을 통일을 바라는 '민족Volk 혼'의 갈망에서 비롯된 인민의 반역으로 탈바꿈시켰다. 이 '반역'을 의용

* Theodor Körner (1791~1813). 독일의 시인, 극작가. 실러의 이상주의에 영향을 받았고, 여러 애국적인 시와 희곡을 남겼다. 나폴레옹의 프랑스에 맞선 해방전쟁에서 뤼초 장군이 이끄는 의용군에서 활약하다 전사했다. 시집 『수금竪琴과 검』(1814)을 남겼다.

† Max von Schenkendorf (1783~1817). 독일의 시인. 해방전쟁 시기 쾨르너와 더불어 대표적인 시인 의용병으로 활약했다.

‡ Ernst Moritz Arndt (1769~1860). 독일의 시인, 저술가. 독일을 나폴레옹의 지배에서 해방시키기 위한 국민정신 고취에 힘썼다. 많은 애국시와 정치논설을 남겼으며 독일 내셔널리즘의 기반을 닦은 인물 중 하나로 꼽힌다.

§ Friedrich Jahn (1778~1852). 독일의 저술가, 사상가, 체육인. 대학에서 신학과 역사, 언어학 등을 공부했고, 중등학교 교사를 지냈다. 나폴레옹 지배 시기 『독일국민성』(1810)을 저술했고 해방전쟁 때는 의용군에 들어갔다. 전쟁 뒤에 독일 통일을 위한 정치활동에 나서는 한편, 체육에도 힘써 '독일 체조의 아버지'로 불린다.

병들은 모든 독일인이 단결하여 하나의 국가를 형성하라는 인민주의적 요청으로 보았다.[13] 비록 그들 자신의 열광과 추동력 외에 그러한 단언을 입증할 별다른 근거는 없었지만 말이다. 국왕의 명을 따른 많은 이들에게 이 전쟁은 그저 프랑스의 지긋지긋한 점령을 끝낼 기회, 즉 독일을 위한 전쟁이 아니라 프랑스에 맞선 전쟁이었다. 또 어떤 이들에게는 존재하지도 않는 제국을 위한 투쟁이 아니라 프로이센의 부흥과 강화를 위한 전쟁이었을 것이다. 의용병들은 통상 프랑스에 맞서서나 프로이센을 위해서 싸웠지만, 그러한 동기들이 상호 배타적인 것은 아니었다. 그러나 후속 세대, 특히 통일 이후 세대는 쾨르너나 아른트 같은 이들의 눈을 통해 이 전쟁을 자신들이 장려하고자 하는 국민정신의 모범적 분출(이른바 각성Aufbruch)로, 새로운 시대의 여명으로 보았다.

테오도어 쾨르너는 「호소Aufruf」(1813년)라는 시에서 독일 해방전쟁이 국왕과는 상관없는 민중의 십자군이라고 외쳤다. 무엇보다 이 전쟁의 의용병은 프로이센 왕이 전쟁을 선포했을 때에야 출현했다는 점에서 현실을 대놓고 도외시하는 주장이었지만, 프리드리히 빌헬름 3세는 이 강력한 신화와 대결해야만 했다. 가령 그는 전쟁 기념물이나 교회의 기념 명판에 "왕과 조국을 위해"라고 새기게 함으로써 모든 애국적 명문銘文에서 왕이 가장 눈에 잘 띄는 자리를 차지하게 했다. 그런데도 일부 의용병 전사자의 묘비는 왕을 무시하고 "자유와 조국을 위해"라고 언급했다.[14] 정확히 말해 이 전쟁 자체는 민중의 전쟁도 아니었지만, 병사들의 충성은 왕실에서 조국으로 방향을 돌리고 있었다. 이와 같은 군주제와 국가의 상충하는 권리 주장은 이후에도 결코 완벽하게 조정되지 않을 터였다.

의용병이 자신들의 메시지를 퍼뜨리는 데 사용한 주요한 도구는 시와 노래였다. 정치적 메시지를 담는 전쟁시는 그로부터 몇백 년 전으로 거슬러올라가는 전통이 있었지만, 해방전쟁에 이르러 본색을 갖추었다. 19세기 중엽에 한 문예 비평가는 해방전쟁을 돌아보며 이렇게 썼다. “시인과 전사는 세계정신이 그 총아에게 위임하는 가장 고귀한 두 가지 사명으로, 말로써 싸우는 일과 검으로써 싸우는 일이 한 사람 안에서 하나된다.”[15] 국민시의 성립에는 낭만주의와 더불어, 절대적 가치를 찾고 정신적 고양과 계몽을 추구하는 내향적 경건주의 전통이 일정한 역할을 했다. 19세기 중반에 이르면, 그전까지 오직 왕, 정치가, 장군만이 기려졌던 장소에 쾨르너, 솅켄도르프, 아른트 같은 시인 의용병을 기리는 기념물이 세워졌고, 통일 후에는 그러한 기념물이 급증했다.[16] 쾨르너의 전쟁시집 『수금과 검*Leier und Schwert*』(1814년)의 제목은 국민 통합을 위한 독일인의 투쟁을 상징하게 되었다.

이것은 독일적 현상이었다. 프랑스와 영국에서는 시인이 국민의식의 형성에 있어 그처럼 장기적으로 중요한 역할을 하지 않았다. 독일에서는 전쟁시가 학교 교육에 제도화되었을 뿐 아니라(이 점이 시인의 역할을 통일 국가의 전령으로 결정했다) 가정에서도 읽혔고 학생 모임과 체육 단체에도 유포되었다. 또한 전쟁시에 노래가 붙으면서 시인 의용병들은 사회의 저 높은 위치까지 올라갔다. 노래는 그들이 쓸 수 있는 강력한 무기였던 것이다.[17] 새로운 시민군은 노래에 맞춰 행진했고, 병사의 사기를 북돋우는 그러한 노래의 중요성이 널리 인식되었다. 프랑스혁명 당시 공안위원회는 프랑스군에 어울리는 노래를 작곡하도록 장려했고, 1792년 루제 드 릴이 훗날 〈라 마르세예즈〉가 되는 〈라인 강 수비대의 노래Chant de guerre pour l'Armée du Rhin〉를 발표하자 그 악보를 10만 부 정도나 배포한 바 있었다.[18] 독일에서는 합창 단체들이 애국적 노래들을 퍼뜨리는 데 한몫했다.

아른트와 얀의 저술 또한 널리 읽혔지만, 국민적 자의식을 확립하는 데는 산문보다 시와 노래가 더 적합했다. 시는 외우고 반복할 수 있었다. 곡을 붙일 수도 있고, 추론이나 이성, 논리 같은 것을 요구하지 않았다. 그 시대 사람들은 요즘 사람들에 비해 기분과 감정을 겉으로 잘 드러내는 편이었고, 사랑이나 기쁨, 슬픔에 관한 개인적 표현을 지나치게 삼가지도 않았다. 국가는 그러한 감정을 국가의 자기표상이라는 목적에 이용했다. 가령 이 무렵 각국에서 처음으로 국가國歌가 채택되었는데, 그 대부분이 호전적 내셔널리즘을 표출하고 있었다. 사적으로 읽혔든 공적으로 불렸든 간에 그러한 모든 시와 노래는 동일한 메시지를 퍼뜨렸으니, 그것은 국가적 대의를 위해 싸운 이들은 국민정신의 모범이라는 것, 그리고 기꺼이 자기를 희생할 만큼 강한 국민의식이 그들의 감정을 지배했다는 것이었다.

초기 의용병이 전쟁과 국가에 관한 자신들의 메시지를 퍼뜨리기 위해 사용한 수단은 이후에도 상당 부분 변함없이 쓰이게 된다. 다시 말해, 프랑스혁명 및 나폴레옹 전쟁 이후 시대에 전쟁시와 전쟁가는 애초에 그것들이 만들어냈던 신화를 계속해서 영속화하게 된다.

두 전쟁의 의용병들은 몇 가지 특정한 이상에 초점을 맞추었다. 우리는 그것을 통해서 그 많은 젊은이가 '조국의 제단'에 기꺼이, 열렬히 목숨을 바친 이유를 한층 잘 이해할 수 있다. 전우애라는 이상, 의미 있는 삶의 모색이라는 이상은 근대의 문턱에 서 있던 사회의 실질적 요구를 나타내고 있었다. 의용병이 전쟁에서 추구한 남자됨의 입증 또한 그러했으며, 그들은 그것이 자신의 삶과 국가의 삶에 에너지를 불어넣어주리라고 기대했다. 개인과 국가의 재생을 상징하는 남자다움이라는 이상은 이 책 전체에 걸쳐 이야기될 것이다. 초기 의용병이 충족시킨 이 이상들과 요구들은 의용병의 역사 전체에 걸쳐 놀라우리만치 변함없이 나타났다. 그들이 울린 심금이 근대 내내 메아리치게 된 것이다. 많은 이들에게 의용병 활동은 갈수록 비인간적이고 복잡하고 제한적으로만 변해가는 사회를 거부하는 행위였다. 물론 순전히 모험 삼아, 심하게는 약탈을 목표로 입대한 이들을 간과하거나, 전리품을 기대하는 등의 물질적 동기가 있었음을 무시해서는 안 되지만, 전쟁 경험의 신화가 구축된 토대는 전우애, 삶의 보람, 그리고 개인과 국가의 재생을 바라는 갈망이었다.

'우애'는 프랑스혁명기의 구호에 그치지 않았다. 그것은 혁명적 행동의 필연적 귀결로, 혁명적 국민 통합을 달성하기 위한 수단으로 여겨졌다.[19] 〈라 마르세예즈〉는, 아니 실로 그 시대의 거의 모든 노래와 시는 명시적으로든 미묘하게든 그러한 통합의 의미를 담고 있었다. "조국의 아들딸"은 조국애를 통해, 대의를 위해 기꺼이 목숨을 바치겠다는 결의를 통해 하나가 되었다. 프랑스군은 단순히 전통적 분대로만 세분되지 않았다. '오르디네르ordinaire'라는 소규모 막사 분대가 함께 싸우고 생활하는 기본 단위였고, 그 구성원은 대부분 같은 지역 출신이라 친구나 친족 사이도 많았다.[20] 실제로 공통의 배경과 출신지가 병사들의 전우애를 더 돈독하게 했음을 보여주는 증거가 있다.[21] 오르디네르든, 장교가 직접 모집한 '자유군단'*이든, 전통적 분대원이든, 병사들은 그들의 일차적 충성을 바칠 수 있고 전우애라는 막연한 개념을 구체화할 수 있는 적당한 규모의 무리를 이루어 싸웠다.

독일 해방전쟁의 의용병은 자유군단을 통해 전우애를 맛보았다. 물론 그 영향력은 1차대전의 참호에서 형성될 전우애에 비할 정도는 아니었다. 앞으로 살펴보겠지만, 1차대전의 귀환병들은 그들이 경험한 전우애를 의회나 정당에 맞서는 통치 원리로 세우고자 했다. 하지만 그에 앞서 독일 해방전쟁의 의용병 역시 같은 목표를 바라보는 동지들과 함께 같은 위험을 마주하며 살아간다는

* Freikorps. 원래 18세기 이후 전시戰時에 독일 각지에서 만들어진 의용병 부대를 가리키는 말로, 19세기 초 나폴레옹에 대항한 해방전쟁 때 '뤼초 자유군단' 등이 활동했다. 하지만 1차대전 후에는 독일의 예비역 군인들을 중심으로 결성된 보수파 의용대를 일컫는 이름이 되었는데, 좌파 탄압에 앞장섰던 준準군사조직이었다.

것이 무엇인지 경험했다. 비록 그들의 노래와 시에는 1차대전 전시 및 전후에 쓰인 문헌에 나타나는 식의 전우애 찬양이 흔히 발견되지는 않지만, 그들은 국민 통합을 반영하는 형제애의 존재를 분명히 상징하고 있었다.

'해골 경기병Totenkopfhusaren'이라는 자유군단의 일원이었던 카를 리츠만은 해방전쟁 중 병사들의 전우애에 관한 묘사를 남겼다. 나폴레옹이 러시아에서 퇴각하고 프로이센 왕이 마침내 행동을 개시하는가 싶었을 때, 리츠만은 어느 숲에서 다른 청년들을 만난다. 그들은 조국을 위해 싸우다 죽겠다는 각오의 표시로 팔에 십자가 문신을 새긴다. 리츠만 일행은 해골 경기병에 들어감으로써 프로이센 정규군의 규율 잡힌 위계 사회와는 전혀 다른 특권적 세계에 입성한다. 이 군단에서는 신분 평등의 상징으로 계급에 관계없이 '당신'이라는 존칭을 썼고, 적이 지척에 있을 때에만 보초를 섰다. 싸움이 없을 때는 그들끼리 연회를 즐겼는데 그 비용은 부유한 단원들이 넉넉히 댔다. 전쟁이 끝나고 동지들과 작별하는 "가슴 찢어질 듯한" 순간이 왔을 때, 한 프로테스탄트 신학도가 모든 병사를 대표하여 장교들에게 감사의 말을 전했다. 리츠만이 묘사하기로 이 군단은 농부, 상인 및 전문 직업인, 예술가, 그리고 여러 대학의 학부생으로 이루어져 그 사회적 구성이 상당히 균일했다.[22] 전형적이게도, 이후 프로이센 평시군에 들어간 리츠만은 귀족 출신이 아니라는 이유로 다시는 진급하지 못했다. 그가 자유군단에서 평등을 처음 맛보았고 그곳에서 민족의 전우애가 실현되었다고 여긴 것도 당연한 일이었다.

또다시, 엄연한 사실과는 거리가 멀어 보이는 신화가 구축되고 있었다. 저널리스트 파른하겐 폰 엔제는 뤼초 자유군단*을 전

* Lützow Freikorps. 독일 해방전쟁 때 프로이센의 루트비히 아돌프 빌헬름 폰 뤼초(1782~1834) 장군이 창설해 이끌었던 의용병 부대. 테오도어 쾨르너, 프리드리히 얀 등 작가, 지식인, 학생이 많이 속해 있어, 이들의 글을 통해 전후에 더욱 유명해지고 신화화되었다.

혀 다르게 묘사했다. 초창기 이 군단의 정신과 애국심은 엔제도 매우 높이 평가했다. 그러나 1813년에 군단이 결성되고도 독일 인민의 자발적 봉기가 뒤따르지 않자 사기가 급격히 떨어졌고, 이윽고 군단이 프로이센군의 명령을 따르는 처지가 되고 그 열기가 꺾이면서 많은 이들이 환멸을 느꼈다. 바로 그 시점에, 의용병들이 애초에 이 군단에 들어오게 된 가지각색의 동기가 분명해졌다고 엔제는 말했다. 이제 대의에 헌신하는 청년들은 모든 이상을 버리고 잔인성에 몸을 맡긴 이들, 애국심으로 약탈성을 위장한 이들과 나란히 싸우고 있었다. 뤼초 자유군단의 높은 탈영률이 어느 정도 설명되는 대목이다. 엔제가 보기에 뤼초 자유군단은 그들의 능력에 걸맞지 않은 어려운 사명을 짊어지고자 했다.[23]

그렇지만 이 자유군단은 프로이센 왕이 아니라 조국에 충성을 맹세하고, 독일 전역에서 온 의용병을 포함하면서 전설이 되었다. 시인 테오도어 쾨르너가 이 군단에 들어온 것도 행운이었다. 그가 쓴 「뤼초의 거친 사냥Lützow's wilde Jagd」(1813년)은 뤼초 자유군단이 대담하게 일어나 폭군을 쓰러뜨리고 독일을 구한다는 내용으로 이 군단의 이름을 널리 알렸다. 뤼초라는 이름은 1차대전이 끝난 뒤에도 계속해서 독일의 동부 국경을 방어한 자유군단의 한 부대에게 주어졌고, 2차대전에 이르러서도 아돌프 히틀러가 아돌프 폰 뤼초를 찬양한 바 있다.[24] 다시 한번, 신화가 승리했다. 쾨르너의 시에서 전우애는 부차적 테마에 지나지 않았어도, 리츠만이 묘사한 종류의 평등은 전쟁 경험의 신화의 불가결한 요소가 되었다. 전우애라는 신화는 갈수록 추상적이고 비인간적으로만 변해가는 사회에서 뜻깊은 관계를 약속했고, 바깥세상에서 벗어난 이 은신처에서 전쟁은 자기실현의 기회로 변형되었다.

그 많은 이들이 전우애를 경험한 1차대전 후, 전우애라는 이상은 전쟁 경험의 신화를 받드는 것이든 전쟁에 반대하는 것이든 모든 전쟁 문헌에서 고정 요소로서 힘을 키웠다. 에른스트 윙거의 첫번째 전쟁 수기 『강철 폭풍 속에서*In Stahlegewittern*』(1920년)가 매우 개인적 전투 기록이었다면, 그의 두번째 전쟁 수기 『내적 경험으로서의 전투*Der Kampf als inneres Erlebnis*』(1922년)는 전쟁의 집단성과 전우애를 강조했다.[25] 작가 프란츠 샤우베커는 소속 분대에서 괴롭힘과 조롱을 당하고 나서도 참호의 전우애에서 참된 독일의 부활을 보았다.[26]

전쟁이 삶에 새로운 의미를 부여하고 삶의 보람을 찾게 해준다는 생각은 시와 노래에 거듭 나타났다. 이때 그 이상은 전우애 경험과 묶였을 뿐 아니라, 해방전쟁 이래 의용병에게 매우 강하게 나타난 '비범함'이라는 감정과도 연결되었다. 틀에 박힌 일상에서 떨어져나와 새로운 환경에 놓인 청년들은 흔히 삶에서 어떤 사명을 완수하리라는 기대를 품었다. 그들의 비범한 존재감을 종교적으로 승인하고 정당화한 것은 다름아닌 교회였다. 프랑스혁명의 반종교적 국면에서도, 독일 해방전쟁에서도 많은 의용병이 입대하기 전에 교회에서 축복을 받았다. 병사의 삶과 죽음을 신성화하는 데 그리스도교의 상징성과 의식을 끌어들이는 이러한 양상은 이후 전쟁 경험의 신화에서 중요한 역할을 맡게 된다. 쾨르너의 사례를 한 번 더 인용하면, 1813년 그는 한 슐레지엔 자유군단의 축성식에서 부를 노래를 쓰면서, 그들이 조국을 지키기 위해 일어섰으므로 주님이 조국을 구원하셨다고 언명했다. 이와 똑같이, 100년 후 1차대전에 출정하기에 앞서 교회에서 축복받은 한 의용병은 "이제 우리는 신성해졌다"라고 썼다.[27] 의용병은 이러한 비범성의 추구를 통해 새로운 자기확신을 얻었다. 시인 쾨르너는 부친에게 자신의 입대를 정당화하는 글에서, 국가의 자유와 명예를 위해 목숨을 바치는 것이 아까울 만큼 귀한 사람은 없으며 차라리 그러한 희생에 어울리지 않는 사람이 많다고 썼다.[28]

비범해지고 싶은 욕망, 일상의 따분함을 초월할 만한 신성한 사명에 대한 갈망은 의용병의 역사 전체에 걸쳐 발견될 것이다.

프리드리히 실러는 「기병의 노래Reiterlied」에서 일상의 걱정거리를 내버린, 안락한 집이 없는 병사는 자신의 운명을 과감히 마주하고 죽음의 눈동자를 들여다보기에 홀로 자유로운 자라고 썼다. 1797년에 발표된 이 시는 시민군이 등장하기 전에는 쓰일 수 없었을 것이다. 실러는 젊은이들이 입대를 자청한 근본적 이유를 분명하게 표현했다. 당시 부르주아 사회는 점점 더 강하게 개인을 구속하고 개인의 관습과 도덕을 강제하고 있었다. 프랑스 혁명전쟁 및 나폴레옹 전쟁은 어느 진영이나 애국주의와 도덕성을 명분으로 내세운 전쟁이었다. 이 전쟁을 계기로 영국에서는 순결 회복 운동이, 프랑스에서는 자코뱅파의 엄격한 도덕률 강제가 나타났고 독일에서는 방탕한 프랑스인들이 타락시킨 도덕성을 회복하자는 외침이 일었다. 내셔널리즘은 사람들의 미덕 관념과 품위에 대한 갈망을 끌어들였다.[29] 교육은 인격을 함양하고 도덕적 처신을 가르치는 기회라는 인식이 점점 확산되고 있었다.

이와 같은 부르주아적 관습과 도덕의 압박, 그리고 그 궁극적 승리는 일차적으로 주로 중간계급 출신에게 영향을 미쳤다. 그러나 이러한 계율은 당연히 사회계층 위아래로 퍼져나가 수공업자와 노동자까지도 우세한 부르주아적 도덕성을 채택했다. 프랑스 혁명전쟁 및 나폴레옹 전쟁과 독일 해방전쟁은 젊은이들이 의용병 생활에 매력을 느낄 수 있었던 역사상 최적의 시기에 벌어졌다. 독일 해방전쟁의 의용병은 주로 17세에서 30세의 독신이었다.[30] 그들은 아직 안정된 삶에서 짊어져야 하는 책임은 알지 못했어도 사회의 제약은 느꼈을 것이다. 특히 10대 후반에서 20대 초반의 청년들은 대의에 헌신해서가 아니라, 젊음의 활력을 발산할 기회로써 전쟁을 선택했을 수도 있다. 하지만 "법, 도덕성, 미덕, 신념, 양심"[31]을 되찾아 개인과 국가의 재생을 도모한다는 전쟁의 목적은 모두에게 영향을 미쳤다. 남자다움은 그러한 이상들의 구체적 모습이었고, 그들은 훌륭히 싸움으로써 이상을 행동으로 옮기고자 했다.

해방전쟁 와중에는 '남자다움'이라는 말로 전투의 심각성을 이르는 경우가 놀라우리만치 많았다. 아른트는 라이프치히 전투에서 돌아와 이렇게 썼다. "남자들의 피비린내 나는 전투에서 돌아오다."[32] 병사가 남성이라는 분명한 사실을 강조한 것은 용기와 강인함, 완강함, 정념의 절제, 이른바 남자다운 삶을 영위함으로써 사회의 도덕 구조를 보호하는 능력 등을 대변하는 도덕적 자세를 표출하기 위해서였다. '남자다운' 삶이란 가족 구조 바깥에서, 전적으로 남성의 전우 관계 안에서 이루어지는 것이었으며, 이후 독일 역사에서는 이 '남성 동맹männerbund'이 매우 중요한 역할을 맡게 된다. 남자다움의 시험을 통과하려는 욕망은 의용병이 전쟁에서 가장 반기는 도전이 되었다. 그들은 비범성을 추구함으로써 자기확신과 새로운 지위를 얻었을 뿐 아니라, 자신의 남자다움을 입증하고 전우 관계를 통해 부르주아적 삶의 협소한 한계로부터 자유로워질 기회까지 얻었다.

의용병들은 자유를 찾고 싶어했고, 전쟁에서 자유를 발견했다. 과거에는 자유라고 하면 흔히 개인의 자유를 의미했고 때로는 집단의 자유를 뜻했지만, 폭력과 자유가 그렇게 긴밀히 연결되지는 않았다. 하지만 실러는 「기병의 노래」에서 죽음을 직면하는 병사만이 자유로우며, 주인과 노예뿐인 세계에 자유는 사라지고 없다고 썼다. 독일 해방전쟁기에 이르면 여러 시인이 실러의 전통을 이어받아 자유의 의미를 재정의했고, 나아가 철학자 헤겔은 프로이센이 나폴레옹군에 패배한 직후인 1807년, 인간은 싸움을 통해 자신의 자유를 확고히 한다고 썼다. 이에 더해 그는 전쟁이 인간의 의식을 그 모든 외부의 영향, 심지어 삶 자체의 영향까지도 떨쳐낸 본연의 존재로 되불러온다고 썼다.[33] 하지만 아른트, 요한 고틀리프 피히테 등 해방전쟁기의 애국주의자 대부분은 국민 통합을 위한 선동에 일차적으로 시민 개인의 권리에 대한 관심을 짝지었다.[34] 1841년에 작곡되어 1차대전 후 독일 국가가 되는 〈독일의 노래Deutschlandlied〉는 조국이 통합되고, 자유로운 상태로 존재하면서, 인간의 권리를 수호하기를 요청했다. 그러나 프랑스에 패배한 시기와 해방전쟁 때 일부 극렬 애국주의자는 자유의 재정의를 시도하며 〈독일의 노래〉의 삼원칙을 자유와 전쟁으로 대체했다. 결국 아른트, 피히테까지도 자유의 정의를 프랑스인과는 공유되지 않는, 독일 고유의 사안으로 한정했다. 전쟁 경험의 신화가 뒷받침한 자유는 바로 이렇게 정의된 자유, 즉 전쟁에서 단련되는 남자다운 신념으로서의 내셔널리즘이었다.

II

1차대전에 이르는 의용병의 역사를 온전히 서술하려면 프랑스 혁명전쟁 이래 유럽에서 일어난 모든 전쟁을 다루어야 할 것이다. 그 어느 군대에나 의용병이 있었기 때문이다. 그러나 모든 의용병 집단이 전쟁 경험의 신화화에 기여하지는 않았다. 영국 의용군이 그 좋은 예다. 1859년 국방에 관한 급작스러운 불안증에서 창설되어 1908년 국토 방위군에 편입될 때까지 존속한 영국 의용군은 대개 노동계급 출신인 병사 약 20만 명과 중간계급 출신 장교로 이루어진 대규모 군대로 자리를 잡았다. 역시나 이 나라에서도 애국주의가 남자다움이라는 익숙한 용어로 표현되며 한 역할을 했다. 의용군 활동은 "남자답지 못함을 막는 예방책"으로 권장되고, 산업화 시대에도 국민의 신체적 특질을 그대로 유지할 수 있음을 입증하는 방법으로 장려되었다.[35] 그러나 영국에서는 입대 요청이 외부의 적에 맞서는 방향이 아니라 사교적, 개인적 관심에 호소하는 방식으로 이루어졌다. 가령 포상이 걸린 소총 사격 대회가 국가의 영광보다 중요했고, 군 당국은 사교 및 휴양 시설, 질병 기금, 장례 조합 등을 제공함으로써 병력을 확보하려고 했다. 의용병 활동은

"젊은이들이 부도덕에 물드는 경향이 있는 오락과 장소를 끊게 하는" 도덕적 목적을 충족했다.[36] 영국 의용군의 목표는 노동계급을 사회화하는 것이었다. 질서 잡힌 사회에서 탈출하고자 하는 갈망이나 모험심이 이곳에는 없었고, 영광스러운 대의에의 헌신은 더더욱 찾아볼 수 없었다. 영국 의용군은 1914년의 '8월'에 자국 젊은이의 열광을 부채질할 만한 전통을 마련하지 못했다.

하지만 19세기 중반, 유럽인의 상상에 불을 붙이고 다시 한번 전쟁을 신화화한 일군의 의용병이 나타났다. 그리스 독립전쟁(1821~1831년)은 낭만주의 운동의 한 해프닝이자, 유럽 문화의 그리스적 기원을 찾는 감상적 탐색이었다. 그때까지 의용병이 일어선 전쟁들이 조국을 방어하거나 구하기 위한 국가전이었다면(물론 다른 국가를 해방하기 위한 전쟁도 종종 있었다) 이 전쟁은 보편적 이상을 위해 자국을 향한 열광을 다른 나라로 돌린 전쟁이었다.

실제로 그리스에 간 의용병은 대부분 영국인, 프랑스인, 이탈리아인, 독일인이었고, 그 수는 약 1,200명에 지나지 않았지만 적은 수가 문제가 아니었다. 이 전쟁을 둘러싸고 만들어진 신화가, 이 전쟁에 관한 시와 산문이 유럽 전역에서 끌어낸 독특한 흥분은 의용병의 작은 규모를 훨씬 능가하는 것이었다. 의용병 중 많은 수가 그리스에 도착한 뒤 환멸을 느꼈다. 그들이 보기에 이 전쟁은 비열하고 무질서하게 수행되었고(당시 유럽인은 게릴라전에 대해 무지했다) 정작 그리스 사람들은 게으르고 불결했다. 학교에서 배운 고대 그리스의 전쟁과는 전혀 달랐다. 일부 의용병은 열광적 이야기를 전해왔지만, 많은 이들이 그리스인과 이 전쟁을 강하게 비판하는 전쟁 수기를 발표했다. 그러나 친그리스파는 이를 간단하게 무시했다.[37] 독일 해방전쟁 때와 달리 이 전쟁에서는 의용병만이 아니라 본국에 남았던 이들도 신화 만들기에 가담했다. 그리스에 발을 디딘 적도 없는 영국 시인 퍼시 셸리는 오스만튀르크에 맞선 그리스인의 반란에서 새 시대의 시작을 보고 "황금시대가 돌아왔다"라고 썼다.[38] 독일의 대학 교수들, 프랑스의 시인들(프랑스에서는 그리스 찬가가 1821년에 9권, 1822년에는 18권이나 간행되었다)에게 그리스의 독립전쟁은 문화와 개인의 재생을 상징하는 사건이었다.

그리스는 단순히 독립전쟁이 벌어진 어느 나라가 아니라, 저 옛날 가장 남자답고 영웅적이고 아름다운 모든 것의 모범을 만들어낸 특별한 나라였다. 그리스는 마땅히 자유를 누려야 했다. 그리스 예찬은 때때로 잦아들었다가도 반드시 부활했다. 하지만 그것은 단지 찬란했던 과거 때문이 아니라, 다채롭고 이국적이며 정신을 고양하는 드라마로서였다. 이 전쟁은 바이런*의 전쟁이었다. 그의 신비롭고 대담한 모습은 전쟁 경험의 신화가 미화하는 바로 그 종류의 드라마를 표상하는 듯했고, 이후에는 바이런 같은 선봉 없이도 이 드라마가 계속해서 의용병을 대의로 불러모으게 된다.

의용병 중에는 물질적 이유에서 행동에 나선 이들도 있었다. 한때는 나폴레옹 전쟁이 끝나고 일자리를 잃은 군사와 이탈리아의 실패한 혁명가가 의용병 중 가장 큰 집단을 이루었다. 그러나 오로지 열광에 동인되어 자원입대한 병사는 어느 시기에나 그리 많지 않았어도, 많은 의용병이 열광을 가장 우선적 동기로 삼았다. 사람을 움직이는 복합적 요인 중에서도 헌신은 실용적이고 물질적인 대가를 능가할 수 있는 것이다. 전쟁 경험의 신화의 양식은 열광이었다. 세속적 이유에서 입대한 이들까지도 회고의 시점에서는 통상 열광을 자신의 동기로 내세웠으니, 우리가 아는 한 이는 나폴레옹군의 외국인 의용병에게서는 전혀 찾아볼 수 없었던

* George Gordon Byron, 6th Baron Byron(1788~1824). 낭만주의를 대표하는 영국의 시인. 이탈리아, 그리스, 에스파냐 등 유럽 각지를 여행했고, 그리스 독립투쟁에 참여했다가 말라리아로 사망했다. 주요 작품으로 『차일드 해럴드의 편력』(1812), 『코린트의 포위』(1816), 『돈 주안』(1819~1823), 『카인』(1821) 등이 있다.

현상이다. 반면, 그리스에서는 많은 이들이 환멸을 느꼈음에도 결국 신화가 승리했다.

바이런은 1823년에 직접 그리스로 떠나기 전부터 그 길을 닦았다. 첫 여행에서 그리스를 발견하고 깊이 감동했던 바이런은 오스만튀르크가 그리스의 자유를 탄압하는 것을 규탄함으로써 그리스인들이 들고일어나기 전부터 여론의 동향에 영향을 미쳤다. 그리스로 향하는 여행자가 증가한 것에서도 바이런의 영향은 뚜렷했다.[39] 그리스만이 아니라 알바니아, 오스만튀르크까지 독자들을 그의 시에 나오는 장소로 이끌었던 바이런의 이국취미는 마침내 일어난 그리스인의 반란에 이국적 여행담의 성격을 부여했다. 그리스는 과거에는 유럽 문화의 요람이었고, 지금은 시시한 유럽과는 전혀 다른 낭만적 장소였다. 그리스 반란은 이후의 전쟁들에서도 계속해서 의용병을 끌어당기게 될 호소력을 발휘했다. 그것은 여행담으로서의 매력, 자신이 사는 곳과 다른 머나먼 낯선 장소를 만나는 기회로서의 매력이었다. 닳고 닳은 지형에서 벌어졌던 나폴레옹 전쟁이나 독일 해방전쟁에는 이국성이라는 매력이 작용할 수 없었다. 물론 나폴레옹의 이집트, 러시아 원정은 예외였지만, 우리가 아는 한 그때도 프랑스 대육군* 중 전쟁을 외국 여행으로 여긴 사람은 아무도 없었다. 반면, 바이런에 의한 그리스 독립 대의의 대중화는 낭만주의적 이국성 숭배와 맞물려 있었다.

사람들은 오래전부터 머나먼 나라에 관한 기술을 상상의 양식으로 삼았고, 바이런의 시와 여행기는 아무리 사실성이 강하다 해도 결국 환상적이고 이국적인 기술을 담는 여행 서적의 이른 전통에 속한다. "병사가 되어 세상을 만나라"는 오늘날까지도 모병 포스터에 흔히 쓰이는 문구다. 1차대전 기간에는 전투 현장 관광, 특히 슬라브인을 볼 수 있다는 동부전선 관광이 새로운 사람과 장

* La Grande Armée. 나폴레옹 1세가 대외 원정을 위해 모집한 대규모 다국적 군대.

소를 경험하고 싶어하는 이들을 매료했다. 전선에서 온 엽서와 '원주민'과 함께 찍은 사진도 같은 호기심의 증거물이다. 그리스 독립전쟁은 전쟁 경험의 신화에 낯설고 매력적 세계의 이미지를 공급한 선례였다.

바이런은 글쓰기만이 아니라 자신의 생활양식을 통해 이 전쟁을 자신의 전쟁으로 삼았다. 그의 독특한 의상과 행실, 탈인습적 성향은 세인의 주목을 강요하는 듯했다. 거리낌 없는 여성 편력과 동성 관계에 관한 소문은 그 자체로 이국적이고 낭만적이었다. 하지만 그의 그 유명한 초상화에 그려진 동양인 행색도 그렇고, 깃털로 장식한 투구와 붉은색 제복을 입고 그리스인을 승리로 이끌 기세로 미솔롱기에 위풍당당하게 입성하는 모습도 그렇고, 바이런은 자신의 역할에 어울리는 차림새를 갖출 줄 알았다.[40] 바이런은 하나의 작품과도 같았고, 이는 그가 그리스 안팎에서 연출한 드라마의 효용에 중요하게 작용했다. 바이런이라는 지도자이자 의용병은 다른 전쟁들에서 많은 의용병이 맡고 싶어한 역할을 본보기로 보여주는 듯했다. 미솔롱기에서의 죽음은 이 전쟁의 효과를 확실하게 고조시키고, "몰아치는 정념과 비극적 운명"을 예찬하는 천재라는 그의 명성을 굳혀주었다.[41] 그리스 전쟁을 둘러싼 신화에서 바이런이 가진 중요성은 분명했다. 게릴라전의 따분함과 대비되는 그의 다채로운 활약에도 불구하고 실제로 그가 그리 많은 것을 성취하지 못했다는 사실은 중요하지 않았다. 바이런의 영향은 유럽 모든 나라에서 감지되었고, 이 전쟁의 신화는 당대 최고의 시인이라는 바이런의 명성[42]에 힘입어 널리 퍼져나갔다.

물론 그 이전의 전쟁들도 드라마로 읽힐 수 있었다. 〈라 마르세예즈〉나 독일 해방전쟁의 시들은 극적 긴장이 가득했다. 그러나 그리스에서는 드라마가 전쟁 경험의 신화의 핵심이었다. 이후 어떤 전쟁에서도 연극성이 그처럼 인상적으로 나타나지는 않지만, 그런 연극성은 후대에게 전쟁 수행을 매력적으로 느끼게 하는 중요한 요인으로 계속 작용했다. 전쟁을 지배하는 '바이런'은 이제 없었고, 낭만적 이미지가 사라진 것은 아니지만 후대 전쟁 영웅들은 이국성을 강조하지 않았다. 하지만 바이런이 대표하는 드라마만큼은 비범성의 추구와 긴밀히 연관되어 점점 중요성을 획득했다. (한참 후에 만들어진 표현으로) '전쟁이라는 축제guerra festa'는 일상의 걱정거리로부터의 탈출이었다. 의용병은 자신을 치명적이되 흥미진진한 연극 속 배우로 여길 수 있었다.

전쟁 경험의 신화화에 있어 그리스 독립전쟁이 가지는 중요성은 그전 전쟁들에 한참 못 미치지만, 그리스 전쟁은 전쟁에 관한 새로운 관념을 이 신화에 추가했다.(그밖의 태도들도 대부분 아직 맹아 단계였지만 말이다.) 이곳에서는 내셔널리즘에 앞서는 초국가적 대의에의 헌신이 대다수 의용병을 끌어당기긴 했지만, 다시 한번 신화가 현실을 이겼던 것으로 보인다. 여행담으로서의 전쟁, 머나먼 지역을 탐험하는 기회로서의 전쟁, 요컨대 이국성이라는 새로운 매력은 이후 전쟁 경험의 신화의 부차적 요소가 된다면, 드라마로서의 전쟁은 더이상 걸출한 한 인물로 표상되지 않아도 이 신화의 중요한 요소로 자리잡는다.

전쟁이라는 인간극의 핵심 장식물은 전사戰死였다. 바이런 역시 전투 현장에 자신을 제물로 바치는 행위가 그의 대의에 기여하리라는 것을 인지했으며,[43] 전장이 아닌 병상에서 죽었음에도 전사자로 찬미되었다. '목숨을 바친 이들은 다시 살아날 것이다. 아니, 그들은 이미 우리와 함께 있다.' 전쟁 경험의 신화는 전쟁이라는 드라마에 이와 같은 행복한 결말을 부여하며 죽음을 초월했다. 이 기능을 달성하기 위해 전쟁 경험의 신화는 그리스도교의 전통적 위로 수단인 그리스도의 죽음과 부활 신앙 및 고대의 테마를 이용했다. 전사자 기념물은 그리스도교나 고전의 테마를 이용하여 전사가 국가를 위한 희생임을 상징화했다. 앞으로 살펴보겠지만, 군사 묘지와 전쟁 기념지의 중심에는 흔히 거대한 십자가나 죽은 영웅을 묘사한 고전적 조형물이 세워졌다. 그리고 그러한 장소들이 새로운 시민종교의 성역이 되었다.

전쟁 경험의 신화는 죽음과 대면하기 위해 그리스도교 신앙심, 고대의 전형, 죽음에 대한 새로운 태도 등이 가진 권력과 효력을 이용했고, 그러한 죽음관을 상징화한 묘지 설계가 역으로 전사를 초월하는 데 극히 중요한 역할을 하게 된다. 대략 18세기 계몽주의 시대에서 기원한 이와 같은 새로운 태도를 다음 장에서 살펴볼 것이다.

'전쟁 경험의 신화'의 기원을 조사한다는 것은 신화 제작을 주도했던 의용병의 역할을 이해하는 것과 같다. 그런데 죽음과 매장에 관한 지배적 견해들을 살피는 것도 마찬가지로 중요하다. 죽음에 관한 생각과 매장의 방법론은 점차 세련된 면모를 띠어가며 전사자에 초점을 맞추었고, 그로부터 국민이 숭배할 전형과 장소 모두가 마련되었다. 전사자 매장 및 기념 사업은 국가의 교회를 건설하는 일과 같았고, 그러한 성역의 건설 계획에는 교회 건축에 대한 것과 거의 비슷한 종류의 주의가 기울여졌다. 전쟁의 실상과 어긋나는 전쟁 경험의 신화는 바로 그러한 공간들에서 궁극의 표현을 발견했다. 국가는 그리스도교와 프랑스혁명의 추진력을 스스로의 목적에 흡수했다. 전쟁은 신성해졌다. 전쟁은 인민 보편 의지의 표현이 되었다.

3

신화 제작: 죽음의 구체적 상징들

독일에서는 18세기부터 19세기에 걸쳐 그리스도교 신앙이 면면히 부활하고 있었고, 혁명기의 프랑스마저도 그리스도교 전통을 무시하지 못했다. 그리스도교의 전례와 의식은 많은 유럽인이 유일하게 아는 종교적 관습이었고, 프랑스혁명은 그것을 이용해 다른 신을 섬겼다. 자유의 여신이 성모 마리아의 자리를 차지하고, 혁명 찬가가 성가를 대체했다. 그렇지만 프랑스혁명은 전쟁에 있어서는 십자군이라는 그리스도교적 개념보다 로마의 전형을 선호했다. 로마인이 '조국을 위하여pro patria' 죽은 자에게 부여했던 윤리적 가치들이 그리스도교에 오염되지 않은 애국주의의 본보기로 다시 포착되었다.

반면, 독일은 해방전쟁을 정당화하고 전쟁의 실상을 위장하는 데 그리스도교만을 이용했다. 해방전쟁은 프랑스인에 맞서고 국민 통합을 목표한 '십자군', '성전'이었다. 시인 솅켄도르프는 이 전쟁을 "복된 부활절"[1]이라고 부르면서 이제 눈앞에 다가온 듯한 국가와 개인의 재생을 그리스도의 부활에 빗대었다. 나폴레옹이 독일의 제단에서 훔쳐간 것은 그리스도의 피였다.[2] 이처럼 조국을 비유하는 데 흔히 쓰인 '제단'이라는 어휘는 독일인에게 자신들의 나라가 세상에서 가장 소중한 보물인 성혈의 관리인이 되었다는 생각을 불러일으켰다.[3] 프랑스인이 폭군에 맞서 싸웠다면 독일인은 도덕성과 신앙을 위해 싸웠다. 그러나 이때의 신앙은 '오직 믿음sola fide'이 아니었다. 그것은 신의 그릇인 국가를 통해 여과된 그리스도교였다. 독일 의용병이 발전시킨 '전쟁 경험의 신화'에서 국가 신앙과 그리스도교 신앙은 하나였다.

그렇다면 해방전쟁은 신성 국가를 위한 성전이었고, 바로 이 믿음이 의용병이 맡은 비범한 임무에 사명감을, 성별聖別의 감각을 보강했다. 그리스도교적 용어로 전쟁을 기술한 이들은 순교자와 십자군이라는 특별한 지위를 만들어낸 다음 그것을 누렸다. 이와 같은 내셔널리즘과 신앙심의 결합은 그 시대의 애국 단체들에도 활발하게 나타났다. 예컨대 독일체조협회는 모닥불 주위에 모여 마르틴 루터의 〈내 주는 강한 성城이요〉를 부르곤 했고, 그와 비슷한 모든 단체에서 흔히 예배를 행했다.[4] 프로테스탄트 신앙심은 독일 국민의식의 발흥과 불가분의 관계에 있었다. 그것은 국민의식을 정당화하는 동시에, 이제는 국가에 복무하게 된 익숙한 종교적 테마에 힘을 실어주었다. 국가적 의식와 예식은 오래되고 편안한 전통과 새로운 전통을 연결하는 듯했다.

내셔널리즘 안에서 프로테스탄트 그리스도교의 기능은 죽음 앞에서 가장 선명하게 나타났다. 프랑스 혁명전쟁과 독일 해방전쟁 이래 발전해온 전사자 숭배는 형제, 남편, 친구의 전사를 희생으로 승격했다. 이제는, 적어도 공개적으로는, 개인적 상실보다 이득이 더 크다고들 했다. 또한 조국을 위한 죽음이 전쟁의 목적에 대한 믿음에 의해 정당화되었을 뿐 아니라 죽음 자체가 초월되었다. 전사자는 그리스도를 모방하면서 실로 신성해졌다. 전사자 숭배는 국가라는 종교에 순교자를 제공했고, 죽은 이들의 마지막 안식처는 국가적 경배의 신전이 되었다. 전사자를 기리는 전쟁 기념물은 자국 청년의 강인함과 남자다움을 상징하며 후속 세대가 따를 모범을 제공했다. 전사자 숭배는 평상시에도 전쟁의 영광과 도전을 되새기게 하는 역할을 했다.

이번에도 그 본보기는 프랑스혁명이었다. 프랑스혁명기의 새로운 시민군, 병사의 새로운 지위 그리고 혁명 축전이 없었다면 전사자 숭배라는 관습도 형성될 수 없었을 것이다. 비록 종국에는 그리스도교 상징들이 우위를 점하게 되지만, 전사자 숭배의 발생에는 프랑스혁명이 망자를 기념하는 데 시도한 세속적 방식이 중요했다. 〈라 마르세예즈〉가 공화국의 공식 찬가로 인정된 1792년은 죽음의 기념이 혁명 축전의 중심에 들어간 해이기도 했다.[5] 이제 혁명은 마라, 셰니에, 미라보 등 충분한 순교자를 얻었고, 이 '위인' 들을 중심으로 실로 숭배라 할 만한 행위가 시작되었다. 순교자는 자코뱅파의 통치를 정당화하고, 열광을 고취하고, 모범을 제공했다. 기념행사는 혁명력에 리듬을 부여했다. 순교자가 죽거나 헌법의 어떤 조항이 비준되거나 음모가 발각되거나 전투에서 승리하는 등의 온갖 혁명적 사건이 해마다 축전과 함께 기념되었다. 고대 연극을 모방한 이 축전들에서는 고전의 모범이 중요하게 쓰였고, 피라미드나 사이프러스 같은 상징이 동원되었다. 전쟁은 많은 순교자를 낳았으며, 병사는 모든 혁명 축전에서 중요한 자리를 차지하기에 이르렀다.

망자들은 프랑스혁명의 상징으로 변형되고 자유라는 주제에 흡수되었다. 예컨대 프랑스혁명에 관한 가장 유명한 그림일 자크루이 다비드의 〈마라의 죽음〉은 살해당한 영웅을 추상적 관념으로 변형했다. 로마의 전형을 모방하여, 개인의 죽음이 박해받는 자유의 상징이 된 것이다.[6] 개인은 살아서나 죽어서나 혁명 정신에 흡수되었다. 이 같은 죽음 인식은 신화와 상징을 제작하고 '인민의 보편 의지'에 기초한 새로운 종교를 일으키는 데 심취했던 자코뱅파의 성향과 긴밀히 관련되어 있었다. 그들의 새로운 종교란 국민주권의 표현으로서의 조국애였다. 프랑스혁명의 예가 독일의 전사자 숭배에 직접적 영감이 되었다는 증거는 묘지 설계 외에는 찾을 수 없지만, 프랑스혁명은 처음으로 신화와 상징을 국가의 자기표상에 공적으로 이용했고, 이를 통해 사람들은 자신과 국가를 동일시하고 참여의 감정을 느낄 수 있었다.

전사는, 아니 실로 모든 죽음은 혁명과 국가에 흡수되었다. 죽음의 국유화는 전사자 숭배가 형성되는 데 중요한 단계를 이루었다. 1801년, 프랑스 건축가 피에르 마르탱 지로는 거대한 집단묘를 건설하는 계획에서 다음과 같은 절차를 설명했다. '이제 매장지는 필요하지 않을 것이다. 여러 기둥과 네 개의 입방체 문이 있는 홀 안에 피라미드가 있고 그 안에 망자들이 묻힐 것이다. 파리의 모든 망자를 기리는 유일한 기념물이 될 이 피라미드는 죽음의 집합적 인식을 상징한다. 회랑의 기둥은 망자의 뼈로 만든 유리로 제작한다. 하지만 망자를 개별적으로도 추모할 수 있을 것이다. 즉 그들의 초상화를 넣은 메달(이 또한 시신에서 나온 물질로 만든다)을 제작하여 가정에 보관할 수 있게 할 계획이다. 그리하면 조상이 현세대의 귀감이 되는 동시에, 매장지의 설계는 개개인의 자리가 따로 없는 집단성을 상징한다. 기둥 또한 모두 똑같은 형태로 제작한다.'[7] 지로의 계획에서 죽은 자는 전체의 일부가 되었다.

그렇지만 이 혁명적 망자의 공동체는 배타적이었다. 범죄자는 유리로 만들어지지도 않고 '범죄자 전용' 묘지에 묻히게 되어 있었다.[8] 실제로 1800~1801년 프랑스 학사원이 가장 바람직한 장례 형식을 찾는 공모를 열었을 때, 참여자 대부분이 고결한 삶을 산 사람은 범죄 성향이 있었거나 죄 많은 사람과 따로 매장하기를 원했다.[9] 이 고덕高德의 공화국에서 혁명 위인과 조국을 위해 목숨을 바친 이들은 개인으로서가 아니라 혁명적 신념의 상징으로서 특별한 자리를 차지했다. 1799년 시사평론가 자크 캉브리는 센 주의 요청으로 제출한 '묘지 건축 제안서'에서 피라미드를 묘지의 중심으로 설계했다. 이 피라미드에는 위인들의 유골과 혁명과 조국을 위해 목숨을 바친 이들의 유골을 함께 안치하게 되어 있었다.[10] 병사는 죽음 안에서 혁명의 지도자들과 동등해졌다.

처음으로, 장군이나 국왕, 제후가 아닌 일반 병사가 숭배의 대상이 되었으니, 이는 병사의 지위가 현격하게 상승한 결과였다. 지로가 일반 병사를 전체의 일부로 삼았다면, 캉브리는 더욱 전형적으로 일반 병사를 묘지의 중심에 놓았다. 그와 비슷한 시기인 1793년, 프랑크푸르트에는 프랑스군의 점령으로부터 도시가 해방된 것을 기념하는 '헤센 기념비'가 세워졌다. 여기에는 최초로 전사자의 이름이 군 계급과 상관없이 기입되었다.[11] 그러나 이 정도의 평등은 아직 예외에 속했다. 1860년대까지도 전쟁 기념물은 계급을 구별했고, 전투 현장에 세워진 사병의 무덤에는 묘표도 없었다. 나폴레옹은 개선문에 장군의 이름만 새겼다.(그래도 국가적 전쟁 기념지로 재설계된 마들렌 사원에는 벽에 전사자 전원의 이름을 열거하기로 했다.) 군사 묘지가 처음 만들어졌을 때, 장교와 사병은 따로 묻혔다. 민간 묘지에서도 흔히 부자, 권력자의 화려한 묘와 빈민층의 소박한 무덤이 분리되는 등, 계급과 신분은 살아서나 죽어서나 그대로 유지되었다.[12] 이처럼 장교와 사병, 부자와 빈민이 의식적으로 구별되었다는 사실을 배경에 두면, 1차대전 묘지의 획일적 무덤이 갖는 상징성이 더더욱 인상적으로 다가온다. 평등으로의 변화는 프랑스혁명 중에 시작되었다. 병사의 새로운 지위가 전사자 숭배로 이어졌고, 결국 일반 병사는 살아서는 아니었을지라도 죽음 안에서 평등을 누렸다. 국가는 국가의 순교자들을 경배하며 수많은 국가 공동체의 공통적 이상이었던, 기능이 아닌 신분의 평등을 공언할 수 있었다.

이처럼 프랑스혁명은 그리스도교적으로 신성시된 매장지를 대체할 새로운 매장지를 모색했고, 그 과정에서 전사자가 무대의 중앙을 차지하기에 이르렀다. 하지만 그러한 발상들은 실행에 옮겨지지 않았으며, 국가적 숭배의 중심 장소로서의 전사자 매장지 설계에도 구체적 영향을 거의 끼치지 못했다. 이와 달리, 혁명 이전에 나타난 매장 관례상의 변화는 군사 묘지의 발생에 직접적 영향을 미쳤다. 대략 1780년에서 1804년 사이, 도심에 있던 묘지들이 교외로 이전했고, 도시 교회 묘지 내의 매장도 현격히 감소했다. 1780년에는 파리 시내의 생이노상 묘지가 폐쇄되었고, 1804년에는 (이후 전 유럽에서 그 설계를 모방하게 되는) 파리 시민을 위한 페르라셰즈Père-Lachaise 묘지가 개장했다. 시민 200만 명이 매장된 생이노상 묘지는 이미 초만원이었다. 공동묘에는 주검이 넘쳐흘렀고, 인근 주민들은 그곳을 쓰레기장으로 쓰고 있었다.[13] 주변 주택가에서 좁은 진창길만 건너면 바로 묘지였던 터라, 이곳에서 나는 악취가 시의 한 구역 전체를 뒤덮었다. 파리 시민은 죽음을 지척에 두고 살았다. 그러다 18세기 말에 이르러, 죽음을 추방하고 위장하려는 열망이 한 힘으로 작용하여 생이노상 묘지를 도시 밖으로 몰아내고 도시 교회 묘지의 매장을 중단시킨 것이다. 이러한 조치의 배경에는 계몽주의 시대에 나타난 위생 관념의 변화 및 죽음 자체에 대한 인식 변화가 있었다.

18세기에 사람들은 처음으로 악취와 위생을 관련지어 생각했다. 예컨대, 생이노상 묘지가 폐쇄된 바로 그 무렵에는 적절한 환기 조치 없이 오수조를 비우는 방식을 두고 소란이 일었다. 전에는 시체가 부패하는 냄새도 참던 이들이 이제 거리에서 썩어가는 배설물이나 사체를 보고 질겁했다.[14] 이 새로운 감수성이 정확히 어떤 뿌리에서 싹텄는지 밝히기는 어려우나, 18세기 초에야 유럽에서 자취를 감춘, 냄새가 곧 죽음을 의미했던 흑사병을 계기로 악취와 질병 사이의 고리가 더 강하게 의식되었던 것 같다. 그러나 새로운 묘지의 설계에 결정적 영향을 미친 것은 다른 종류의 새로운 감수성이었고, 이 묘지가 마침내 군사 묘지라는 국가적 숭배의 신전이 건설되는 데 필요조건을 이루었다. 회개와 겸양을 요구하는 그리스도교의 죽음 관념은 계몽주의 시대에 이르러 죽음을 미덕 교육의 기회로 바라보는 태도에 길을 내주었다. 이제 죽음은 자연의 한계 안에서 조화롭게 살아가는 삶을 가르쳤다. 죽음의 이미지는 낫을 든 사신死神에서 영원한 잠으로 대체되었다. 이러한 죽음관의 변화는 그리스도교적 묘지를 수풀과 목초가 우거진 평화로운 풍경으로 변형했다.[15] 18세기에 발전한 '아르카디아' 또는 '엘리시움'*으로서의 정원은 평온과 행복을 상징하는 장소였다.[16] 전원에 사유지를 가진 귀족이나 부자들은 생이노상 묘지가 폐쇄되기 한참 전부터 18세기식 정원에 따로 매장되는 특권을 누렸다.

장자크 루소는 주네브 근처 에르몽빌의 작은 호수에 있는 섬에 묻혔다. 1780년부터 1788년 사이에 계획되고 건설된 이 무덤은 당대인의 상상을 자극했다. 루소의 무덤 주변에는 애도를 상징하는 '슬픈 사이프러스'가 한 그루도 보이지 않았다. 그 대신 이 무덤은 작은 미루나무 숲 속에 있었다. 후세대는 이 무덤에서 도시나 교회의 제한된 공간에 조성된 매장지와 대비되는, 정원과 묘지의 결합을 발견했다.[17] 이러한 장소에서 사람들은 비애가 아니라 감상에 젖어 자연과 미덕을 관조할 수 있었다. 살아서의 평온과 행복이 죽음 안에서까지 유지될 수 있었다.

프랑스혁명은 자코뱅파 집권 시기에 이 같은 18세기적 죽음관을 체계화했다. 죽음은 혁명에 의해 평평해졌다. 즉 모든 시민은 부와 계급에 관계없이 수수하게 매장되어야만 했으니, 이는 당시 무덤의 유사성에 반영되어 있는 사실이다. 혁명이 죽음에 대해서까지 강조한 집단성은 훗날 군사 묘지에 열을 지어 늘어서게 될 똑같은 무덤들의 전조를 이룬다. 또한 이제 국가가 모든 매장 행위를 규제했고, 이후 유럽 대부분의 국가가 매장 행위를 관리하기 시작하여 현재에 이르고 있다.[18] 묘지 건설 예정지에 차양 목적으로 영원한 잠을 상징하는 나무를 심는 시도도 있었는데, 여기서도 사이

*'아르카디아Arcadia'는 그리스의 펠로폰네소스 반도에 있던 고대의 지명으로, 후대에 목자의 낙원으로 전승되어 '이상향'의 대명사가 되었다. '엘리시움Elysium'은 그리스·로마 신화에서 영웅과 덕 있는 자들의 영혼이 머문다는 사후 안식처이자 낙원을 말한다.

프러스 나무는 배제되었다. 자코뱅파의 몰락 이후 다시 개인적 호사가 나타나고 무덤을 마음대로 지을 수 있게 되고 그리스도교식 매장이 또다시 표준이 되었어도, 묘지 설계에서 자연이 점유한 지배적 위치는 그대로 유지되었고 국가는 무덤 건축에서 지켜야 할 적정 한계를 두려고 했다. 더욱이 영원한 잠으로서의 죽음이라는 이상은 그리스도교의 전통적 운명관과 나란히 계속해서 힘을 발휘했다. 무엇보다도 이제 매장지가 교회와 분리되었으며, 비록 과다 수용과 악취라는 문제가 결정적 배경이긴 했지만 혁명기에 추진된 묘지 세속화 정책이 그 분리를 한층 강화했다.[19]

1804년 파리 외곽에 개장한 페르라셰즈라는 새로운 정원식 묘지는 영국, 독일을 비롯해 유럽 곳곳에 건축될 묘지의 원형이 되었다. 공원이기도 하고 정원이기도 한 페르라셰즈의 설계는 자연을 배경으로 하는 매장을 소수의 특권에서 파리 시민의 표준으로 바꾸어놓았다. 원안에서는 조각상과 예술작품이 묘지의 중심을 이루었으나 이는 곧 기각되었고, 새로운 설계에 따라 이 묘지는 약 1만 2,000그루의 나무가 심어지고 망자 곁에 새와 동물이 사는 훌륭한 풍경 정원으로 변모했다.[20] 페르라셰즈 부지는 언덕과 골짜기, 탁 트인 경치 등 풍경의 윤곽을 그대로 살렸다. 이 묘지의 설계에는 낭만주의의 역할과 더불어, 죄인은 죽음 앞에서 두려움과 마주한다는 그리스도교적 시각과는 대조적으로 죽음을 안식으로 바라보는 계몽주의의 역할이 있었다. 이곳에서 죽음은 아름다운 풍경의 일부가 되어 그 아픈 부분을 덜어낼 것이었다.

죽음은 평온한 잠이라는 계몽주의적 이상과 함께, 장자크 루소의 무덤에 새겨진 "자연과 자유"로 대변되는 새로운 자연관도 지속적 영향력을 행사했다. 런던 시외에 처음으로 건축된 묘지 중 하나인 켄잘라이즈Kensal Rise(1832년)는 페르라셰즈에서 많은 영향을 받은 곳으로, 당시 이 묘지를 호평한 한 기사는 불쾌한 생각의 사슬에서 멀리 벗어나 "신록의 오솔길"을 걸으며 마음껏 즐길 수 있다는 사실에 주목했다. 이 묘지에는 죽음을 불쾌한 쪽으로 떠올리게 하는 요소가 전혀 보이지 않았다.[21] 이와 비슷하게, 1807년 독일 만하임 외곽에 새로 조성된 묘지는 행인들의 기분을 해치지 않도록 나무로 묘지를 구획했다.[22] 죽음의 실상을 가리기 위해 자연을 십분 이용한 야외의 페르라셰즈는 근대적 묘지 설계의 시초였고, 종국에는 군사 묘지가 이 모범의 혜택을 보았다. 하지만 군사 묘지 건축에 더욱 직접적 영향력을 행사한 묘지 설계의 새로운 흐름은 따로 있었다.

미국의 '공원 묘지 운동'(1830~1850년)은 페르라셰즈의 영향에 도전했고 나아가 유럽의 묘지 설계에 영향을 미쳤다.[23] 이 운동은 풍경의 기본 윤곽을 그대로 살리긴 해도 묘지에 소로와 관목, 수풀을 배치하는 페르라셰즈 및 정원 묘지의 인공성을 거부했다. '전원 묘지'로도 불린 미국식 묘지는 인간의 손이 닿지 않은 숲속에 위치했다.[24] 반反도시 운동의 일환이었던 이 묘지들은 장식과 격식을 배제했고 페르라셰즈식의 감동적 경치나 낭만적 풍경을 포함하지 않았다. 미국의 공원 묘지는 사람들이 그 온전한 풍경을 통해 '자연의 위대한 체계' 및 창조와 파멸의 순환을 이해하는 도덕적 기능을 가진다고 여겨졌다. 또한 사람들은 사랑하는 이가 잠들어 있는 풍경의 매력과 그 정서적 호소력에 이끌려 그 땅 자체를 사랑하게 될 것이기에, 애국심을 고양하고 강화하는 기능을 가질 것이었다.[25] 1830년대 미국에서 발견되는, 자연의 도덕적 힘에 대한 호소와 애국심의 결합은 이후 수많은 군사 묘지의 설계에 다시 나타나게 된다.

미국의 공원 묘지는 페르라셰즈와 달리 주변의 자연과 잘 어울리도록 무덤의 크기도 제한했다. 화려한 무덤과 가족 납골당이 많았던 페르라셰즈는 미국인이 보기에는 공원 묘지, 정원 묘지라기보다는 마을이나 소도시에 가까웠다.[26] 공원 묘지 운동 및 그 가장 유명한 사례인 마운트오번Mount Auburn(1831년, 매사추세츠 주

3. 매사추세츠 주 케임브리지의 마운트오번 묘지: 미국 공원 묘지 운동에서 가장 중요한 묘지다.

케임브리지)은 유럽의 묘지 설계에 영향력을 행사했다.(그림 3) 수세대에 걸쳐 영국식 묘지 설계의 교과서로 통했던 J. C. 로던의 저서 『묘지의 설계, 식수, 관리*The Laying Out, Planting, and Managing of Cemeteries*』(1843년) 등에서도 호평을 받았다.[27] 19세기 말 무렵, 이 운동의 영향은 독일에까지 퍼져나갔다.

1878년, 요한 빌헬름 코르데스는 함부르크 근처에 있는 올스도르프 시를 위해 독일 최초의 공원 묘지를 설계했다. 이곳은 나무와 덤불, 꽃을 심고 그 사이로 난 구불구불한 소로가 작은 호수들을 지나는 "완전한 예술작품"[28]이 될 것이었다. 코르데스는 이 묘지를 정원 형태로 만드는 데 특별히 신경을 써, 관목이나 식물을 일반 묘지처럼 반듯하게 정렬하는 대신 풍경 본래의 윤곽에 잘 어울리게끔 심었다. 소로 한쪽에 배치한 무덤들은 이 풍경의 불가결한 요소가 되었다. 실제로 공원으로 애용된 올스도르프 묘지는 함부르크 주민들이 나들이로 즐겨 찾는 곳이었다.

한스 그레셀이 1907년에 설계한 뮌헨의 발트프리트호프Wald-friedhof('숲 묘지')는 미국식 공원 묘지의 모델을 더욱 충실히 따랐고 코르데스의 설계보다 훨씬 더 큰 영향력을 행사했다. 그레셀은 이 묘지를 인공적 공원으로 구상하지 않았다. 그는 식물이나 관목을 전혀 심지 않고 원래의 숲을 그대로 썼다. 곡선을 이루는 숲길에서는 무덤이 전혀 눈에 띄지 않았고 여기저기 흩어져 있는 무덤을 가려주는 키 큰 나무만 보였다. 자연미가 살아 있는 이 숲에서 사람들은 차분함과 질서의 감각을 동시에 느낄 수 있었다. 공원 묘지와 숲 묘지는 모두 죽음에 대한 생각을 자연에 대한 관조로 대체하기 위한 장소였다.[29]

그레셀의 묘지는 1차대전 이래 건설될 추모 공원들의 선례가 되었다. 가령 독일에는 '영웅의 숲'이, 프랑스에는 '장례 정원'이 조성되었고, 그런 곳에서는 나무 한 그루 한 그루가 전사자 한 사람 한 사람을 상징했다. 1차대전 전시에 나타난 영웅의 숲은 전사자를 기념하는 혁신적 방법으로 호평을 받았지만, 이 경우에 그 상징성은 숲을 특별히 정신을 고양하는 요소로 여겼던, 페르라셰즈를 원형으로 하는 새로운 묘지 유형으로 거슬러올라간다고 봐야 한다. 또한 앞서 살펴보았듯 루소의 무덤 역시 똑같은 의미의 숲을 배경으로 했다. 공원 묘지나 발트프리트호프는 기본적으로 개별 무덤이 전체에 종속되는 추모 장소였다. 영웅의 숲이나 로마의 기념 공원(1865년)에서는 자연이 실제 무덤을 상징적으로 대체하기까지 했다. 이탈리아의 통일을 위해 싸우다 목숨을 잃은 이들을 위한 기념지로 설계된 로마의 추모 공원은 각 나무에 전사자 전원의 이름이 붙은 숲이다. 이곳에서는 자연의 재생력이 직접적으로 발동되었다. 영웅의 숲에서도 자연의 리듬이 결정적 역할을 했다. 그곳에 묻힌 전사자들은 겨울의 죽음이 봄의 부활로 이어지는 계절 변화의 불가결한 일부가 될 것이었다. 이 숲에 대해서는 전사자 숭배를 논할 때 다시 이야기할 것이다.

묘지의 세속화, 도시 묘지의 전원으로의 이전은 범신론적 상징성을 강화했다. 루던은 묘지 설계에 관한 그의 책에서 새로운 묘지가 갖추어야 할 분위기를 다음과 같이 요약했다. '묘지는 엄숙하면서도 마음을 달래는 외관을 가져야 하고, 광적 침울함과 과장된 애착 양쪽으로부터 거리를 두어야 한다. 묘지 내부의 소로는 곧아야 한다.(이는 공원 묘지의 구불거리는 길과 대비된다.) 무덤은 한 쌍씩 배치하고 사이에 소로를 두며, 햇빛, 바람, 불빛이 잘 들게 해야 한다. 또한 질서는 묘지 설계에서뿐 아니라 방문객의 처신에서도 지켜져야 한다. 개, 흡연, 달리기, 휘파람 불기, 큰 소리로 웃기 등은 허용되지 않는다.'[30] 과거에는 교회 묘지가 장터나 시끌벅적한 공공 회합의 장소로 쓰였다는 점에서, 이 모든 지침은 죽음과 임종에 대해 전통적 교회 묘지가 투영했던 것과는 전혀 다른 견해를 보이고 있었다. 이제 죽음은 멀리 물러났고 인간성을 거의 잃었으며 개별성보다도 상징성을 강하게 띠었다. 이 새로운 묘지들은 세속화의 수혜자였지만, 한편으로는 질서와 정돈, 합리성, 자연의 감화라는 그 성격이 계절의 유비를 통해 부활에의 희망과 연결되었으니, 바로 이 연관성이 훗날 전사자 숭배 장소로서의 군사 묘지 설계에 핵심적으로 나타나게 된다. 그때에 이르면 그리스도교의 죽음과 부활 관념이 묘지 설계에 쉽게 추가되면서 자연의 본보기를 보강했다. 또한 관조와 재생에 적합한 이 새로운 묘지는 딱히 어떤 무덤을 찾지 않더라도 누구나 방문할 만한 장소라는 점에서, 군사 묘지라는 국가적 경배 장소로 이어질 분명한 관련성을 가지고 있었다.

19세기에 벌어진 대부분의 전쟁에서 전사자는 따로 묘지를 갖기는커녕 제대로 매장되지도 않았다. 그들은 기껏해야 인간성이 결여된 기념물을 통해서, 그리고 의용병이 쓴 시와 산문 안에서 기려졌을 따름이다. 국민군*의 무덤이 있는 페르라셰즈의 특별 구

* Garde nationale. 프랑스혁명 때 조직된 시민군. 처음엔 부르주아 계층이 주를 이루었으나 혁명전쟁 이후 민중층도 포함해 확대 편성되었다. 19세기에도 존속하다가 파리코뮌 직후 해체되었다.

역은 이후에도 예외로 남았다. 독일의 경우, 대개 교회에 있던 기념 명판에 프로이센 철십자훈장을 새김으로써 해방전쟁의 전사자를 다른 모든 망자와 구별하는 정도였다.[31]

전사자의 시신은 관심의 대상이 아니었다. 월터 스콧은 나폴레옹이 몰락하고 얼마 후 워털루 전장을 방문하고 이렇게 썼다. "대학살의 끔찍한 증거들은 이미 전부 치워졌다. 사람이나 말의 시체는 태우거나 묻었다."[32] 그러면서도 전사자를 공동묘에 매장한 지점에서는 악취를 느끼고 다음과 같이 죽음과 부패취의 새로운 연관성을 표현했다. "격심한 대학살이 야기할 수 있는 질병이 염려된다."[33] 1846년에 워털루를 방문한 빅토르 위고는 전투의 상처도, 전사자의 흔적도 희미하게만 남아 있는 고즈넉한 풍경을 마주했다.[34] 1813년 프로이센이 나폴레옹을 물리친 라이프치히 전투 후, 독일의 한 의사는 전사한 '영웅'들의 벌거벗은 시신이 어느 학교의 운동장에서 까마귀와 개에 먹히는 장면을 목격했다.[35] 명백하게도, 시와 산문의 영웅 찬미는 아직 전사자의 매장에 영향을 미치지 못했다. 연대 차원에서 자기 부대와 장교를 기리기 위해 전투 현장에 기념물을 세우는 경우도 있었지만, 일반 병사는 그대로 잊힐 뿐이었다.

전사자는 여전히 하나의 집합으로 취급되고 공동묘에 매장되었다. 군복무의 위상이 달라졌다고는 해도 죽어서의 익명성은 프랑스혁명 이전 시대 병사들의 그것과 결코 다르지 않았다. 그러다 1870~1871년에 이르러 프로이센-프랑스 전쟁 중에 거의 우연에 의해 독일 최초의 군사 묘지가 만들어졌다. 소규모 충돌에서 목숨을 잃은 몇몇 독일군과 프랑스군이 죽은 자리에 묻혔고, 곧이어 인근 교외에서 전사한 이들이 그곳에 함께 묻힌 것이다. 그러나 이 묘지는 아직 국가적 경배의 신전도 아니었고 무언가의 선례가 되지도 않았다.[36] 그 무렵 미국에는 군사 묘지가 이미 일흔세 군데나 들어서 있었다. 유럽에서는 한참 후에야 나타날 움직임이 미국에서는 1862년 7월 17일 국회에서 제정된 법령을 바탕으로 제도적으로 추진되고 있었다. 남북전쟁[1861~1865년]에서 공화국을 수호하다 목숨을 잃은 이들은 반드시 국립 묘지의 "안전하게 둘러싼" 영역 안에서 영면에 들어야 했다. 남북전쟁 말기 이래 미국은 타향에 매장된 자국 병사의 주검을 발굴하여 그들의 고향이나 그 근처의 군사 묘지에 이장했다.[37] 초기 미국 군사 묘지의 사진을 보면 1차대전의 군사 묘지를 쉽게 예상할 수 있다. 그렇지만 1862년부터 1866년 사이 미국에 건설된 일련의 국립 묘지가 유럽에 눈에 띄는 영향을 미쳤다고 할 만한 근거는 발견되지 않는다.

1866년 테오도어 폰타네가 묘사한 독일의 한 전사자 매장지는 일반 교회 묘지에 위치하긴 했지만 벽으로 다른 무덤과 분리되었다.[38] 하지만 이러한 무덤은 전투중에 사망한 이들이 아니라 부상이나 질병으로 병원에서 죽은 이들의 것이었으며, 그들을 그 지역 교회 묘지에 따로 매장하는 것은 당시의 관례였다. 1871년 프로이센-프랑스 전쟁 후에 체결된 강화조약에는 전사자에게 영구적 안식처를 보장한다는 내용이 들어갔지만, 그 적용 대상은 독일 영토에서 전사한 프랑스군과 프랑스에서 전사한 독일군에 한정되었다. 이러한 노력 또한 1차대전에 이르러서야 체계화되었다. 1915년 12월 29일, 유럽 최초로 프랑스가 전사자 전원에게 영구적 안식처를 배정하기로 했고, 다른 나라들도 곧 뒤를 따랐다.[39] 이 전쟁의 전례 없는 희생 규모는 전사자를 적절하게 매장하도록 군을 압박했다. 전쟁이 계속되면서 가족을 잃지 않은 가족이 거의 없었고, 온당한 매장과 국가 차원의 추모를 요구하는 그들의 막대한 압력 때문에 이전처럼 전사자를 방치하는 것이 불가능해졌다. 우리가 개괄하고 있는 군사 묘지의 발전은 바로 이 요구를 충족하고 1914년 세대의 희생을 기리는 일을 보다 쉽게 해주었다. 또한 의용병의 열광, 그들의 전쟁 신화, 그리고 병사의 새로운 지위라는 조건이 없었다면 애초에 그러한 매장이 가능하지도 않았을 것이다. 마침내 국가의 영웅을 위해 따로 마련된 군사 묘지는 '전쟁 경험의 신화'의 중심적 상징으로 기능하기 시작했다.

군사 묘지가 전사자에게 바쳐진 유일한 신전은 아니었다. 프랑스 혁명전쟁 및 나폴레옹 전쟁 후, 전쟁 기념물은 공공장소나 민간 묘지에 빠지지 않는 요소가 되었다. 흔히 고대인을 모방하여 부서진 기둥이나 오벨리스크가 세워졌는데, 독일에서는 큰 바위나 고딕 양식의 기념물도 쓰였다. 앞서 언급했듯 나폴레옹은 마들렌 사원 전체를 대육군의 전사자에 바치는 신전으로 지정했다.[40] 이러한 기념물은 단순히 특정 주나 지역이 아니라 국가 전체를 대표했고, 각 지역에는 그곳의 전쟁 기념물이 따로 있었다. 군사 묘지와 달리 전쟁 기념물은 새로운 것이 아니었다. 전에도 장군, 왕, 제후의 기념물이 (통상 전투복을 입고 말을 탄 모습으로) 존재했다. 그러나 근대의 전쟁 기념물은 특정 개인에 초점을 맞추기보다는 국가를 상징하는 형상들로 그 모든 국민의 희생을 강조했다. 이처럼 일반 병사는 별도로 매장되기에 훨씬 앞서 기념물을 통해 인정받고 있었다. 나폴레옹이 마들렌 사원을 국가적 전쟁 기념물로 변형하는 계획을 세운 직후, 프랑크푸르트에는 나폴레옹에 맞서 싸운 모든 병사를 기념하는 헤센 기념비가 세워졌고, 1818~1821년 프리드리히 빌헬름 3세는 베를린의 크로이츠베르크에 프로이센을 위해 목숨을 바친 모든 이를 기념하는 기념물을 세웠다. 마찬가지로 1833년 뮌헨에는 나폴레옹 원정 때 러시아에서 전사한 바이에른 주민을 기리는 전쟁 기념물이 건립되어 '바이에른 국립 기념물'로 지정되었다. 나폴레옹의 거창한 계획과 달리 독일의 전쟁 기념물들은 개별 병사의 이름을 열거하지 않았다. 교회의 기념 명판은 예외였는데, 이 역시 장교의 이름을 먼저 쓰고 그 밑에 사병의 이름을 써서 계급을 엄격하게 유지했다. 1866년 프로이센-오스트리아 전쟁 후에는 사병의 지위가 한층 격상되어 때에 따라 전쟁 기념물에 사병의 이름이 들어가기 시작했다.[41]

전쟁 기념물은 다양한 양식으로 제작되었다. 크로이츠베르크의 전쟁 기념물은 고딕 양식으로 건축되어 중세 독일 제국의 기억을 환기했다. '고딕'은 독일의 통합을 의미하는 약칭이 되었다. 가령 카스파르 다비트 프리드리히가 그린 고딕풍 폐허는 자신의 열렬한 애국심과 독일의 잠들어 있는 힘과 역량을 동시에 공언하는 것이었다.[42] 그러나 장기적으로는 프랑스에서나 독일에서나 고전적 테마가 우세했다. 과거에도 왕이나 장군, 때로는 시인을 기념하는 데 쓰였던 고전의 전형들이 초기의 전쟁 기념물에는 오벨리스크나 기둥, 트로피의 형태로 나타났으며, 명문에 고전의 영웅 관련 테마가 인용되기도 했다. 고전의 젊은 영웅상은 아직 어떤 역할을 맡지 않았고, 남자다움의 관념은 영웅적 전사의 모습이 아니라 전쟁 기념물의 명문을 통해 전달되었다. 그러한 문구들은 전사자의 이름 앞에 '용감한', '용맹한' 같은 수식어를 붙임으로써 호전적 가치를 칭송했다.[43] 젊은 영웅의 모습은 1차대전 후에 그 독자적 역할을 획득하여 국가를 위해 싸우는 젊은 남성의 능력을 상징하게 되었다. 1차대전은 그전까지 잠재적으로나 암시적으로 존재하던 것을 구체화했다. 독일 해방전쟁의 시인들이 그토록 소리 높여 선포했던 병사의 이상들이 전쟁 기념물의 돌과 모르타르에 투영되기에 이른 것이다.

초기의 전쟁 기념물 명문에는 왕과 (해방전쟁에서 그 많은 의용병에게 내셔널리즘을 고취하는 역할을 한) 조국이라는 이상 사이의 긴장이 반영되어 있었다. 조국을 위해 죽는 것은 달콤하고도 명예롭다는 호라티우스의 인기 있는 인용문과 여전히 흔히 쓰인 "주님과 함께, 왕과 조국을 위해"라는 문구가 어색한 동맹 관계로 공존했다.[44] 이러한 긴장은 독일 통일 후에도 사라지지 않았고, 황제는 조국을 통치자 위에 두려는 욕망, '민족' 공동체를 독일의 유일한 대표로 구상하려는 욕망과 또다시 맞닥뜨렸다. 새롭게 통합된 국민이 국가와의 정서적 동일시를 통해 하나된 전우라면,

전우애의 이상은 국가로 확장될 수 있었다. 이 이상에 잠재된 폭발적 에너지는 인민의 보편 의지가 아니라 군주를 위한 방향으로 통제되어야만 했다. 예컨대 1896년에 바덴 대공은 한 전쟁 기념물의 제막식에서 훌륭한 전우란 훌륭하고 충직한 신민이기도 하다고 선언했다.[45]

많은 젊은이가 그러한 선동을 피상적 애국주의라고 반발하면서 더 참되게 국가에 헌신할 방법을 찾았다. 사실 프로이센-프랑스 전쟁 후에 독일 전역을 휩쓴 전쟁 기념물 제작 열풍은 빌헬름 시대의 공식적 황제·제국 숭배의 일환이었다. 전사자가 전쟁 기념물을 민주화하고 황제나 장군이 아니라 민족이라는 공동체와 그 희생을 상징하는 역할은 아직 시작되지 않았다. 빌헬름 제국 시대에는 살아서의 군사적 위계가 죽어서도 그대로 유지되었고, 예외적 경우에도 전사자의 이름은 기념물 자체가 아니라 다른 공간에 배치되었다. 그마저도 계급에 따라 열거되었고, 때때로 사병은 '기타 전사자' 수로만 표시되었다.[46] 전쟁 기념물이나 기념 명판에 전사자 전원을 호명한 예외가 있긴 해도, 사병은 대개 이름 없는 집합의 일부로 취급되었다. 다시 한번, 1차대전이 그 모든 것을 바꾸어놓았다. 1차대전은 모든 전사자에게 동등한 명예를 부여했다. 1차대전의 군사 묘지와 전쟁 기념물은 개별 병사를 민족이라는 집합의 일부, 전우인 국민의 일부로 기렸으며, 이는 각 전사자의 이름을 열거한 기념물, 또는 개인의 무덤이 빽빽하게 열을 지어 하나의 통일된 구조를 이루는 군사 묘지로 상징화되었다.

1차대전의 묘지 설계를 살필 때 우리는 전쟁 경험의 신화에서 그리스도교가 담당한 역할로 돌아가게 된다. 유럽 모든 나라의 군사 묘지는 십자가로 무덤을 표시했고, 죽음과 부활이라는 테마가 묘지 중앙의 거대한 십자가나 예배당, 또는 종교적 명문으로 상징화되었다. 그리스도교의 죽음과 부활 테마는 그리스도가 죽은 병사를 어루만지는 모습, 그리스도가 전선의 무덤을 방문하는 모습

등으로 1차대전 당시 모든 국가의 엽서에서 발견되었다.(그림 6 참고. 본문 92쪽)

더 제도적 차원에서, 프로이센의 프로테스탄트 국교회는 전사자의 대의를 받들고 그들을 전례의 일부로 삼았다. 병사들은 전투에 임하기 전에 교회에서 축복받았듯 이제는 교회의 특별 예배에서 추모되었다. 18세기 말 프로이센에는 지역 사회의 특별한 인물을 기념하는 '추모식Totenfeier'이라는 연례 예배가 있었다. 동시대인의 위업이 아니라 선조의 공적을 강조했던 이 새로운 조상 숭배는 프랑스의 혁명 축전에도 특징적으로 나타났다. 국민공회는 혁명 선조들을 새로운 시민종교의 일부로 기리는 축전을 법제화하기까지 했다.[47] 해방전쟁 초창기에 프로이센의 추모 예배에서는 종종 걸출한 선인先人들의 운명을 역사적 위업과 연결하는 내용의 설교가 행해졌고, 결국에는 전사자도 같은 방식으로 국가의 정전에 통합되었다.[48]

1813년 이래 해방전쟁기에 프로테스탄트 독일은 성 금요일과 부활절 예배를 비롯한 교회 정규 예배에서 흔히 전사자를 추모하면서 그들의 죽음이 그리스도의 기적에 상응함을 강조했다. 예컨대 라이프치히의 승전 후에 널리 행해진 경축 예배는 전사자 추모식도 겸했다. 마침내 1816년, 프리드리히 빌헬름 3세는 프로이센 교회의 수장으로서 전사자를 기념하는 특별 예배를 제정했고,[49] 이 추모 예배는 교회력에 정규 요소로 남았다. 전사자의 희생이 그리스도교 전례의 일부가 된 것이다. 이 사실의 중요성은 그것이 왕좌와 제단의 긴밀한 동맹 관계를 분명히 보여주었다는 데만 있는 것이 아니라, 그로써 전사자 숭배와 그리스도교 신앙심의 연합이 공식적으로 승인되었다는 점에도 있었다.

바야흐로 '전쟁 경험의 신화'의 건축 자재들이 하나로 조립되고 있었다. 근대식 교전이 시작되고 새로운 국민의식이 형성되는 것과 함께 병사의 죽음은 그리스도교와 프랑스혁명에 의해, 공히 국가를 위해 흡수되고 있었다. 묘지 설계에 나타난 변화는 전쟁 묘지라는 국가적 숭배의 신전이 나타날 길을 닦았고, 전쟁 기념물도 비슷한 기능을 달성하게 되었다. 시민군이 출현했다고 해서 처음부터 개별 병사의 희생이 그에 걸맞은 매장이나 기념물에 의한 추모로써 인정받은 것은 아니었다. 그러나 전사자의 지위는 분명히 상승하고 있었고(어쨌든 그들은 영웅적 이상을 대변했다) 특별한 경우에는 개별 무덤에 매장되거나 상관들의 이름 아래에나마 기념물에 이름을 올렸다. 참된 평등은 1차대전에 이르러서야 실현되었다.

전쟁 경험의 신화는 1차대전을 거치며 인간의 기억을 전쟁의 공포로부터 전쟁의 의의와 영광으로 돌리려는 그 노력에 있어 가장 풍부한 표현과 호소력을 획득했다. 의용병은 전쟁의 '북 치는 소년'으로서 신화를 제작하기 시작했으나, 이제는 수백만 명이 그들의 열광과 경험을 공유하기에 이르렀다. 전쟁 경험의 신화를 형상화하고 추상적인 것을 구체화할 상징들은 100여 년에 걸쳐 형식을 갖추었고 이제 충분히 자리를 잡았다. 한편으로, 과거 전쟁들의 전사 규모가 수만 명에 지나지 않았다는 점에서 1914년 세대는 아무 준비 없이 대량살상에 직면했다. 바로 이 지점에서, 전사를 초월하게 하는 신화의 작용이 그 어느 때보다 긴요해졌다. 1차대전은 전쟁 경험의 신화에 새로운 권력을 부여했고, 이후 그 정치적 결과가 감지되었다.

제2부 제1차 세계대전

4 청년과 전쟁 경험

1차대전 발발과 동시에 열정과 포부를 안고 입대한 '1914년 세대'에 관해서는 이미 많은 글이 쓰였다. 소집되기 전에 입대한 이들도 많았지만, 그들은 기본적으로 프랑스군과 독일군의 징집병이었다. 하지만 징집되었건 자원했건 간에, 1914년의 청년 대다수는 열광이라는 면에서 과거 의용병의 전통을 잇고 있었다. 앞서 살펴본 의용병의 동기들, 즉 애국심, 삶의 목적 탐색, 모험심, 그리고 남성성의 이상들이 다시 한번 작동했다. 그런데 의용병의 역사 전체를 관통하는 이 테마들 중에서도 이전에는 보이지 않았거나 1914년에 이르러 가장 강력하게 표현된 특수한 역점들이 눈에 띈다. 1914년의 의용병은 글쓰기를 통해 이 전쟁에서 출현하게 될 여러 신화를 결정했고, 그러므로 그들의 정신적 특징과 입대 이유에 특별히 주목할 필요가 있다.

1914년 세대가 국가의 깃발 아래로 달려간 이유로, 그들이 더 이상 전쟁의 실상을 알지 못했다는 사실이 거론되어왔다. 프로이센-프랑스 전쟁은 오래전 일인데다 어쨌든 독일이 프랑스를 쉽게 이긴 단기전이었다. 아마 그러한 이유에서도 1차대전의 신병들은 전쟁이 짧게 끝나리라고 믿었을 것이다. 모든 교전국이 그렇게 믿고 있었다. 마지막 장기전은 100년 전의 나폴레옹 전쟁이었고, 그것도 길고 짧은 개별 원정이 단속적으로 이어진 전쟁으로 유럽 대부분 지역에서 그리 오래가지 않았다. 프랑스 혁명전쟁과 독일 해방전쟁에 참가했던 최초의 의용병 또한 전쟁에 대해 아는 바가 전혀 없었다는 점에서(실로 그들에게 전쟁은 완전히 새로운 경험이었다) 그러한 공통점이 이 전쟁들에서 목격된 희생 의지를 어느 정도 설명해주는 듯도 하다. 확실히, 1차대전 전시나 전후에 태어난 많은 이들은 필시 그들의 아버지로부터 전쟁 초기에 적이 실제로 응사했을 때 얼마나 놀랐는지 모른다는 회상담을 들은 기억이 있었을 것이다. 그러나 전쟁에 대한 이런 무지가 1914년 세대의 동인을 설명하지는 못한다. 그들에게는 전쟁이 선포된 '8월'이, 이후 최악의 참사를 경험하고도 들뜬 기억으로만 남았던 것이다.

여기에는 전쟁 선포 이전의 문화적 분위기가 극히 중요하게 작용했다. 과거의 전쟁에서도 그러했지만, 당대의 지적 조류를 반영하여 1914년 세대의 이념과 기대를 표명한 것은 교양 있는 엘리트 계층 병사들이었기 때문이다. 특히 세기 전환기에 새롭게 발견된 청년의 자의식, 그리고 급변하는 사회를 마주한 태도가 중요했다. 또한 독일에서는 그 어느 때보다도 가시화된 노동계급이 주로 민족의 현실과 그 저력, 강인함을 경험하고자 '민족을 찾아' 나선 중간계급 청년을 통해 한 역할을 했다. 이 전쟁은 '보통 사람 숭배'를 크게 촉진했다. 하지만 이때의 '보통 사람'이란 사회적 지분이 아니라 바람직한 스테레오타입이었다. 노동자와 농민은 결국 진정한 남성성을 상징하는 참호의 전우애 안에 통합되었다. 그러나 1914년 세대의 이상을 표명한 이들에게 가장 중요한 영향을 미친 것은 기술 진보가 야기한 지각상의 변화였다. 받아들여지거나 거부된, 근대성의 징후들 말이다.

세기 전환기 무렵이면 이미 다 출현한 자동차, 전화, 전신, 영화 등 새로운 발명들은 시간 자체를 혁명하는 듯했다. 유일한 현실이나 절대적 공간 같은 것은 더이상 존재하지 않는 듯했고, 많은 사람들이 "경험의 혼돈"에 맞닥뜨렸다.[1] 20세기 초에 처음으로 전화를 사용한 이들은 이제 한 사람이 동시에 두 장소에 존재할 수 있다고 느꼈는가 하면, 이동의 새로운 속도와 끊임없이 변화하는 풍경은 자연의 안정성까지 파괴할 조짐을 보였다.[2] 사람들은 노사 분규, 무정부주의자의 폭탄, 폭동 등 1차대전 이전에 너무도 빈번하게, 그러나 국지적으로만 벌어졌던 사태들은 무시할 수 있었어도 혼돈의 조짐을 보이는 시간의 새로운 속도에서는 벗어날 수 없었다.

이 새로운 속도와 경험의 동시성을 기꺼이 받아들이고 그것을 최대한 이용한 청년들이 있었다. 젊은 예술가·작가 집단인 이탈리아의 미래파는 1909년의 선언문에서 속도를 만물의 척도, 인생의 목적이자 원리, 그리고 삶의 참된 아름다움으로 규정했다.[3] 미래주의는 정복과 전쟁을 미화하는 호전적 남성성을 찬양하면서 '생각의 부동不動'을 폭력적 운동으로 대체하고 인간 갈등의 베고 찌르는 격렬함을 만끽했다.[4] 독일의 표현주의자들도 시간의 새로운 속도를 사회의 제약에서 벗어나는 수단으로 포용하며 같은 희열감을 느꼈다. 이 운동 역시 그러한 동력을 바탕으로 폭력과 갈등을 찬양하고 이상한 것과 꺼림칙한 것을 예찬했다. 이러한 태도들은 적과의 폭력적 대면을 개인의 자기충족 수단으로 보는 분위기를 조성했다. 미래주의와 표현주의는 청년 운동이었다. 1914년 당시 표현주의자의 4분의 3이 30세 미만이었다.[5] 이 운동들이 근대성을 기꺼이 받아들인 유일한 사례는 아니었다. 프랑스의 입체파 등 다른 예술가들도 시간의 새로운 속도와 경험의 동시성에서 비슷한 즐거움을 느꼈다. 그러나 당시 유럽의 교양 있고 감수성 풍부한 많은 청년이 (공적으로 표명했든, 사적 반항으로 표출했든) 널리 공유한 분위기를 대변한 것은 미래주의와 표현주의였다. 그 젊은이들이 무엇을 애호했는지를 독일의 한 표현주의 작가는 이렇게 썼다. "불확실함, 허공에 걸린 듯한, 정신없고 건잡을 수 없는 삶, 작은 역을 요란스럽게 통과하는 급행열차를 탄 듯한 감각."[6]

이들의 근대성 수용은 합리주의나 실용주의가 아니라 갈등과 대결로 연결되어 쉽게 전쟁으로 각색되었다. 미래파에게 전쟁은 '축제'였다. 실제로 많은 청년에게 1914년 8월의 개전은 축제와도 같았다. 그들에게 전쟁은 특별한 사건, 정상적 삶으로부터의 해방이었다. 미래파와 표현주의자가 근대성의 혼돈에 대해 보인 애호는 전에 없던 것이었다. 과거의 청년들도 사회의 구속을 느끼고 전쟁을 개인과 국가의 재생 수단으로 보았지만, 그 정도의 자유 감각은 이들이 구상한 속도 및 폭력과의 등식화에 견줄 바가 아니다.

화가 루트비히 키르슈너의 표현대로 표현주의는 "모든 것을 움직임 속에서"[7] 포착하고자 하면서도, 미래주의와는 달리 기술을 거부하고 인간 내면의 충동에 초점을 맞추는 "영혼이 기계와 벌이는 싸움"[8]의 경향이 강했다. 또한 미래주의가 함양하던 내셔널리즘이 표현주의에는 없었다. 표현주의자들의 적은 다름아닌 독일의 부르주아였고, 그들의 목적은 독일 부르주아의 박멸이었다. 그러므로 표현주의자가 보기에 1차대전은 잘못된 전쟁이었다.[9] 그런데도 그중 많은 이들이 8월의 열광에 합류한 것은 폭력과 대결에 대한 애호 때문이었다. 반면, 미래파는 선봉에 서서 이탈리아의 1차대전 참전을 주장했다.

두 청년 운동의 근저에는 중간계급 청년이 전형적으로 보인 권태에 대한 두려움이 있었지만, 또한 모종의 불안과 사회에 대한 반발에서 기인한 것이기도 하다. 당시 청년 세대의 많은 이들이 사회가 화석화되었다고 인식하면서 '청년 중의 청년'이라는 슬로건을 내세운 '독일청년운동'을 조직하고 이탈리아 미래주의, 독일 표현주의 등의 운동에 가담했다. 과거의 의용병에게서 발견되었던 비범성에 대한 갈망, 따분한 일상에서 벗어나고자 하는 욕구는 1914년에도 감지되었다. 그러나 이제 그러한 흥분에 대한 갈망, 다른 삶에 대한 욕구는 흔히 그 자체로 하나의 목적이지 국가를 회춘시키기 위한 수단이 아니었다. 가령 독일 표현주의의 시조로 꼽

히곤 하는 게오르크 하임은 1907년의 일기에 이렇게 썼다. "전쟁이 일어나기만 한다면 난 다시 건강해질 텐데. 이제 오늘이 내일과 다르지 않고, 대단한 즐거움도 대단한 고통도 없다. ……모든 것이 지루하기만 하다." 3년 후 그는 또 이렇게 썼다. "'무언가'가 일어나기만 한다면, 다시 한번 바리케이드가 세워지기만 한다면."[10]

미래파는 그러한 감성을 공유하면서도 그 진로를 강력한 내셔널리즘으로 돌렸다. 개인은 규율을 지키며 동지들의 운동에 함께해야 하고, 시간의 속도에 대한, 거칠고 남성적인 대결에 대한 애호를 이탈리아의 영광에 복무하는 방향으로 돌려야 했다. 이와 달리, 표현주의자가 느낀 영혼의 혼돈은 그리 쉽게 규율되지 않았다. 그러한 기능을 제공할 만한 최우선적 목표가 없었기 때문이다. 전쟁은 바로 그 규율을 내셔널리즘이 아니라 전우애 경험을 통해 제공했다. 이 전쟁을 계기로 많은 표현주의자가 사회주의와 평화주의로 나아갔다.(소수는 극우파에 가담하여 그곳에서 자신의 규율 없는 삶에 질서를 가져다줄 규율을 찾기도 했지만 말이다.) 개인주의 성격이 강했던 표현주의 운동의 참여자들을 정확히 특징짓기란 사실상 불가능해도, 그러한 추세는 표현주의자 다수에게 나타났던 듯하다.

정서의 양극단 사이에서 발생하는 긴장은 그리 오래 지속될 리 없었다. 사실 표현주의자가 느낀 혼돈 및 '부르주아를 경악케 하자'는 바람 밑에는 더 확고한 영토, 신봉할 만한 이상에 대한 바람이 깔려 있었다. 미래파와 마찬가지로 많은 표현주의자가 혼돈을 영속화하는 사명이 아니라 새로운 사회를 건설할 사명을 짊어질 '새로운 인간'의 창조를 모호하나마 바랐고[11] 역시 미래파와 마찬가지로 사람들에게 자신들의 메시지를 전하고 싶어했다. 전쟁의 전우 관계는 바로 그 욕망을 충족할 기회를, 마침내 이 지식인들이 생각하는 '보통 사람'을 만나는 기회를 제공했다.

이 다양한 청년 운동이 무엇을 기대하고 바랐건 간에, 당시 청년들은 그들이 조성한 분위기 속에서 기성세대의 사회에 반대하며 자기만의 개성을 표현하고 '자기만의 일'을 하고 싶어했다. 그리고 일찍이 찾아볼 수 없었던 바로 이 분위기가 개전과 함께 그들의 열광에 불을 지폈다. 부모와 학교가 청년에게 가하던 제한도 그러한 마음가짐을 부추겼다. 대학에 가거나 직업을 얻기까지 거쳐야 하는 학교 시스템은 주입식 학습과 규율을 강조할 뿐 그 많은 청년이 갈망하던 개인의 자유와 인격 성장을 방해했다. 19세기 말 이래 많은 희곡과 소설이 학교의 전제專制, 또는 대개 아버지의 전제로 나타나는 가정의 전제에서 벗어나려는 학생의 시도를 주제로 삼았다.

전쟁은 근본적 변화를 일으켜 청년의 꿈을 이루어줄 것이었다. 부르주아의 자기만족과 전제, 위선에 종지부를 찍을 새로운 인간이 창조될 터였다. 청년에게는 새롭고 더 나은 사회를 건설할 특별한 사명이 있었다. 이는 비단 근대성을 기꺼이 수용한 이들만이 아니라, 만고불변의 가치 체계를 통해 자기를 재생하고 싶어하던 훨씬 더 큰 청년 집단도 공유한 정서였다.

1901년에 발족한 '독일청년운동'은 근대성에서 벗어나 결코 변하지 않을 것 같은 독일의 전원에서 정신의 쇄신을 꾀하고자 한 청년들을 대표했다. 이 '방랑자들'은 독일의 산과 계곡, 마을을 여행하면서 자신을 이 원초적 국가의 일부로 여겼다. 독일청년운동은 근대성의 혼돈을 수용함으로써가 아니라, 자연과 조국으로 상징되는 가치들에 회귀함으로써 기성세대의 사회에 저항했다. 그러한 근대성으로부터의 도피를 완충한 것은 '민족'이었다. 민족의 향토적 풍경은 그 뿌리가 자연과 결부되어 있음을 보여주었다. 그들은 강인함을 혼돈 취미가 아니라 그 반대인 차분함과 동일시했다. 표현주의자와 미래파는 과거를 거부하고 역사를 청년에게 부과된 짐으로 생각한 반면, 독일청년운동 구성원에게 과거는 그들의 이야기에, 그들이 공연하는 중세의 춤과 연극 속에 살아 있었다. 국가는 그 풍경과 시골 사람들, 소도시를 통해 인간을 역사에 단단히 연결했고, 바로 그 역사가 인간의 영혼에 단단한 토양과 음식을 제공했다. 우리가 전쟁중에 듣는 대로 만일 '나라가 사라진다'면, 영웅적으로 살아가는 것도 불가능했다. 아니, 그러한 패배 후에도 일어날 수 있는 일이라면 주목할 가치도 없을 터였다.[12]

미래주의·표현주의와 독일청년운동이라는 두 갈래의 청년 숭배는 사명감과 기존 사회의 거부라는 면을 제외하면 공통점이 거의 없어 보인다. 그러나 그들이 품은 청년이라는 이상, 자신의 사명을 완수하기 위해 추구한 인간형에는 국가의 깃발 아래로 달려간 이들에게 표식을 남긴 중요한 특징들이 공통적으로 들어 있다. 삶의 혼돈을 수용했느냐 거부했느냐의 차이는 있지만, 이 청년들은 모험에서 경험하는 비합리성과 그 즐거움이라는 니체적 이상을 공유했다. 그런데 이들은 또 고전적이고, 조화롭고, 고요한 강인함이 가득한 아름다움이라는 고대적 이상을 공유했으며, 많은 이들이 그것으로 절제되지 않는 니체적 이상을 완화했다. 이러한 미 개념은 독일청년운동 구성원에게 가장 강하게 나타났지만 다른 청년들에게도 존재했다.[13] 정치를 예술화하는 경향도 공통적으로 나타났다. 기본적으로 예술 운동이었던 표현주의와 미래주의는 시각적·문학적 미의식을 바탕으로 세계를 바라보았다. 독일청년운동은 자연의 아름다움과 남성적 아름다움을 추구함으로써, 또 연극과 춤 등 그 운동의 의례로써 정치를 예술화했다. 1차대전 때 독일의 많은 젊은이가 배낭에 시집과 니체의 저서를 넣고 다녔다는 이야기가 있지만, 전시에나 전후에 쓰인 글을 읽어보면 그들이 당대 교양 있는 청년층의 문학적 취향만이 아니라, 이전 전쟁에서는 거의 발견되지 않는 시각적 감각까지 소유하고 있었음을 쉽게 알 수 있다. 그들은 시각예술에 새롭게 주목하기 시작한, 사진과 영화의 시대의 아이들이었다.

예컨대 독일에서 발표된 1차대전 경험에 관한 책 중 가장 중요한 자리를 점하게 되는 발터 플렉스*의 『두 세계 사이의 방랑자 *Der Wanderer zwischen beiden Welten*』(1917년)는 풍경 및 병사들의 신체적 외양에 관한 상세한 묘사로 가득하다. 플렉스가 특정 운동에 속했던 것은 아니나, 그는 계속해서 시각적 증거로 자신의 주장을 강화한다. 자연과 죽음이 한데 뒤섞인 전쟁의 풍경과 맞닥뜨리는 충격은 시각적 감수성에 경보를 울렸다. 영국의 폴 퍼셀은 자연에 대한 감수성에 관해 쓰면서, 병사들이 참호 위로 해가 뜨고 지는 광경에 매료되었다고 기록했다. 그렇긴 해도, 교양 있는 엘리트였던 퍼셀에게 이 전쟁은 일차적으로 영문학이나 고전의 유비를 떠올리게 하는 문학적 경험이었다.[14] 이와 대조적으로, 독일에서는 전쟁의 문학적 경험이 시각적 경험과 긴밀히 연결되었는데, 이는 독일을 강타한 낭만주의 운동의 한 결과였던 듯하다. 그러나 새로운 시각적 의사소통 기술들은 어느 나라에서나 사람들이 전쟁을 이해하는 방식에 영향을 미쳤다. 전쟁 경험의 신화는 시각적 소재를 십분 활용하여, 즉 그림과 사진을 통해서는 물론 전쟁 묘지와 전쟁 기념물 등으로 상징을 체계화함으로써 전쟁을 건전화하고 드라마화하고 낭만화했다. 바로 이 방법으로 전쟁 경험의 신화는 그 메시지를 사람들에게 성공적으로 전달했다.

표현력 있는 독일 청년들이 공유한 대부분의 이상은 남자다움이라는 관념으로 집약되었다. 앞서 살펴보았듯 그것은 독일 해방전쟁을 비롯한 이전 전쟁들에서도 한 역할을 담당했다. 남자다움은 신체적이고 심미적이고 도덕적인 이상으로, 신체적 강인함과 용기가 신체의 조화로운 균형과 영혼의 순결에 결합되었다. 1차대전 발발 직전, 독일청년운동의 한 회보는 '이상적 독일 남자'

* Walter Flex(1887~1917). 독일의 작가. 대학에서 독일어를 공부했고, 교사로 근무하다 1차대전이 발발하자 자원입대했다. 1917년 에스토니아에서 전사했으나, 전쟁중에 집필한 『두 세계 사이의 방랑자』는 당시 70만부 이상 팔릴 만큼 대단한 인기를 누렸다. 1차대전 종전 후 이 작품의 낭만주의와 이상주의, 남성성 예찬은 나치의 내셔널리즘 고취에 동원되었다.

를 다음과 같은 식으로 묘사했다. '훌륭하게 단련한 몸과 자제력을 갖추었다.' '수수하고 절제되고 기품이 있으며, 일상에서나 전투, 스포츠에 임해서나 정정당당하고, 여성에게는 정중하다.'[15] 신체적 아름다움이 다른 모든 '남성적' 미덕을 상징하는 이러한 남자다움의 정의는 빙켈만의 그리스 청년상을 대부로 삼은 것이었다. 독일청년운동이 이런 남자다움의 관념을 지녔다면, 미래파 등 다른 청년들은 그러한 스테레오타입의 아름다움, 강인함, 자제력은 수용하면서도 기품과 기사도는 기각했다. 표현주의자는 그러한 이상 일체를 부정하는 듯했어도, 그들 역시 곧잘 그와 같은 이상을 암묵적으로 상정했다. 표현주의자가 추구한 '새로운 인간'도 행동파였고, 그들이 생각한 '새로운 여자'라는 것도 '새로운 인간'의 어머니, 즉 그를 담는 그릇에 지나지 않았다. 1914년의 의용병 대다수는 이러한 청년 운동 중 어디에도 속하지 않았으나, 청년 운동들이 전형적으로 나타낸 새로운 분위기는 많은 이들이 공유하고 있었다. 남자다움의 새로운 탐색은 그 분위기의 불가결한 요소였다.

1차대전에 앞서 시작된 '새로운 인간'의 추구가 호전적 남성성을 강조했다는 것은 의미심장하다. 1차대전은 이를 한층 더 강화했다. 독일 해방전쟁의 시인들이 남자들의 피비린내 나는 전투를 치르고 돌아왔음을 노래한 것과 똑같이, 이제 수다한 전쟁 작가들이 '남성male'이라는 단어를 강조했다. 전쟁은 자신의 남자다움을 증명하는 기회였다. 청년은 오래전부터 그러한 시험을 통과하도록 길들여졌고, 이는 독일보다도 영국에서 더욱 그러했던 듯하다. 이튼, 해로 등 이른바 엘리트 사립학교의 상류층 교육은 소년들에게 남자됨의 이상을 의식적으로 주입했고 대중적 문학이 그것을 보조했다. 독일청년운동처럼 아름다움을 이론화하지는 않았지만 "밝고 솔직한 표정…… 또렷한 이목구비, 멋진 고수머리" 등 남자다움을 상징하는 적절한 외양도 있었다.[16] 여느 청년 운동에서처럼 남자다움은 곧 애국심, 신체적 기량, 용기, 에너지를 의미했는데, 영국에서는 특별히 페어플레이와 기사도가 함께 강조되었다. 운동장은 남성적 미덕을 체득하는 장소로 여겨졌다. 예컨대 사립학교에서 자주 읽힌 헨리 뉴볼트의 1898년 시에서 한 크리켓 선수는 식민지 현지인 팀과의 대결에서 열세에 몰린 연대에게 필사적으로 맞서 싸우라고 촉구한다. "개틀링 기관총은 먹통이고 대령님은 송장이고 / 먼지와 연기에 우리 연대는 눈멀었네. / 죽음의 강물이 둑을 넘어선 지금 / 잉글랜드는 멀고 명예도 한낱 이름일 뿐. / 그때 한 학도의 목소리가 그들을 일으켜 세우네. / 힘내라! 힘내라! 힘을 내서 싸워라!"[17]

1차대전에 이르러 이 주제를 시각적으로 표현한 영국의 모병 포스터는 멀리서 적을 향해 총을 쏘는 병사들을 배경으로 다음과 같은 문구를 배치했다. "축구 대대에 들어와 더 위대한 경기에 나서라." 그런가 하면, 영국 학생이나 특히 고전을 의무적으로 공부한 독일 학생은 그리스인이 구가한 눈부신 영웅성을 또하나의 중요한 교훈으로 배웠다. 중간계급과 상류층 소년의 삶은 여러모로 남자다움의 훈련이었고, 그들은 "남자가 되어라!"라는 똑같은 훈계를 계속 들었다. 그들이 전쟁의 개시를 남자됨의 최종 시험에 대한 예고로 여긴 것도 당연한 일이었다. 8월의 들뜬 분위기는 남녀 모두의 것이었지만, 전쟁은 궁극적으로 남자다움의 초대였다. 우리의 이야기에 여성은 거의 등장하지 않을 것이다. 여성 또한 전투에서 승리하는 데 극히 중요했던 간호사로서 전선에 존재했음에도, 남성 병사들 사이에 형성된 여성의 공적 이미지는 대체로 수동적인 것이었기 때문이다.

전장의 간호사들은 찬사와 존경을 받았고 그들의 용기가 자주 강조되기도 했지만, 전투와는 거리가 먼 자비의 천사라는 수동적 이미지는 바뀌지 않았다.(그림 4) 여성은 제복부터(영국의 경우 나이팅게일 시대 이래 그대로였다) 침착함과 안정감을 전달하는 것을 입었다. 병사에 관한 한 1차대전은 전통적 여성성의 호소

4. 전쟁에 나간 독일 여성: 바이에른 의용간호사협회의 엽서.

력을 보강하기만 했으며, 병사들은 역시나 그들의 언어와 몽상을 크게 특징지었던, 여성과 성적 심상에 대한 갈망에 맞추어 그러한 여성성을 이상화했다. 실제로는 많은 여성이 1차대전을 계기로 전통적 역할에서 벗어났음에도, 결국 이 전쟁은 전쟁 경험의 신화가 영속화하는 남성성의 이념들을 강화했다. 지금까지 우리의 모든 논의에서 남자다움의 추구는 중요한 역할을 맡아왔으며, 남성의 정력을 중심에 두면서 여성은 오직 수동적이고 협조적인 역할로만 포함했다.

에른스트 윙거의 표현처럼 이 전쟁은 "생명을 점차 에너지로 변환할 것"[18]을 요구했지만, 전쟁 전부터도 남성성의 이미지는 전통적 여성성의 이미지와는 대조되는, 쇄신된 에너지와 활력으로 채워져 있었다. 남자답지 못함에 대한 두려움에는 퇴폐적이라고 여겨지리라는 두려움이 덧붙어 있었다. '퇴폐Decadence'는 본래 의학 용어로, 정상적 인간형에서 이탈하여 점점 파멸에 이르는 것을 의미했다. 이러한 이탈은 유전병, 신경쇠약, 알코올 중독, 악덕에의 탐닉 등에 의해 유발될 수 있었다. '퇴폐'는 '남성성'의 정반대 의미로, 남자다움의 신전에서 예배를 드리던 이들이 저주와 두려움을 표현하는 데 흔히 쓴 단어였다. 그들의 적은 당연히 퇴폐했으며, 그런데도 적을 이기지 못하면 국가 자체가 퇴폐할지도 모른다는 것이었다. 전시의 프로파간다는 적에 대한, 그리고 자기 안의 두려움에 대한 바로 이러한 태도를 뒷받침했다.

이른바 퇴폐한 인간은 감각의 삶에 틀어박힌다고들 했다. 그들은 진짜 남자에게 요구되는 의지력이 아니라, 그와 전혀 다른, 신경계의 쉬지 않는 지각 작용에 복종했다. 퇴폐주의를 대중화한 주요 인물 중 하나인 J. K. 위스망스는 그의 소설 『거꾸로*À Rebours*』(1884년)에서 이 운동을 "남자의 점진적 여성화effeminacy"라고 설명했다. 실로 퇴폐란 진짜 남자에게는 없는 모든 것이었다. 퇴폐적인 이들은 차분함과 강인함 대신 초조함과 불안정함을, 정력 대신 탈진을 느꼈으며 난봉꾼이기까지 했다. 그들은 압도적 권태감도 경험했는데, 그들의 해결책은 행동이 아니라, 감각을 배양하는 침묵과 고독이었다.

세기 전환기에는 퇴폐라는 꼬리표를 자랑스럽게 받아들이는 작가와 예술가가 등장했다. 오스카 와일드, 나탈리 바니 같은 동성애자를 비롯해 사회가 비정상으로 취급한 이들이 주를 이루었고, 그밖에도 많은 이들이 사회의 도덕관에 대한 저항으로 이 흐름에 동참했다. 청년들은 이와 같은 퇴폐주의의 등장과 가시화에 다시 과장된 남자다움으로 반응했다. 마찬가지로 여성 참정권 운동이 일어나자 남자들은 수세에 몰린 듯한 남자다움으로 회귀했다. 요컨대, 그 시작에서부터 전쟁에 연관되었던 남자다움이라는 이상은 1914년에 많은 의용병을 낳은 요인이었지만, 전쟁에 앞서서 퇴폐주의와 여권 운동의 도전에 대응하여 더더욱 확고하게 수립되어 있었다. 마침내 1차대전 때 남자다움의 관념은 이른바 남자다운 특질의 시험으로, 또 전우애라는 이상의 필수 성분으로서 큰 역할을 맡게 된다. 나아가 전후에는 비단 독일에서만이 아니라 유럽 전역에서 극우 이데올로기의 불가결한 요소가 된다.

'남자다움'이란 청년의 활력과 에너지를 이상화하는 관념이었다. '에너지를 발산한다'는 개념부터가 청년에게만 적용 가능한 것이었다. 기존 사회에 맞선 청년의 반항은 청년을 위한, 청년에 의한 반항이었다. 이미 19세기부터 연장자 숭상이 청년의 이상화로 바뀌고 있었고, 시민군에 의한 전쟁들이 그러한 변화를 촉진했다. 청년의 이상화는 세기 전환기에 이르러 청년의 자기 숭상으로 발전했으며, 그것이 1차대전 후에는 전쟁의 한 결과로서 전 사회에 퍼져나갔다. 전쟁이란 후방도 아니고, 사령부도 아니고, 바로 전선에서 벌어지는 청년 운동이었다. 1차대전이 특히 그러한 의미의 전쟁으로, 전선에서 싸운 자와 후방에서 복무한 자의 차이, 즉 군복을 입었는가 아닌가가 명백하게 구분되었다. 청년-남자됨의 의식은 1914년 세대의 특징이었다. 오토 브라운은 독일군에 자원한 후 일기에 이렇게 썼다. "군 입대에 대해 아버지와 긴 대화. ……이 전쟁은 우리 시대의 도전, 우리 모두의 도전이요 불의 시험이리라. 우리는 남자로 성숙하여 다가올 거대한 시대와 사건에 대처할 수 있는 인간이 되리라."[19] 1914년에는 필시 많은 청년과 그 아버지가 이 같은 대화를 나누었을 것이다.

개인의 재생, 즉 활력과 에너지와 열광의 고취는 1914년 세대의 중요한 목표였지만, 이전 의용병의 경우와 마찬가지로 개인의 재생과 국가의 재생은 흔히 불가분의 관계에 있었다. 내셔널리즘은 이미 많은 청년에게 주입된 교육적 이상의 필수 요소였다. 이러한 내셔널리즘은 추상적 개념에만 머무르지 않았다. 예컨대 독일청년운동은 조국의 전원을 걸어서 여행하고 민속 춤과 중세 독일의 연극을 공연함으로써 내셔널리즘을 구체화하고자 했다. 그런데 이제 '8월'에는 국가가 한목소리, 한마음, 하나의 영혼으로 행동하는 듯했다. 분열되었던 국민이 참된 국가 공동체를 이루고 있었다. 근대 세계에서 개인이 느끼는 고독은 동포와 하나되면서 극복되었다. 국민 통합이라는 새로운 감정은 우리가 살피고 있는 1914년 세대의 태도들을 특징지으며 하나의 유력한 힘이 되었다.

이 공동체 경험은 8월의 의미를 표명하고 그것을 후세대에게 전하고자 한 작가들의 기술을 지배했다. 전쟁 내내 평화주의를 고수한 소설가 슈테판 츠바이크마저 그러한 '대중의 각성'이 장대하고도 황홀하게 느껴져 자신도 함께하고 싶은 유혹을 느꼈으며, 개인은 더이상 고립되지 않고 국민의 일부가 되어 삶에 새로운 의미를 얻었다고 썼다.[20] 같은 시기, 오스트리아 작가 로베르트 무질은 사실 전쟁이 얼마나 "아름답고 우애로운지"에 대해 썼다.[21] 이와 같은 예는 내셔널리즘에 끌린 이들에게서나, 그때까지도 별다른 국민적 감정을 드러내지 않았던 이들에게서나 얼마든지 찾아볼 수 있을 것이다.

교양과 표현력을 갖춘 이들의 열광은 이처럼 고립에서 벗어나 국민의 일부가 되고자 하는 바람으로 이해할 수 있지만, 남자다움과 에너지, 순박한 강인함에 끌린 것으로도 파악해야 한다. 한 이탈리아 작가는 이탈리아의 참전에 대해 이렇게 썼다. "그 많은 책을 읽고 혼란에 빠졌던 나는 새로운 인간성의 신선한 기운을, 용감하고 순결한 영혼을 다시 발견했다."[22] 평범한 병사를 국민의 참된 대표로 찬양하고 그의 신체적, 도덕적 강인함과 분별, 흔들리지 않는 용기를 예찬하는 태도는 유럽 모든 국가의 전쟁 문헌에서 발견된다. 그러한 스테레오타입은 참호의 전우애라는 이상의 핵심을 이루었다. 전쟁 경험의 신화 가운데서도 가장 유혹적인 부분이었을 '공동체 경험으로서의 전쟁'은 남자들로 하여금 죽음을 직면하고 초월하게 했다. 이상화된 일반 병사는 이 신화에 반드시 필요한 요소이자 나라를 구할 '새로운 인간'의 본보기였다.

1915년에 사회학자 에밀 레데러가 독일에 대해 쓴 대로 전쟁

중에는 보편적 군복무가 사회적 차별을 중지시켰을까? 바라는 대로 생각하게 되듯, 그것은 사회 현실보다는 들뜬 8월의 반영이었다.[23] 독일 국민이 하나로 일어설 때 사회적 차별은 사라진다는 믿음과 달리, 실상은 기껏해야 사회에서의 차별이 (신분의 위계는 아니지만) 기능의 위계, 즉 상명하복 체계로 변형되었을 뿐이었다. 아무리 전선이 평등하다고들 했어도, 병사의 삶은 누군가가 명령하면 나머지가 복종하는 위계에 바탕을 두고 있었다. 그러나 신분이 아닌 기능의 위계가 민족 구성원 모두의 평등을 보장하리라는 것은 근대 독일 내셔널리즘의 변치 않는 이상이었고 이제 그 이상이 실현된 듯했다. 실제 독일군에서 장교 계급은 사회의 부유층이나 귀족층 출신이 독점했고, 다만 전투 상황에 따라 가난하거나 귀족이 아닌 계급 출신의 병사들이 명령을 내리는 지위로 진급하기도 했다. 이처럼 여느 때와 마찬가지로 현실은 신화(이 경우에는 평등한 사람들의 국가라는 신화)에 부합하지 않았다. 전쟁 경험의 신화에서 '계급 구조를 철폐하기 위한 도구로서의 전쟁' 개념은 개전과 함께 기꺼이 싸움에 나선 이들이 들여온 또하나의 중요한 성분이었다.

1914년 세대는 그 모든 차이를 넘어, 청년과 남자다움에 관한 이상을, 미의식이 진리와 아름다움의 상징으로서 중요한 의미를 가지는 세계라는 이상을 공유했다. 그들이 근대성을 수용했든 거부했든, 시간의 새로운 속도를 만끽했든 차분함과 안정감을 추구했든, 1차대전은 싸울 의지와 준비를 갖춘 이들 사이의 모종의 지적 총의를 표면화했다. 교양과 표현력을 갖춘 청년들은 사회의 압력에서 자유로워지고자 했으니, 1914년 8월에 그들은 오직 병사만이 자유롭다는 실러의 말에 동의했을 것이다. 그들이 목숨을 걸고 받든 국가적 대의가 그들의 정념을 길들였다. 나머지는 전시 상황이 맡았다. 즉 앞서 언급한 대로 많은 표현주의자가 참호의 전우애를 경험하고는 개인주의를 폐기했다.

1차대전은 근대성과 그 적 사이의 갈등을 조정하는 듯했다. 이 전쟁은 근대적 기술을 그 한계까지 이용하면서 기계를 국가에 복무하는 방향으로 최대한 활용했다. 그러한 기술에는 정신적이고 도덕적인 차원까지 부여되었다. 예컨대 전투기 조종사는 '하늘의 기사騎士'로 불렸고 그들의 기사도는 전설이 되었다. 기관포가 장미 화단에 놓였다.(그림 5) 병사들 역시 사물을 인격화하는 방식으로 경악스러운 신무기에 대처했다. 독일군이 초반 승세의 절정에서 파리에 폭격을 퍼붓는 데 사용한 대포의 이름이 '뚱보 베르타Big Bertha'였던 이유가 여기에 있다. 전쟁 기술은 그 물질주의적 함의를 떨쳐내야만 했다. 전쟁을 부르주아적 물질주의에서 벗어날 탈출구로 인식한 것은 청년만이 아니었다. 그것은 전쟁을 새 시대의 여명으로 지지한 이들의 일반적 테마가 되었다. 저명한 독일 사회학자 게오르크 짐멜은 이제 돈의 숭배가 영혼 깊은 곳에서 내려진 결단에 길을 내주었다고 썼다.[24] 그는 그러한 정신성을 개

5. "나의 연대여!": 장미 화단에 놓인 기관포가 그려진 엽서.

인과 국가의 융합으로 연결하면서, 결국 그로써 인간이 더이상 현재에 붙박이지 않고 미래를 내다보게 되었다고 선언했다. 1914년 8월이었다면 거의 모든 의용병과 징집병이 그의 의견에 동의했을 것이다. 그가 그러한 생각을 발표한 1917년이면 병사 대부분이 그것이 전쟁의 실상과는 아무 관계 없는 허튼소리라고 생각했을 것이다. 그러나 독일에서 전쟁 경험의 신화의 효과가 가장 강력하게 감지되었던 1918년 이후에는 반응이 또 달랐을 것이다.

일부 1914년 세대를 매료한 폭력 애호, 그리고 근대성의 동력을 국가의 전통 존숭과 통합해야 하는 필요는 과거의 의용병들이 일찌감치 표명했던 신념들에 긴장을 더하고 날카로운 힘을 부여했다. 실제로, 의용병 시인들이 묘사했던 바의 독일 해방전쟁이 근대 청년의 눈앞에 본보기로 제시되었다. '1914년 세대'는 의용병 역사의 절정을 이루었고, 그들의 열광은 이후 다시는 찾아볼 수 없는 수준에 도달했다.

지금까지 우리는 주로 부르주아 청년으로 구성된 신화 제작의 정예병들이 추구한 이념을 추적했다. 그들은 청년 일반의 대변자로 간주되었다. 예컨대 20세기 초 프랑스에서 수행된 몇몇 여론조사에 따르면 프랑스 청년들은 내셔널리즘의 부활을 지지했고 행동에 나서고자 하는 열망에 가득차 있었다.[25] 하지만 그러한 조사들은 청년 일반과 고등학생, 대학생을 구분하지 않았다. 당시 초등교육 이상의 교육을 받은 인구는 전체의 극소수에 지나지 않았고, 장자크 베케르가 1914년에 수행한 상세한 연구가 보여주듯 인구의 대다수는 전쟁을 원하지도, 환영하지도 않았다.[26] 독일에는 이와 비슷한 연구가 존재하지 않지만, 8월의 열광이 다소 더 격렬했다고 할지라도 독일에 대해서도 같은 견해를 말할 수 있을 듯하다. 그렇지만 전후 세계가 1차대전을 바라보게 될 방식을 크게 결정한 것은 일반 청년이 아니라 엘리트 청년 집단이었다. 그들이 책과 시를 쓰고 사진을 찍고 전쟁에 관한 정돈된 기억을 발표했기 때문이다. 과거의 전쟁에서와 마찬가지로 신화 제작자는 소수의 청년이었고, 특히 이 전쟁에서는 전선에 나간 적 없는 위 세대 작가들까지 힘을 보탰다. 인구 전체를 끌어들인 전쟁이었던 1차대전에서는 신화가 더 넓은 범위에서 제작될 수밖에 없었다. 그러나 이 전쟁에서는 모든 청년이 예외 없이 징집의 영향을 받은 결과, 전쟁이 가져다 쓸 수 있는 예술가와 작가가 전선에 풍부하게 존재했다. 종전 후 10년이 지나 발표된 경우에도 그들의 기록에 담긴 직접성은 전쟁을 직접 경험하지 않은 이들의 이론적 소책자나 선전적 저작보다 훨씬 대단한 공적 영향력을 행사했다.

1914년의 열광은 1916년의 환멸이 되었다. 이 전쟁은 이미 단기전이 아니었고 유럽 역사에 전례 없는 대량학살로 기록될 것이었다. 영국의 경우, 자국 병사만 40만 명이 전사한 1916년 솜 전투 후(당시 신문들은 죽은 소년들의 사진을 몇 쪽에 걸쳐 게재했다) 가장 큰 타격을 받은 선거구의 국회의원들은 처음으로 껄끄러운 질문을 던졌다.[27] 이에 관해서도 우리는 그러한 충격이 독일에서는 언제 발생했는지 알 수 없지만, 솜 전투와 같은 해에 벌어진 독일군과 프랑스군의 베르됭 전투는 상당한 동요를 불러일으켰다. 이 전투에서는 독일군 28만 1,000명과 프랑스군 31만 5,000명이 사망했다.

이는 상상을 압도하는 수치들이었다. 과거의 격전에서 발생한 전사와는 사태가 전혀 달랐다. 1차대전 이전의 마지막 대전투였던 1871년 스당 전투는 승리한 독일측 사망자가 약 9,000명, 프랑스군의 사상자가 약 1만 5,000명이었다.[28] 앞서 말했듯 1차대전은 전사에 새로운 차원을 가져왔다. 더욱이, 이 전쟁의 병사들은 전장뿐 아니라 참호 속에서도 일상처럼 죽음과 대면했다.

전쟁이 진행되면서 사람들은 환멸과 열광 사이에서 끊임없이 요동쳤다. 필시 수많은 병사들이 환멸을 느꼈을 테지만, 8월의 열광이 계속되었다는 것은 대체로 신화였음에도 일부 청년 장교는 끝까지 신념을 지킨 것으로 보인다.[29] 이 전쟁에서는 초기의 몇몇 전투 자체가 신화화되었으며, 전사한 청년들은 가장 훌륭한 남자를 상징했다. 이렇게 전투와 전사는 초월되고 전사자 숭배에 포섭되었다.

5

전사자 숭배

I

전쟁이 발발하고 3개월이 지난 1914년 11월 11일, 독일군 속보의 한 구절은 전쟁 발발과 함께 독일에 조성된 설명하기 어려운 열광을 확증하는 듯했다. "랑게마르크 서부 청년 연대가 '독일이여, 가장 위대한 독일이여'를 노래하며 적의 참호 제1선을 돌격, 점령했다."[1] 이것이 행동에 나선 애국 청년이었다. 그들은 자신의 젊은 혈기를 증언하는 유명한 애국가(아직은 독일 국가가 아니었다)에 고취되어 승리를 쟁취하기 위해 자신을 희생했다. 랑게마르크 전투는 "행복은 오직 희생적 죽음에 있다"[2]라는 쾨르너의 구절을 불러냈다. 아니, 실로 랑게마르크의 청년들은 해방전쟁의 정신이 여전히 살아 있으며 그것이 독일을 승리로 이끌 것임을 행동으로 증명한 듯했다. 이 전투는 흔히 간단하게 '랑게마르크 청년 전투' 또는 '의용병 전투'로 기억되었고, 이 전투에서 쓰러진 이들은 독일 청년의 모범이 되었다. 이렇게 8월의 약속이 11월에 실현되었다.

랑게마르크 전투는 학도병 및 의용병으로 이루어진 연대가 받은 불의 세례로 여겨졌고, 심지어 영국인들마저 자국군의 진지를 탈환하려고 한 '학도병 군단'에 대해 이야기했다.[3] 실상은 전혀 달랐다. 랑게마르크에서 싸운 독일군 연대에서 고등학생, 대학생, 교사는 전체의 겨우 18퍼센트였으며, 교사는 전설의 주인공인 청년이 아니었으므로 이 작은 수치도 또다시 축소되어야 한다. 또한 이 연대에 의용병이 꽤 많았던 것은 사실이나, 전사자 대부분은 더 높은 연령대의 징집병이나 예비군, 즉 한 가정의 아버지로서 각자의 직업에 종사하며 살아가던 이들이었다.[4] 게다가 이 전투는 랑게마르크가 아니라 그로부터 5킬로미터 서쪽에 있는 비크쇼테 Bixchote에서 벌어졌다.[5] 이처럼 지명을 부정확하게 처리한 이유는 명확하지 않은데, '랑게마르크'가 게르만적으로 들리는 데 비해 철자도 이상한 '비크쇼테'는 국가적 상징이 되기에 알맞지 않았다는 점을 생각해볼 수 있다. 독일군 속보는 부대의 연령대에 관한 진술도 틀렸고 전투가 벌어진 장소도 흐렸지만, 거짓 주장은 그것만이 아니었다. 이 전투에서는 아무것도 끝내 '점령'되지 않았다. 이 전투는 실패였다. 다 합쳐 약 14만 5,000명을 희생하고도 아무 성과를 거두지 못한 일련의 전투 중 하나였을 뿐이다. 그렇다면 병사들이 〈독일의 노래〉를 불렀다는 것은 사실이었을까?

그러했을 가능성을 인정하는 역사가들도 그들이 애국적 혈기에 고취되었다고는 생각하지 않는다. 일부 병사들은 전장을 뒤덮은 안개 속에서 서로 연락을 유지하기 위한 수단으로 〈독일의 노래〉를 불렀던 듯하다. 그러지 않으면 길을 잃기 십상이었다. 또 일부는 용기를 북돋우기 위해, 패배의 불안과 혼란 속에서 자제력을 잃지 않기 위해 노래를 불렀다. 그렇지만 그들이 처한 상황을 고려하건대 노래를 그렇게 자주 불렀을 것 같지는 않다. 그들은 죽음과 혼란에 에워싸인 채 황량한 들판을 헤매었고, 알 수 없는 방향에서 맹렬한 포화가 날아들었다. 물론 전장으로 진군하는 동안에는 전통적 군가들을 불렀겠지만, 행진에 어울리지 않는 곡조의 〈독일의 노래〉는 거의 쓰이지 않았을 것이다. 다만 많은 독일군이 적으로 오인되어 죽임을 당했다는 점에서 오발 사고를 막는 수단으로 그러한 애국가를 불렀을 수는 있다.[6] 어쨌든 이러한 근거는 병사들이 〈독일의 노래〉로 전투에 대한 열광을 표현했다는 주장과 명백하게 어긋난다.

문제의 속보는 패배와 무모한 인명 낭비를 위장하기 위한 것이었다. 실제로 이 속보는 대중적 신화를 만들어내고, 1914년 8월만이 아니라 의용병 역사 전체를 지배하는 테마, 즉 조국을 위해 기꺼이 자신을 희생하는 남자다운 청년이라는 테마를 다시 언명했다. 대부분 학생이 아니었던 전사자가 학생으로 잘못 알려짐으로써 이 전투의 전설은 그전에도 언제나 국민 정서를 함양했던, 표현력 있는 독일 엘리트 청년이라는 전설과 연결되었다. 게다가 의용병 가운데 지나치게 큰 비율로 존재했던 독일청년운동의 구성원 수천 명이 랑게마르크에서 목숨을 잃었다. 이 사실은, 독일청년운동의 애국주의 및 참된 독일의 탐색이 전쟁 전 내셔널리즘을 전시 내셔널리즘으로 잇는 단순 명료한 다리를 형성하면서 랑게마르크 전설에 중요한 의미를 가지게 된다.

랑게마르크 전투는 젊음과 남자다움의 시험으로 기억되었다. 이 전설에서 청년은 남자가 되었다. 그들은 전투의 열화 속에서 순진함을 잃었다. 랑게마르크에 관한 많은 시와 산문이 이 변용을 강조했다. "비로소 남자가 되었다는 황홀함을 안고 나 이렇게 홀로 당당하게 서 있다."[7] 아돌프 히틀러도 이곳 랑게마르크에서 불의 세례를 받았다. 『나의 투쟁*Mein Kampf*』에서 그는 '남자 대 남자'의 싸움에 대해, 그리고 죽음의 신이 낫을 들고 바로 그가 속한 연대의 목숨을 거두러온 순간 귓가에 들려온 〈독일의 노래〉에 대해 쓰고 있다.[8] 이 전설은 대단한 기세로 제3제국에 전파되었다. 그런데 히틀러는 따로 한 문단을 할애하여, 살아남은 병사들이 전장을 떠나며 행군할 때는 전과 다른 모습이었다고 묘사했다. "열일곱 살 소년들이 이제는 남자가 된 듯했다."[9] 이처럼 1차대전 초입에 벌어진 랑게마르크 전투는 우리가 앞서 살펴본 테마, 즉 남자다움을 교육하는 전쟁의 본보기가 되었다. 남자다움은 전사戰士의 이미지로 주조되면서 청년다운 속성을 간직한 채 남자로 성숙한 청년을 상징했다. 이제 그들은 그리스의 영웅과 같은 모습으로 많은 전쟁기념물을 장식하게 된다.

전사자가 많았다는 사실 또한 이 신화에 극히 중요하게 작용했다. 전사자가 없었다면 신화가 만들어질 수도 없었을 테니 말이다. 랑게마르크에 관한 많은 시와 희곡은 죽은 자들이 제공한 본보기에서 영감을 얻지 않을 수 없었다. 새롭고 더 강한 독일을 고취하는 데 살아 있는 청년이 아니라 죽은 청년이 불려나왔다. 1932년 독일의 모든 대학에서 공개적으로 낭독된 우익 작가 요제프 마그누스 베너의 기념 연설은 랑게마르크 숭배를 단적으로 보여준다. "제국의 얼굴이 수치와 패배에 뒤덮이기 전, 랑게마르크의 그들은 노래를 불렀다. ……그들이 부르다 죽은 그 노래를 통해 그들이 되살아난다."[10] 〈독일의 노래〉는 그들이 맡은 과업을, 이를테면 전쟁을 피하지 않는 독일인의 남자다운 정신을 북돋우는 역할을 상징하게 되었다. 베너가 랑게마르크 전사자들의 과업을 극단적으로 상정했을 수도 있지만, 그들은 여느 전쟁의 전사자와 같이 패배한 국가를 재생하는 데 동원되었다. 그들의 유산은 그대로 각 시대 젊은이의 손에 놓였다. 학생(랑게마르크 전투의 기념 예배는 특별히 학생이 맡아 진행했다)이, 독일청년운동의 구성원이, 나치 시대의 히틀러 유겐트*가 그들의 정신을 이어받았다.

랑게마르크 전투가 8월의 열광을 이어가는 듯하던 그 순간, 독일청년운동 출신을 비롯한 병사들 사이에는 벌써 환멸이 싹텄다. 그 무렵 전쟁은 이미 암울한 참호전으로 돌입했으며, 통쾌한 승리는 아직 없었고 앞으로도 없을 것 같았다. 랑게마르크 전투에 관한 저 유명한 군 속보는 병사들 본인의 열정이 빠르게 식고 있던 당시 상황을 염두에 두고 바라보아야 한다. 신화가 필요했다. 랑게마르크 신화는 참호 속 병사들에게 영향을 미칠 수는 없었어도 후방에서는 큰 힘을 발휘했고, 전쟁 경험의 신화의 모든 면이 그

*Hitler-Jugend. 나치 독일의 청소년 조직. 모체는 1922년 조직된 '국가사회주의 청년동맹'이며, 1930년대 중반에는 독일의 모든 청소년단체를 흡수 통합하여 유일한 청소년 교육·체육 기관이 되었다.

랬듯 전쟁에 진 뒤에 더욱 큰 영향력을 행사했다. 이 신화는 젊음과 죽음을 긴밀히 연결했다. 이때의 젊음은 남자다움, 정력, 에너지를 상징하는 젊음이었고, 죽음은 진짜 죽음이 아니라 희생과 부활로서의 죽음이었다.

세대 차이가 전쟁 신화의 일부가 되었다. 전사자는 청년의 승리를 상징했다. 독일의 '영웅의 숲'과 전쟁 기념지에는 '젊은 지크프리트*'가 자주 등장했다. 그중 한 기념지에는 '죽어가는 지크프리트' 주위로 전사자의 이름을 새긴 현판들이 놓였다.[11] 영웅의 숲은 전사자와 독일의 영원한 젊음을 동시에 상징한다고 했다. 지크프리트는 젊은 아폴론, 독일도 젊은 아폴론이었다.[12] 이러한 청년 예찬은 나이가 많아 참전하지 못한 이들이 주로 담당했다. 물론 예외는 있었다. 『두 세계 사이의 방랑자』에서 플렉스가 친구 에른스트 부르헤에 대해 쓴 에로티시즘적 예찬에도, 에른스트 윙거의 유명한 전쟁 예찬에도 청년 찬미가 함축되어 있다. 1차대전의 작가들을 세대별로, 또는 전쟁 경험을 기준으로 분류하기는 쉽지 않다. 프랑스에서 가장 열렬한 내셔널리스트는 작가 모리스 바레스 세대, 즉 전투 경험이 전혀 없는 부류라고 한 모리스 리외노의 말이 맞을지도 모른다. 바레스의 경우에도 그를 매료한 것은 불의 세례를 받고 남자가 된 이들의 영웅적 정신이었다.[13] 의용병은 신화 자체의 일부였고 그들이 직접 쓴 글이 역시나 가장 강력한 영향력을 발휘했던 것 같지만, 그들은 더이상 신화 제작의 주요 주체가 아니었다. 이제는 나라의 많은 지식인들이 전쟁 경험의 신화를 장려하고 영속화하는 데 관여했다.

랑게마르크의 병사들이 실제로는 대부분 청년이 아니었음에도, 전선의 병사를 후방은 물론 지역 사령부와도 구분하는 태도는 특별한 사명을 부여받은 구별된 세대라는 이상을 강화했다. 어쨌

* Siegfried. 게르만족의 전설적 영웅. 중세 영웅 서사시 〈니벨룽의 노래〉의 주인공으로, 니벨룽족의 보물을 지키는 용을 퇴치한 용사다.

든 1차대전에 나간 이들은 청년은 아니어도 대부분 중년보다 한참 어린 나이였다. 그들은 전쟁을 자신의 운명으로 여겼다. "우리는 전쟁으로부터 태어났다. 전쟁은 바로 우리에게 주어졌다. 그러니 진실로 우리는 전쟁 말고는 아무것도 하지 않았다."[14] 이러한 구별됨의 감정은 남자들의 전우애라는 그들 특유의 이상과 함께 전후 세계에 전해졌다. 많은 이들이 회고하기를, 청년기는 그들 인생의 정점이었다. 전쟁 기념물과 군사 묘지를 통한 국가의 자기표상은 그들의 젊음을 핵심으로 삼았다.

19세기 내내 전쟁은 청년의 지위 상승과 노년의 가치 절하를 촉진했다. 이제 청년은 살아서나 죽어서나 왕좌를 차지했다. 전사한 청년은 모든 청년이 갖추어야 할 가치를 상징했으니, 그것은 고대 그리스인의 조화와 균형, 그리고 (이 경우에는 고매한 이상을 따름으로써) 절제된 강인함이었다. 근대식 무기들은 고대의 청년을 현대 세계의 전쟁과 결부하는 데 아무 방해가 되지 않았다. 검투사가 철모를 쓰고 소총을 든 모습의 전쟁 기념물도 있었을 정도다.[15] 이러한 이상형을 그리스도교적 요소로써 전사자 숭배에 통합하는 것은 좀더 까다로웠다. 그러나 죽음을 초월할 수 있다는 희망을 주는 그리스도교적 상징은 고전적 상징보다도 더욱 강력하게 전사자 숭배를 지배했다.

대량살상의 경험은 사람들에게 친숙한 그리스도교의 기본 테마를 강화하는 결과를 낳았다. 1차대전의 한 의용병이 쓴 "이제 우리는 신성해졌다"라는 감탄 섞인 문장은 전쟁에서의 희생을 그리스도의 수난과 부활에 빗대는 유비를 함축하고 있었다. 대중적 신앙심으로서의 그리스도교, 즉 조직화된 종교의 한계 바깥에 있던 신앙은 본국과 전선에서 설파된 이른바 전쟁 신학보다도 가까운 거리에서, 전쟁 경험을 직면하고 초월하게 할 수 있는 가장 견고한 기반을 제공했다. 병사들은 성직자를 그리 대단하게 여기지 않았던 듯하다. 이 극한의 상황에서 승리를 거둔 것은 성직자나 제도와는 무관한 그리스도교, 즉 전통적으로 고난 속에서 희망을 보는 대중적 신앙심이었다.

과거 독일 해방전쟁은 새로운 부활절에 비유되었고, 이제 1914년에 발터 플렉스는 1차대전을 최후의 만찬에 빗대었다. 그리스도는 전쟁을 통해 당신을 드러내고, 그러므로 전쟁 자체가 그리스도가 세상을 비추는 전략이다. 이어 플렉스는 우리 국민 가운데 가장 훌륭한 자의 희생적 죽음은 그리스도가 겪은 수난의 반복일 뿐이라고 말한다. 수난은 부활로 이어진다. "크리스마스 저녁에는 망자가 인간의 목소리로 말한다."[16] 이렇게 그리스도 수난의 단계들이 근대전 경험에 밀접히 연결된다. 특히 크리스마스 저녁이라는 언급은 1차대전에서 '전시戰時 크리스마스'가 매우 특별한 중요성을 획득했다는 점에서 의미심장하다. 이 축제는 고향과 가족을 생각하는 기회가 되고, 소포를 여는 순간만큼은 참호에 정상적 시간이 흐를 것이었다. 크리스마스에 어울리는 성찬을 제공하는 시도도 있었다. 그런데 그곳에는 전사자도 함께했으니, 그들은 연설과 회상을 통해 추모되었다. 한마디로 '전시 크리스마스'는 고향을 생각하는 행사이자, 전쟁 한복판의 휴지기이자, 전사자를 기리는 의식이었다.[17]

발터 플렉스가 1914년 크리스마스이브에 전선에서 자신의 연대 병사들에게 읽어준 『크리스마스 이야기*Weihnachtsmärchen*』에는 전쟁 과부가 절망 끝에 아들과 함께 물에 몸을 던진다는 이야기가 나온다.[18] 두 사람은 전사자의 망령과 조우하고 다시 살아난다. 이러한 개인의 부활은 망자가 맡은 보다 보편적 사명인 국가의 구원을 예시豫示한다. 플렉스는 전사자를, 양치기들에게 그리스도의 탄생 소식을 알린 천사들에 비유했다.[19] 1차대전의 도상에는 전사자와 그리스도 자체의 친밀한 연계가 흔히 발견된다. 독일의 엽서에도, 폴란드의 엽서에도 죽은 병사를 어루만지는 그리스도나 천사가 등장했다.(그림 6) 각국의 전쟁 묘지 설계 또한 이 관계를 상징화

6. 전사자 무덤의 그리스도: 바이에른 의용간호사협회의 공식 엽서. 각 무덤의 프랑스군, 독일군의 전투모 양식에서 이 엽서가 전쟁 초기에 제작된 것임을 알 수 있다.

했다. 가령 이탈리아의 레디푸글리아 전쟁 묘지 기념홀에 있는 벽화 〈전사자의 신성화Apotheosis of the Fallen〉는 말 그대로 그리스도의 품에서 잠든 전사자를 묘사하고 있다.(그림 1. 본문 14쪽) 국가는 전사자를 통해 그리스도의 수난과 연관되었고, 때로는 그리스도의 삶에 관한 이야기가 국가에 투영되기까지 했다. 전선을 방문한 위 세대 인기 작가 루트비히 강호퍼에게 독일이라는 나라는 별의 인도로 베들레헴을 찾은 세 마기Magi[동방박사]를 상징했다.[20] 독일은 세계 구원을 위한 신의 도구가 되었다. 그러한 심상은 독일에만 한정되지 않았다. 앙리 마시스는 전쟁에 짓밟힌 프랑스가 그리스도의 고난과 구원을 반복하고 있다고 믿었다.[21]

고난은 정화다. 이것이 참호의 메시지였고 유명한 전쟁시인 하인리히 레르슈가 그의 시 「참호의 성모Die Mutter Gottes im Schützengraben」에서 깨달은 바였다. 참호의 병사들은 그리스도가 몸소 보여준 희생의 정신을 알았다. 그들은 미움이나 질투를 느끼지 않았고 거짓말을 할 줄 몰랐다.[22] 이러한 맥락에서, 크리스마스는 성령이 치유와 정화를 위해 참호의 방공호에 강림하는 날이라는 의미가 추가되었다. 크리스마스는 전쟁의 소요 한복판에 깃든 정적의 순간, 사랑과 평화로운 생각으로 마음을 채울 수 있는 순간이었다. 이 테마는 크리스마스를 위해 쓰인 많은 시는 물론 그림엽서에도 나타났다. 예컨대 한 엽서에서는 병사가 방공호의 크리스마스트리 옆에 앉아 고향에서 온 편지를 읽고 있었다. 실제로 참호에 그러한 장면이 있었으리라고는 생각할 수 없다. 즉 이 역시 전쟁 은폐의 일부였다. 이와 달리 크리스마스에 관한 시와 산문은 대부분 전쟁의 공포를 무시하지 않고 성령으로 그것을 조정했다. 정화되고 안식을 취한 병사는 더 훌륭하게 전사로서의 사명을 완수할 것이었다.

전쟁 한복판에서 전통적 크리스마스 정신이 현실이 된 것은 단 한 번이었다. 1914년 크리스마스이브에 독일과 프랑스, 영국의 병사들은 참호에서 나와 무인지대에서 우애를 다졌다. 이에 각국은 다시는 그러한 일이 발생하지 않도록 즉시 엄중한 규제를 마련하고 군사재판 체계를 전면 도입했다. 이 체계는 각국의 그 많은 병사들이 싸움을 멈추지 않도록 전투를 강제하는 데 성공했고, 첫 크리스마스 모임은 두 번 다시 반복되지 않았다. 이제는 고난을 통한 구원이 크리스마스의 주된 가르침으로 설파되었다. 고난은 인간을 단련하리라고 했다. '전시 크리스마스'에 관한 기록들은 방공호에 충만했던 평화의 정신과 함께, 그 평화는 오직 전쟁을 통해 이루어진다고 단언하는 장교들의 연설을 증언한다. 1915년 크리스마스에 병사들을 교화할 목적으로 발행된 한 소책자는 이 전쟁이 끌어들인 크리스마스 정신을 가장 잘 요약하고 있는 듯하다. "우리의 삶은 갑옷을 입어야 한다."[23] 즉 '정화된 세계를 창조하기 위해서는 강한 독일이 필요하다.'

'전시 크리스마스'가 산 자들의 크리스마스 정신을 전투에 끌어들이며 이 전쟁에서 중요한 역할을 맡았다면, 죽은 자들 역시 그리스도교 정전의 일부로서 영원한 평화가 아니라 기꺼운 희생을 상징했다. 독일 성직자들의 전쟁 설교 및 전쟁의 도덕적 정당화는 잘 알려져 있는데, 여기서 전쟁과 침략을 변호하는 데 쓰인 것이 바로 죽음과 부활, 고난과 구원이라는 기본적 리듬이었다. '자신의 가족과 조국에 충실하고 지상의 군주를 섬기는 자가 곧 주님과 그리스도를 섬기는 자'라고 요약할 수 있는 이른바 전쟁 신학은 어느덧 전통으로 자리잡고 당연시되었다.[24] 그러나 1차대전에서의 그리스도교는 대중적 신앙심의 표현이었기에 기성 교회들에 의해 통제되지 않았고, 따라서 더더욱 광범위한 영향력을 미치며 이 신앙의 핵심으로 뚫고 들어갈 수 있었다. 이러한 경로로 전쟁 경험의 신화에 들어온 그리스도교는 영광스러운 기억을 생생하게 유지하고 전후 청년에게 같은 영광을 좇기를 촉구하는 데 유용한 역할을 했다.

그러나 이 대중적 신앙심이 전시와 전후에 수행한 가장 중요한 기능은 죽음과 임종에 대한 두려움을 극복하도록 돕는 것이었다. 뜻깊은 영생에 대한 기대, 즉 죽어서도 애국적 사명을 이어나가리라는 믿음은 죽음 자체를 초월하게 하는 듯했고, 나아가 죽음 이전의 삶을 감화했다. 물론 전쟁의 실상을 경험한 병사들은 (그로부터 위안을 받은 이들도 있었겠지만) 영생의 이상에 그리 깊이 감동할 수 없었을 것이다. 그러나 이 이상의 진가는 전후에야 뚜렷해져, 많은 귀환병이 전우를 잃은 상실감을 그것으로 극복했고 새로운 연대連帶를 형성할 힘을 얻었다.

전사자를 기리는 방법에 대해서는 전쟁중에 많은 논의가 이루어지긴 했지만, 전사자 숭배 및 그 기념물과 묘지는 아직 완전한 형식을 갖추지 못했다. 바로 그래서, 독일 패망 후에는 죽은 자들이 진실로 살아나고 이 신화의 재생 기능이 있는 대로 활용되었다. 가령 『육해군 추도사』(1920년)는 전사자가 어떠한 안식도 찾지 않는다고 단언했다. "그들은 조국을 위해 목숨을 바친 그 순간과 다름없이 부동하는 죽음의 창백한 가면을 쓰고 독일을 배회한다. 전사자는 민족을 회춘시키기 위해 돌아오고 있다. '싸우고 죽고 부활하는 것'이 그들 존재의 본질이기 때문이다. 그들의 죽음으로부터 민족이 재건될 것이다."[25] 이 헌사는 우익 정파에서 나온 것이었으나, 바이마르 공화국마저 이 테마를 채택했다.

독일의 전쟁 기념물에 관한 바이마르 공화국의 공식 안내서는 전사자가 무덤에서 일어나 한밤중에 사람들을 찾아와서 조국을 되살릴 것을 촉구했다고 언명했다.[26] 전장에서의 죽음은 끝이 아니라고 둘러대는 동시에 패전국에 희망을 주기 위해 익숙한 귀신 이야기에 그리스도교의 부활 테마가 채워진 것이다. 전사자의 귀환에 관한 이 같은 발상은 공식 간행물과 함께 전사자 기념일을 통해서도 발전했고, 이 경우에 있어 바이마르 독일은 정적인 우익과 뜻을 같이했다. 이러한 특징을 분명히 보여주는 공화국 평화기의 예가 또 있다. 1926년 '민족 추모일'의 한 지역 기념행사에서는 탐욕과 불충, 증오의 거미줄에 걸린 남자가 무덤에서 일어난 전사자에게 구원받는다는 내용의 연극이 공연되었다.[27] 이러한 기념식에는 흔히 망자를 향해 잠에서 깨어나 살아 있는 독일을 구원해달라는 발터 플렉스의 요청이 곁들여졌다. 그러나 정작 국가에 투영된 그리스도의 죽음과 부활이 가진 의미를 집약한 것은 자유주의 역사가 헤르만 옹켄이었다. "우리는 한편으로 독일의 과거를 기억해야 하고, 한편으로 나라의 미래를 내다보아야 한다. 과거와 미래를 동시에 바라보기 어려운 사람은 '옛 독일과 새 독일 사이를, 우리의 과거와 우리의 미래 사이를 거대한 유령 부대처럼 떠다니는 1914~1918년의 망자들'에게 조언을 구하면 될 것이다."[28]

전사자는 조국의 부활이 아닌 다른 목적에도 쓰일 수 있었다. 플렉스의 전사자들이 물에 빠진 모자를 살려냈듯, 이들 순교자에게는 갖가지 바람이 투영되었다. 예컨대 『베스트팔렌 소방대 추모집』은 전사자에게 대중 사회에 맞서 개별성을 회복하게 해달라고 요청했다.[29] 하지만 이처럼 특수한 요청은 예외에 속했다. 전사자는 개인으로서가 아니라 전우 공동체로서 그들의 사명을 완수했다. 군사 묘지의 무덤 설계에 어떤 개별성을 확보하려는 시도가 있었다 해도, 그것은 개별성을 유지하기 위해서가 아니라 망자의 가족을 만족시키기 위한 것이었다. 또다른 추모집에는 이렇게 적혀 있다. "인간은 평시의 일과에서는 공동체에 자신의 모든 것을 바친다는 것의 의미를 결코 경험할 수 없다. 이것이 이번 전쟁이 우리에게 가르쳐준 바다."[30] 살아 있는 전우들의 일부가 된 전사자는 함께 국가를 회춘시키기에 가장 적합한 이들을 통해, 전선에서 싸우고 살아 돌아온 이들을 통해 그 과업을 이루었다.

리비우스 및 이후의 현자들에 따르면, 망자는 하늘에서 지상으로 이어진 존재의 사슬에서 극히 중요한 부분을 차지했다. 이제는 그 황금 사슬이 하늘과 산 자와 죽은 자 모두를 게르만적 형제애 안에 통합한다고들 이야기되었다. 전사자들이 줄곧 집단으로 상징화된 것도, 군사 묘지가 열지어 늘어선 꾸밈없는 무덤들로 전쟁 경험의 동질성을 강조한 것도 당연한 일이었다. 민간 묘지에 매장될 때에도 전사자의 무덤은 울타리나 벽으로 분리되었다. 앞서 언급했듯 에른스트 윙거는 개인적 경험을 전우들이 공유한 공동체적 경험으로 변형하고자 그의 유명한 전쟁 수기 『강철 폭풍 속에서』를 다시 썼다.[31] 전우 공동체는 새롭고 더 나은 독일이 자라날 기초 조직이었다. 전사자와 산 자는 조국 신앙으로 하나가 되었다.

전사자의 상징적 가치를 결정한 것은 그들에게 주어진 독일의 영웅이라는 역할이었다. 그러나 그들의 위업과 유산을 증언하는 공적 공간과 기념물이 없었다면, 전사자는 그러한 상징으로서 그리 큰 영향력을 행사하지 못했을 것이다. 그들의 안식처가 국가적 숭배의 신전이 되었을 때, 그리고 그들을 기려 세운 기념비가 대중의 주목을 받았을 때 비로소 전사자가 복무하게 된 목적이 참된 의미를 얻었다. 전사자는 사람들이 보고 만질 수 있는 상징으로 변형되었다. 전사자 숭배가 궤도에 올랐다.

II

전사자 숭배의 중심은 전쟁 묘지였다. 앞서 살펴본 대로 19세기 초입에는 새로운 유형의 묘지, 즉 도심의 교회 묘지나 일반 묘지와는 전혀 다른 정원식 묘지가 등장했다. 이곳에서 사람들은 지상에서 영위한 조화로운 삶을 죽어서도 이어갈 터였다. 또한 이제 죽음은 사신死神의 수확이 아니라 자연 안에서 맞이하는 평온한 잠으로 인식되었다. 그러한 묘지 설계는 묘지를 미덕의 관조에 어울리는, 일종의 범신론적 교회로 변형했다. 죽음은 그 혹독한 현실을 어떤 최우선적 목적에 종속시키는 설계에 따라 은폐되었다. 묘지를 관조하는 이들을 올바르고 도덕적인 삶으로 되불러온다는 목적 말이다. 이 새로운 유형의 묘지는 군사 묘지라는 국가적 숭배의 신전을 신성화하는 데 힘을 빌려주었다. 그러나 아직 많은 것이 미완인 상태였다. 무덤은 아직 통일되지 않았고, 영구적 묘는 여전히 부유층의 호사였으며, 무엇보다 대외 전쟁의 전사자가 따로 묻히기는커녕 제대로 매장되지도 않았다. 당시의 묘지들에는 국가적 상징도 전혀 없었다. 즉 개인의 재생은 아직 국가의 쇄신에 종속되지 않았다. 영국의 조지 5세는 맞는 말을 했다. 1922년 프랑스에 있는 영국군 묘지를 방문한 그는 이렇게 말했다. "이처럼 한 나라 국민이 전사자에게 특별한 기념물을 바치고 관리하는 것은 역사에 처음 있는 일이다."[32]

유럽의 군사 묘지는 근본적으로 1차대전의 전례 없는 전사 규모가 초래한 결과였다. 대량의 희생자와 긴 전쟁 기간은 전사자를 만족스럽게 보살필 수 있는 무덤에 묻어야 할 필요를 만들어냈다.

이 전쟁에서는 처음부터 담당 부서가 설치되어 각 무덤과 전사자의 이름을 기재하고 주어진 상황에서 최대한 충실하게 명부를 관리하게 했다. 프랑스는 1914년에 일찌감치 군사 묘지를 조성하는 법률을 제정했고, 1915년 12월이면 재매장을 위해 곳곳의 전장에 흩어져 있던 전사자를 모았다.(그림 7)[33] 영국도 곧 그 뒤를 따랐고 묘지 설계를 선도해나갔다. 독일의 경우, 사단 사령부에 소속된 부서와 일명 '무덤 장교'가 개개의 무덤을 돌보았고 일부를 한데 모으기도 했다. 1915년 9월 23일, 독일 전쟁성은 전사자 무덤의 영구적 관리에 관한 규제를 마련했다. 곳곳에 흩어져 있던 무덤들이 별도의 묘지에 합쳐졌고, 그러한 묘지의 설계가 궁리되었다.[34] 모든 국가의 군에 전사자 전담 부서가 꾸려진바, 이러한 제도적 시도부터가 전사자의 안식처에 대한 전에 없던 관심을 보여준다. 그러나 그러한 부서가 존재했다고 해서 그 즉시 군사 묘지와 민간 묘지가 분리되지는 않았다. 전사자는 지금도 우리와 함께 있다는 신화를 강화할 상징적 방식의 묘지 설계가 전쟁중에 논의되긴 했지만, 그러한 전쟁 묘지는 대부분 전쟁이 끝난 뒤에야 건설되었다.

7. 브루더도르프의 공동묘 5, 6번. 1914년 8월 18~20일: 최초의 군사 묘지 중 한 곳을 보여주는 엽서. 이곳의 공동묘에는 프랑스 병사 78명이 함께 묻혔고 장교 한 사람은 따로 매장되었다.

전후 모든 교전국에는 군사 묘지의 설계와 관리를 담당하는 기관이 설립되었다. 승전국에서는 정부의 지시로 기관이 구성되었다. 영국에서는 1917년에 설립된 '영국전쟁묘지위원회'가 군사 묘지의 설계와 관리를 전담했다. 영연방도 대표한 이 위원회는 영국의 전통대로 왕의 칙허를 받고 정부를 대리하는 자치 기관이었다.[35] 중앙집권 전통이 강했던 프랑스는 군사 묘지에 관한 모든 문제를 '전선 귀환병과 전쟁 희생자를 위한 국무장관'에게 일임했다.[36] 패전국에는 전사자 무덤을 관리할 자금이 없었다. 독일과 오스트리아 모두 민간단체인 '독일전쟁묘지관리민족동맹'(이하 '민족동맹')과 '흑십자단'이 그 임무를 떠맡았다. 1919년에 설립된 민족동맹은 곧 전사자 기념과 관련된 모든 활동을 통제하고 나섰다. 가령 앞서 언급한 애도의 날(민족 추모일)은 민족동맹이 도입하고 1925년에 바이마르 공화국이 공식적으로 채택했다. 외국 영토에 묻힌 전사자가 압도적으로 많았던 까닭에 이 조직의 전사자 무덤 감독은 제한적일 수밖에 없었던데다, 베르사유 조약에 따라 자국 영토에 묻힌 적국 병사의 무덤은 그 나라에서 의무적으로 관리하게 되었다. 다만 그러한 묘지의 설계는 전사자의 소속국이 맡았다. 프랑스에 있는 1·2차대전 독일군 묘지들은 베르사유 조약의 해당 조항이 마침내 효력을 잃은 1966년에야 독일의 관리하에 들어갔다.[37]

모든 국가의 전쟁 묘지는 위치에 상관없이 똑같은 모습이었다. 그런데 우리는 독일의 사례를 살펴보기에 앞서, 선구적으로 군사 묘지를 면밀하게 설계한 영국을 들여다볼 필요가 있다. 영국의 묘지 설계는 체계적으로 기록되고 면밀하게 궁리되었다. 이 묘지의 중심에는 '희생의 십자가'와 '기념석'이 있었다.(그림 8) 러디어드 키플링의 글에 따르면 '희생의 십자가'는 "가슴에 꾸밈 없는 검을 품고" 있는데, 위원회가 직접 승인한 그 상징성은 다소 모호했다. 그것은 전쟁에서의 희생을 의미할 수도 있었고, 단순히 부활

8. 벨기에 플라머르팅허의 영국군 묘지: 기념석과 희생의 십자가가 중심을 이룬다. 십자가 속의 검을 확인할 것. 모든 영국군 묘지는 이 설계를 따른다.

의 희망을 나타낼 수도 있었다.[38] 여기에 쓰인 십자가는 프랑스의 군사 묘지에 나타난 지극히 단순한 십자가에 비할 정도는 아니지만, 영국 전원의 교회 묘지에 흔했던 십자가나 켈트 십자가와 형태가 비슷하다.[39] '기념석'은 육중하고 빈틈없었으며 제단과 비슷한 형태였다. 이 돌에는 위원회에서 직접 활동했던 키플링(그는 이 전쟁에서 외아들을 잃었다)이 제안한 문구가 새겨졌다. "그들의 이름은 언제까지나 살아 있으리." 기념석은 달리 변주되기도 했으니, 일부 묘지에는 기념석 대신 '부활 예배당'이 세워졌다. 이 예배당에는 통상 부활에 관한 표상과 그 묘지에 매장된 모든 사람의 이름을 기록한 명부가 놓였다. 애초에 건축가 에드윈 루티엔스는 그리스도교와 상관없는 범신론적 상징물로 기념석을 고안했으나,[40] 기념석은 희생의 십자가와 함께 그리스도교적 상징성을 투영했고 그것이 이 묘지를 지배했다. 때로 기념석은 간단히 '제단'으로 불리며 희생의 십자가에 깃든 것과 똑같은 종교적 의의를 얻었다.

영국군 묘지의 기본 설계는 전사자와 그리스도의 희생 및 부활의 희망을 연결하는 고리를 활성화했다. 무덤도, 묘비도 모두 똑같은 모습이었다. 그러나 숱한 항의 끝에, 가족이 선택한 별도의 명문이 묘비에 연대 휘장, 십자가, 이름 아래 새겨질 수 있었다. 영국군 묘지의 묘비는 그 지역의 재료로 제작했지만, 가능하면 반드시 영국 토착의 관목과 꽃을 조경에 도입했다. 위원회의 한 고문이 쓴 대로 "(토양이 맞는 곳에는) 특별히 영국 주목朱木을 도입하면 본국에 있는 전원 교회 묘지와의 연관성이라는 면에서 좋은 점이 많을 것"[41]이기 때문이었다. 전원의 교회 묘지가 언급된 것은 우연이 아니었다. 그것은 불변성을 보장하는 이상으로서의 산업화 이전 시기 영국을 암시했다. 과거 어느 때에나 영국은 변화에 종속되지 않는, 시간에 흔들리지 않는 나라로 자기표상을 했고, 국가와 자연의 연결은 바로 그러한 불변성을 명시했다.[42] 그리스도교적 상징과 목가적 자연, 그리고 전우 관계를 연상하게 하는 무덤의 획일성은 모든 국가의 군사 묘지를 지배했다.

독일군 묘지의 기본 설계는 몇 가지 측면에서 이전 적국의 묘지 설계와 차이를 보였다. 십자가와 바위를 이용한 것은 같았으나, 영국처럼 상징물을 묘지의 중심이나 한쪽 끝에 일률적으로 배치하는 대신 묘지에 따라 여러 위치에 두었다. 자연에 대한 태도나 무덤의 획일성은 영국의 경우와 비슷했다. 때로 그 단순성을 '프로이센적'이라고 일컬었다는 점도 그러했다. 당연히 개별 명문은 허용되지 않았다. 여기에서는 통상 묘비 대신 철십자가나 돌십자가가 쓰였다. 그 형태를 제공한 '철십자'는 해방전쟁 시기에 탄생했지만 당시까지도 독일의 최고 군사 훈장이었다. 전쟁 묘지는 단순하고 금욕적 분위기를 표출해야 했다. 실제로, 전사자의 가족이 아니라 지역사회가 비용을 부담하여 묘지의 단순성과 질서가 유지되도록 무덤을 제작하는 일도 많았다.[43] 프로이센-프랑스 전쟁 후에 세워진 기념물이 과도한 장식과 호화로움의 악례로 인용되기도 했다.[44]

이러한 기념물에 대한 반발로 인해 독일의 군사 묘지는 한층 더 삭막하게 설계되었다. 이곳의 상징성은 영국 및 여타 국가의 군사 묘지와는 다른 점을 강조하고 있었다. 어느 나라에서나 군사 묘지는 전우애를 상징화했지만, 독일에서는 절대적 획일성이 설계 전체를 지배했다. 처음부터 모든 군사 묘지의 획일성을 관리하는 엄격한 규칙이 정해졌다. 무덤이나 묘지에 꽃을 심는 행위가 금지되었고, 대신 잔디밭에 무덤을 만들었다. 이러한 설계는 꽃을 심고 가꾸는 것이 비싸다는 이유로 설명되었지만, 독일의 묘지는 여타 국가의 묘지와는 다른 의미를 가져야 한다는 이유도 있었다. 독일 조경설계가협회의 총재는 민족동맹의 회보에 영국인이나 프랑스인과 달리 독일인은 색색의 꽃을 심는 것으로 전사자의 비극적이고 영웅적인 죽음을 위장하지 않는다고 썼다. 비극을 긍정하는 것은 '문화'의 표지이기에 자신들은 죽음을 마주하는 반면, '문명'은 죽음을 무시하려고 한다는 것이다.[45] 오스발트 슈펭글러가 대중화한 문화와 문명의 구별*[46]은 바로 이러한 용법에서부터 전사자가 상징하게 된 내셔널리즘의 성격을 분명히 보여준다.

1926년에 민족동맹의 수석 건축가가 된 로베르트 티슐러는 신원이 드러나는 개별 무덤에 대한 거북함을 십분 공유했다. 그는 전사자가 개인이 아닌 전우이며 무엇보다 국가의 구성원임을 단언하는 중앙 집중식 기념물과 공동묘를 선호했다. 때로 그는 일군의 거대한 십자가로 전사자를 상징했는데, 이때도 전사자의 이름은 별도의 기념 벽이나 기둥에 새겨졌다. 하지만 티슐러가 매장지로 선호한 것은 '망자의 요새Totenburgen'였다.[47] 요새 묘지는 2차대전 이전에 십수 군데가 조성되었고, 후에는 히틀러가 이 형식을 지

*슈펭글러(1880~1936)는 『서구의 몰락』(1918~1922)이란 책에서 역사를 탄생·성장·성숙·사멸하는 문화 유기체로 파악하고, 서구 역사는 이미 유기적이고 정신적인 '문화'에서 무기적이고 물질적인 '문명'의 단계로 몰락해가고 있다고 주장했다.

지했다. 멀리서도 보이는 곳에 위치한 요새 묘지는 말 그대로 거대한 요새처럼 보였다. 두꺼운 벽이 열린 공간을 둘러쌌고 중앙에 애국의 제단이라는 바위가 놓였다. 벽에는 전사자의 이름을 새긴 명판이 붙었다. 시신은 제단 밑 지하실의 공동묘에 매장되었다. 티슐러는 이 설계를 훨씬 수수하게 변주하여 랑게마르크 군사 묘지의 중앙 예배실을 건축하기도 했다.

민족동맹의 묘지 설계는 이 집단의 친우익 성향을 반영했다. 망자의 요새는 개인에 대한 국가의 우위를 명백히 전시했다. 이 공격적인 게르만풍 설계는 은신처 겸 적을 공격하는 진지로 지어졌던 중세의 '방어 요새'를 떠올리게 했다. 마지막 '망자의 요새'는 2차대전 후인 1959년 북아프리카의 엘알라메인에 건설되었다.(그림 9)

독일에서는 전쟁 묘지나 기념지를 둘러싼 자연환경 또한 그러한 장소의 건축에 큰 역할을 담당했다. 어느 국가나 자국의 향토

9. 망자의 요새: 엘알라메인의 독일군 묘지. 1956~1959년 로베르트 티슐러가 설계하고 건축했다. 요새 묘지는 2차대전 때 나치가 선호한 군사 묘지였다. 데이비드 버코프David Berkoff 사진.

적 풍경을 자기표상의 수단으로 이용했지만, 독일 내셔널리즘의 정의에는 자연이 특히 중요했다. 예컨대, 앞서 살펴보았듯 독일청년운동은 독일의 풍경에서 '참된 독일'을 찾아내려고 했다. 세기 전환기에 자연 회귀 운동은 서양 대부분의 국가에서 강세를 보였지만, 독일에서는 그것이 정치화되고 흔히 내셔널리즘적 이상과 연결되었다. 이러한 자연에의 심취는 군사 묘지의 설계에도 표현되었다. "군사 묘지는 풍경의 일부라는 인상, 영원한 대자연의 가슴에 파묻혀 그 선함에 감화되는 인상을 주어야 한다."[48] 이러한 자연 찬가는 자연 재료의 사용을 옹호하고 현대적 양식은 일시적 유행으로 폄하하는 태도로 이어졌다. 독일의 풍경이라는 변하지 않을 이상은 변화의 위협을 저지했다. 국가를 회춘시키는 자연의 재생력 앞에서 전쟁의 패배는 거의 문제가 되지 않았다. 특히 죽어가는 지크프리트 같은 게르만풍 설계는 1차대전 묘지에서 어쩌다 가끔 볼 수 있을 따름이었다. 자연 자체가 게르만풍 정취를 제공한다고 여겨졌던 것이다.

자연 숭상은 전사자를 기념하기 위해 독일에 만들어진 한 특수한 형식의 핵심을 이루었다. '영웅의 숲'은 1차대전 후에 조성된 다른 전쟁 기념지와 달리, 그 주변 환경으로부터 분리된 대리 군사 묘지(무덤이 없는 묘지)였다. 영웅의 숲은 전사자 숭배라는 특정한 목적으로 설계된 자연 안의 공간으로, 이곳에서는 나무가 실제 무덤을 대신했다. 영웅의 숲 조성은 1914년에 처음 제안되었고 이듬해에 내무장관의 승인을 받았다. 육군 원수 폰 힌덴부르크는 이 계획을 지지하고 호평하면서 이렇게 썼다. "옹이 지고 뿌리 튼튼한 독일의 나무는 개인과 공동체의 강인함을 상징한다."[49] 대자연 자체가 살아 있는 기념물로 기능할 것이니, 숲은 독일의 전사자 숭배에 꼭 어울리는 배경이었다. 영웅의 숲을 처음 제안한 조경설계가 빌리 랑게는 모든 전사자를 위해 참나무를 한 그루씩 심을 것을 제안했다. 과거 해방전쟁 때 그 상징적 강인함이 발동된 바 있는 참나무는 '독일의 나무'로 여겨지고 있었다. 1894년 이후에는 독일 통일로 이어진 대 프랑스전의 승리에 사은하는 뜻에서 독일 전역에 '황제의 참나무'가 심어졌다. 랑게는 영웅의 숲 중앙에 보리수를 심어 황제의 존재를 상징하자고도 제안했다.[50]

1870년대 무렵이면 앞서 논한 미국의 공원 묘지 운동이 독일에 전파되어 몇몇 중요한 묘지의 설계에 영향을 미쳤다.[51] 한스 그레셀의 뮌헨 발트프리트호프는 자연을 이용하여 죽음의 독소를 제거하는 방식에 있어 특히 중요한 본보기를 제공했다. 그레셀은 원시 상태의 자연환경을 묘지의 차분한 외관의 일부로 삼았다. 그의 표현대로 "질서가 아름다움"이었고 그의 묘지는 죽음을 은폐하는 데 그 둘 모두를 이용했다.[52] 이 숲 묘지는 뮌헨 시가 병원에서 사망한 병사들을 이곳의 한 구역에 별도로 매장하면서 전쟁 묘지로도 기능했다.[53] 이와 똑같이, 슈투트가르트 시는 개전 시기에 완공된 그 지역의 발트프리트호프를 이용하여 병원에서 사망한 병사나 전선에서 이송되어온 시신을 (이 행위가 금지될 때까지) 매장했다.[54] 하지만 발트프리트호프의 중요성은 군사 묘지로 기능했다는 점이 아니라, 후대의 군사 묘지, 특히 영웅의 숲이 자연을 이용하는 방식에 전형이 되었다는 데 있었다.

영웅의 숲에서 자연은 언제나 스스로 재생했고 전사자는 겨울 뒤에 반드시 돌아올 봄을 상징했다. 더욱이 이 전쟁이 (예컨대 에른스트 윙거가 구상한 대로) 인위적 문명과는 반대로 자연 상태의 인간을 특징짓는 '근원의 힘'을 표면으로 끌어냈다고 한다면, 훼손되지 않은 자연은 참호 속의 인간과 유사했다. 영웅의 숲은 그 전신들의 낭만주의에 국가적 상징들을 추가했다.

수많은 영웅의 숲이 만들어졌다. 때로는 모든 전사자가 자기 나무를 가졌다.[55] 통상 그 형태는 나무들이 반원을 이루고 그 중앙에 '평화의 참나무' 또는 기억을 되부르는 단순한 기념물이 놓이는 식이었다. 황제를 상징하는 보리수는 한번도 큰 인기를 누리지 못했고 공화국 시기에는 아예 쓸모를 잃었다. 독일에서는 '원초적 힘'을 상징하는 것으로 지목된 돌이나 큰 바위가 기념물에 특별히 적당한 재료로 여겨지고 권장되었다. "거대한 바위는 독일의 운명을 상징"했다.[56] 이 바위는 영국의 기념석과 비슷했지만, 제단처럼 깎지는 않고 자연적 윤곽을 그대로 살렸다는 차이점이 있었다. 영국에서나 독일에서나 그러한 바위는 근대성을 거스르는 순수함, 국가의 견고한 강인함이라는 이상을 역설하는 데 쓰였다. 예컨대 아이제나흐 시 근처, 바르트부르크 성 맞은편의 한 섬에 발터 플렉스를 기리는 이름의 숲을 조성하는 계획에도 그러한 의미의 바위가 포함되었다.[57] 일부 영웅의 숲에는 중앙에 십자가가, 한쪽 끝에 바위가 놓여 그리스도교적 요소와 게르만적 요소가 융합되었는데, 결과적으로 이러한 장소는 성격이 전혀 달랐던 영국의 묘지 설계에 가까워졌다.

바이마르 공화국 시대에 계획된 한 국가적 전쟁 기념지가 영웅의 숲 형식을 취했다는 사실은 우리에게 많은 것을 말해 준다. 여기에 제안된 일부 설계에는 순례자들이 모일 수 있는 경기장 및 그곳에서 이른바 기념 광장에 이르는 '성스러운 길'(실제로 이 이름으로 명기되었다)이 들어 있었다. 또한 기념지의 부지로는 아득한 옛날에 게르만족이 숭배했던 장소와 (힌덴부르크가 그토록 좋아했던) 옹이 진 참나무나 육중한 바위가 있는 곳이 제시되었다. 이 같은 설계안에는 흔히 그리스도교의 상징과 게르만족의 상징, 그리고 자연의 상징들이 포함되었다. 기념 광장에 십자가가 들어간다거나, 평화의 참나무 대신 바위가 놓이는 식이었다. 그렇더라도 영웅의 숲은 영국 묘지와 달리 그리스도교와 무관한 상징들이 지배했다. 하지만 위와 같은 국가적 기념지는 끝내 건설되지 않았다. 경쟁 관계에 있는 지역 세력들의 견제로 인해 권력이 약했던 바이마르 정부가 부지를 지정하지 못했기 때문이다.[58]

영웅의 숲은 독일에만 한정되지 않았다. 예컨대 1916년 빈 시의회는 비슷한 종류의 숲을 조성하기로 계획했고, 오스트리아의 여타 지역 당국들도 같은 계획을 내놓았다.[59] 프랑스에서는 에두아르 에리오가 장례 정원을 제안했고,[60] 프랑스의 전사자 기념 방법에 대한 한 조사에서 일부 응답자는 이 목적을 위한 상징물로 나무를 이용할 것을 제안했다. 결국 프랑스에도 신성한 숲이 조성되어, 나무를 이용하여 전사자를 기리는 방식에 본보기를 마련할 수 있었다.[61] 이탈리아의 추모 공원은 영웅의 숲과 밀접한 관계에 있었다. 두 장소 모두 미국 공원 묘지 운동의 영향을 나타냈다. 이탈리아에서는 특히 실제 매장지가 아니라 전사자를 기념하는 장소인 추모 공원이 많이 조성되었다.[62] 하지만 그러한 형식이 실제로 인기를 끌었다고 할 만한 곳은 독일과 이탈리아뿐이었고, 다른 곳에서는 결코 진지한 대안이 되지 못했다. 어쨌든 영국처럼 그리스도교를 강조하든 자연을 강조하든, 그 메시지는 동일했다. 그것은 죽은 자들이 다시 일어나 산 자들을 감화하리라는 것, 그리고 그들이 목숨을 바친 국가는 강하고 불변한다는 것이었다.

국가는 그 불변성을 주장하기 위해 산업화 이전의 상징들로 자기표상을 했다. 가령 당시 건축가와 조경사가 가장 자주 호소한 우려는 전사자 기념물이 대량생산될지 모른다는 것이었다. 대량생산이 우세해지리라는 두려움은 적어도 독일에서는 그럴 만한 근거가 있었다. 19세기 중반이면 이미 전기 도금법이 발명, 완성되어 기념물과 조형물, 무덤 장식물을 하나의 소조 모형으로부터 연속 생산할 수 있었고, 묘지에 필요한 수십만 개의 묘비나 십자가는 손으로 깎는 것이 아니라 기계로 제작하는 것이 타당했다. 여러 곳의 묘지에 베르텔 토르발센*의 그리스도상이나 한 공장에서 제작한 똑같은 천사들이 나타났다.[63] 묘지들은 그러한 대량생산된 기념물을 제한하려고 했고, 석수가 다듬은 돌이 아닌 인공적

* Berthel Thorvaldsen (1770~1844). 덴마크의 조각가로 신고전주의를 대표한다. 생애 대부분을 로마에서 보냈으며 고전적 양식을 엄격하게 따랐다.

돌의 사용을 거부했다.[64] 대량생산에 대한 반발은 결코 그치지 않았다. 그것은 각 전사자에게 보여야 할 적절한 존숭을 부정하는 것으로 간주되었다.

대량생산에 대한 저항은 언제나 거듭 발생한 성聖과 속俗의 갈등 중 하나였다. 분명하게도 성역에 속하는 전사자 숭배는 전쟁에 관련한 인공물과 상징 다수를 성공적으로 도용하는 사소화 과정으로부터 지켜져야만 했다.[65] 전사자는 숭배의 대상, 시민종교의 중심, 즉 그 본질 자체가 특별한 존재였다. 국가 차원에서 벌이는 산업화 이전의 상징 활용은 이 새로운 숭배의 요구 또한 충족했다.

독일에서는 많은 국민 조직이 철십자가나 묘비의 대량생산에 강력하게 반대하면서, 병사의 무덤은 반드시 화가와 공예가가 개별적으로 제작하여[66] 독일의 정신을 산업화 이전 사회에 일치시켜야 한다고 생각했다. 가령 1915년, 슐레지엔 향토보전회는 아헨의 한 공장이 대형 철십자가와 지나치게 광택이 나는 묘비를 대량생산하고 있다고 경고했다. 전사자 숭배는 '영혼 없는' 근대성과 대치했다. 수공업자의 기술은 훼손되지 않은 자연과 마찬가지로 국가의 불변성을 상징했다. 독일의 전쟁 기념물에 관한 한 책에 따르면, 프랑스인은 그들의 기념물을 법석대는 도심에 배치하는 반면 독일인은 때묻지 않은 자연적 환경을 선호했다.[67] 군사 묘지는 전사자의 무덤을 관조함으로써 참된 게르만적 정신성을 깨닫게 하기 위한 장소였다.

이전의 전사자들이 비교적 허술하게 취급되었던 데 비해 1차대전 때 전사자 숭배가 어느 정도까지 발전했는지 예증할 수 있는 인상적인 방법이 있다. 전쟁이 끝나고 전장의 각 무덤에서 시신을 발굴하여 군사 묘지에 합장했을 때, 원래의 무덤에 있던 십자가들이 어떤 운명을 맞이했는지 조사하는 것이다. 이에 대한 증거는 영국과 영연방에서 발견된다.(독일에서는 그러한 십자가가 어떻게 되었는지 아직 확실히 밝혀지지 않았다.) 영국전쟁묘지위원회는 유가족이 전사 현장의 무덤에 꽂혀 있던 십자가를 소유할 수 있도록 허가했으나, 그 수요는 실망스러울 정도로 적었다.[68] 운반 비용은 국가가 지불했기에 돈이 문제는 아니었다. 그러나 개인이 그러한 십자가를 가지고 무엇을 할 수 있었겠는가? 이윽고 주인이 나서지 않은 십자가들도 고국으로 돌아왔다. 이때, 예컨대 캔터베리에서는 먼저 교구 교회로 옮겨져 회중이 〈수고를 마치고 쉬는 모든 성인을 위하여〉를 부르는 가운데 성찬대 옆에 놓였다. 그런 다음 교회 묘지로 옮겨져 땅에 묻혔다. 리버풀 대성당에서도 동일한 의식이 거행되었고[69] 영국 전역의 교회에서도 분명히 그러했을 것이다. 때로는 부활절의 불에 빗대어 교회 앞에서 십자가를 태운 다음 묻었고, 벽에 걸거나 교회 현관에 두는 경우도 있었다.[70]

이와 같이, 흔히 전장의 한복판에 임시로 세웠던, 이름도 거의 알아볼 수 없는 나무 십자가가 숭배물이 되어 성물처럼 취급되었다. 영국에서는 어쩌다 십자가를 쓰레기로 태웠다가 소란이 일기도 했는데, 당시 『데일리 스케치』는 쓰레기더미에 버려진 십자가를 찍은 사진을 게재하여 사태를 부추겼다.[71] 이처럼 전사자 숭배는 무덤의 일시적 표식까지 확장되었다.

이제 전사자의 신성한 안식처는 민간 묘지와 엄격하게 구별되었다. 1870년 프로이센-프랑스 전쟁의 전사자들만 해도 전장에서 가장 가까운 마을의 교회 묘지에, 그것도 흔히 공동묘에 묻혔다.[72] 전사자의 무덤을 어떤 식으로든 둘러싸서 마을 주민의 무덤과 분리하는 식의 노력도 전혀 없었다. 하지만 이제는 최근 발생한 전사자의 무덤을 어떻게 둘러쌀 것인가를 두고 많은 논의가 이루어졌다. 독일에서는 수도원이나 오래된 마을 교회, 사유지에 있는 것 중 어떤 종류의 벽으로 전사자의 무덤을 둘러야 하는가에 대한 논쟁이 종전 후까지 이어졌다. 독일군의 한 공식 간행물은 숲이나 들판에 외따로 있는 무덤은 존숭의 감정을 일으킬 수 있지만, 빽빽하게 열을 지은 무덤은 반드시 명확하게 구획된 공간에 놓여야 한다고 지적했다.[73] 유명 건축가 파울 보나츠는 군사 묘지와 부르주아의 묘지를 구분하면서 신성함과 안정된 일상을 대비했다.[74] 이렇게 우리의 이야기는 다시 한번 성과 속의 구별로 돌아온다. 전사자의 죽음은 그 의미와 의의만이 아니라 임종의 방식까지도 부르주아의 죽음과는 전혀 달랐다. 전투중의 죽음은 부활의 전주곡으로 매우 낭만화된 반면, 부르주아의 죽음은 사적 죽음이지 공적 죽음이 아니었고 그 어떤 국가적 의의도 없었다. 가령 요한 볼프강 괴테는 부르주아의 이상적인 죽음을 맞이했다고 이야기되었다. "그는 안락의자에 편히 몸을 기댄 채로 그가 태어났던 시각인 정오 무렵 그의 영혼이 사라졌다."[75] 전사자들의 죽음은 그들의 사명으로 이어진 반면, 괴테의 영면은 국가의 강인함이나 영광과는 무관했다.

전사자 숭배는 이미 독일 국민의식의 중요한 부분이었다. 전후에 군사 묘지라는 국가적 숭배의 신전은 순례의 장소가 되었다. 영국과 프랑스는 남편이나 부모를 잃은 이들의 순례에 통상 지원금을 지급했고, 다른 이들도 저렴한 비용으로 묘지를 순회할 수 있었다. 이러한 순례가 의미하는 바에 대해서는 7장에서 더 자세하게 살펴보겠지만, 종전 후 최소 10년간 프랑스와 플랑드르 지역의 묘지는 모든 참전국에 있어 국가적 숭배의 중심지로 대단히 활기를 띠었다. 그러나 패전국인 독일과 패배감에 휩싸인 이탈리아에서는 전사자 숭배가 더욱 특별한 의의를 획득했다. 이탈리아는 1930년대까지도 파시즘 체제하에서 군사 묘지를 발전시키고 재건했으며, 독일에서는 2차대전이 발발할 때까지 순례와 예식을 통해 전사자의 기억을 끊임없이 되살려냈다.

국적에 상관없이 모든 군사 묘지에는 비슷한 상징들이 놓였지만, 전후에는 국민 정서가 고조되면서 애초에 독일군을 영국군, 프랑스군 옆에 나란히 묻었던 곳에서까지 독일군 시신을 발굴하여 별도의 묘지에 재매장했다. 일부 예외는 있었다. 예컨대 에타

플에 위치한 대규모의 영국군 묘지에는 소수이지만 독일군의 무덤이 있었는가 하면,[76] 연합국인 프랑스와 영국의 전사자가 같은 묘지의 다른 구역에 매장되는 경우도 있었다. 그러나 전쟁에서 가장 큰 타격을 입은 프랑스 영토에서 프랑스군이 관계된 경우만큼은 승리자와 패배자가 더없이 엄격하게 구분되었다. 그러한 분리를 시도한 가장 인상적인 노력은 베르됭 전투 현장에서 이루어졌다. 프랑스군의 것으로 추정되는 해골과 두개골은 수집된 다음 새로 건축된 두오몽 군사 묘지의 납골당(유리를 통해 안을 볼 수 있는 구조였다)에 안치된 반면, 마찬가지로 식별하기 어려운 독일군의 해골과 두개골은 흙으로 덮이기만 했다.[77] 1916년에 1평방미터당 1,000명이 사망한[78] 전장에서 독일군과 프랑스군을 구분하기란 결코 쉬운 일이 아니었을 것이다. 그러나 베르됭은 프랑스가 영국의 도움 없이 홀로 싸운 전투로, 그 전쟁에서 거둔 가장 위대한 승리를 상징했다. 두오몽 납골당은 베르됭 주교의 주도로 한 민간단체가 건설했다. 개인들의 기부로 자금을 충당한 이곳은 진정한 국가적 기념물이었다. 이 신성한 장소에서는 엄격한 침묵이 지켜졌다.[79]

국내외 여기저기에 흩어져 있는 군사 묘지들은 그 하나하나가 국가적 신전으로 기능하긴 했지만, 전사자 숭배의 초점으로 기능하기에는 한계가 있었다. 국가는 산 자들에게 전사자의 죽음과 계속되는 국가적 사명을 되새기게 할 숭배의 구심점을 마련해야 했다. 휴전 기념일 같은 정기적 의식에 군중이 참여할 수 있는 장소 같은 것 말이다. '무명용사의 묘'가 바로 이 기능을 달성했다. 무명용사의 묘는 독일을 비롯해 모든 참전국에 조성되었지만, 가장 먼저 그것을 국가적 숭배의 장소로, 즉 옛 전선 전역에 퍼져 있는 모든 군사 묘지를 상징하는 "조국의 제단"[80]으로 삼은 것은 영국과 프랑스였다.

III

전투 현장의 한 무명용사를 본국의 수도로 옮겨와 가장 중요한 국가적 신전에 매장한다는 발상은 프랑스와 영국에 동시에 나타났다. 그러한 병사를 선정하는 데 쏟은 관심, 본국으로 이송하는 과정의 대단한 모양새, 그리고 매장 의식 자체까지, 그 모든 것이 전쟁이 종료된 시점에 전사자 숭배가 행사한 권력을 증언한다. 그러한 무명용사의 묘가 빠른 속도로 모든 참전국에 퍼져나갔다는 사실 또한 전사자 숭배의 호소력을 분명하게 보여준다. 무명용사의 귀환과 매장에는 갖가지 상징성이 곁따랐다. 군사 묘지 설계 및 전사자를 둘러싼 전쟁 신화에 나타난 그 모든 상징이 하나의 의식 안에 압축되었다. 아니, 그 모든 것이 하나의 상징이 되었다. 이제 무명용사의 묘는 휴전 기념일만이 아니라 여타 다양한 국가적 의식의 초점이 되었다.

프랑스에서는 전시 내내 무명용사의 묘 건설이 논의되었고, 1919년의 개선 행렬이 모든 전사자를 상징하는 에투알 개선문 아래에 세워진 관대棺臺를 지나갔을 때 그 구상이 부분적으로 실현되었다.[81] 개선문은 전사자를 기리기에 타당한 장소였다. 나폴레옹 1세가 자신의 군대를 기리기 위해 건축한 이 기념물에는 그 시대 프랑스 장군들의 이름이 새겨져 있었다. 개선문은 프랑스가 전쟁에서 쟁취한 영광을 기리는 기념물이었고, 1920년에 이르러 무명용사가 매장되었을 때는 나폴레옹이 워털루에 떨어뜨린 월계관을 전사자들이 주워올렸다고 이야기되었다.[82] 하지만 1871년의 패배가 잊힌 것은 아니었다. 이 매장 의식에서는 대 프로이센 전쟁에서 최후의 저항을 이끈 레옹 강베타의 심장이 팡테옹에서 나와 무명용사의 관 맞은편에 놓였다.[83] 패배 속에서 프랑스의 명예를 지켰다고 하는 정치가가 국가를 승리로 이끈 이들 옆에 선 것이다. 이후 강베타의 심장은 팡테옹으로 돌아갔고, 개선문 밑에는 무명용사만 남았다.

무명용사를 선정하는 방식은 각 나라에서 그리 다르지 않았다. 예컨대 프랑스는 서부의 9개 군사 지역마다 한 명씩 전장의 무명용사를 발굴했다. 그리고 이 아홉 사람을 베르됭 요새의 지하실로 옮겼다. 그곳에서, 이 전쟁에서 부상당한 한 부사관이 파리에 묻힐 무명용사를 지정했다. 무명용사가 파리에 매장되던 바로 그 시각, 선택받지 못한 이들은 베르됭에 묻혔다.[84] 이 상징적 행위는 익명성을 보장하면서 군사적 계급은 중요하지 않음을 강조했다. 이처럼 계급을 무시하려는 노력은 개선문에 새겨진 장군들의 이름과 대비되는 동시에, 장교만이 아니라 전사자 전원의 이름을 기록한 전쟁 기념물들에서 시작된 변화의 정점을 이룬다. 1차대전이 진행되면서 전사자 숭배는 평등한 신분을 가진 구성원들의 전우관계라는 국가 공동체의 이상을 상징화하기에 이르렀다.

영국에서는 이미 전시에 몇 사람이 무명용사의 묘를 건설하자는 발상을 내놓았다.[85] 마침내 1920년에 무명용사를 발굴하고 선정했을 때, 이 나라에서도 상징적 행위가 강조되었다. 시신은 이프르, 솜 등 가장 중요한 전장에서 수집되었다. 다만 런던에 묻힐 시신을 선정한 것은 부상당한 부사관이 아니라 고위급 장교였다. 무명용사는 이 의식의 이름에 '베르됭' 전투가 들어가도록 프랑스 구축함 베르됭 호로 해협을 건넜다. 그의 관은 역사적으로 의미가 많은 장소인 햄프턴 코트 궁전에 있던 영국 참나무로 제작되었다. 관 안에는 참호용 전투모, 군복 허리띠와 함께 십자군의 검이 놓였다. 이 무명용사는 프랑스의 무명용사가 개선문에 도착한 그날 영국의 팡테옹인 웨스트민스터 사원에 묻혔고[86] 널찍한 화이트홀 거리 한복판에서는 위령비 세노타프Cenotaph가 제막되었다.

그리스어로 '빈 무덤'을 의미하는 '세노타프'는 1919년 7월의 평화 기념식 때 경례 지점이 필요하여 처음 제안되었다. 어쨌든 영국에는 개선문이 없었던 것이다. 그러나 세노타프는 정치적 이유에서 세워진 것이기도 했다. 나라가 불안으로 들끓고 있었고, 정부는 볼셰비즘이 국내에 입지를 확보할 것을 두려워했다. 그렇다면 가능한 모든 방법으로 승리를 이용하여 애국적 감정을 자극해야 했다.[87] 그 답이 바로 세노타프였다. 전사자와 승리를 상징하는 관대인 이 기념물은 1920년에 막이 걷히고 사흘 만에 40만 명의 방문자를 기록했다. 실제 무명용사의 묘는 웨스트민스터 사원 안에 설치되어 있었으나, 세노타프가 무명용사의 묘의 기능을 수행했다. 영국 유명인들의 기념물과 무덤이 뒤섞여 있는 웨스트민스터 사원은 순례나 기념행사에 합당한 공간을 제공하지 못했다. 휴전 기념일의 군 퍼레이드에 초점이 된 것은 세노타프였다. 그렇지만 세노타프를 제막한 후 국왕이 무명용사의 관을 사원 안으로 운반하는 포차 뒤를 걸으면서 세노타프와 무명용사의 묘 사이에 직접적 연계가 만들어졌다.[88] 1차대전 종전 무렵에는 민주주의 시대, 대중정치의 시대가 밝았다는 새로운 의식이 형성되어 있었다. 그러한 시대에 국가적 상징은 할 수만 있다면 대중의 관심과 열광을 끌어당겨야 했다.

다른 국가의 무명용사들 역시 매장지를 얻었지만, 그 대부분은 프랑스의 무명용사가 분명히 획득한, 그리고 영국의 무명용사도 획득한 듯한 중심성을 결코 획득하지 못했다. 그 이유는 두 나라가 가장 먼저 무명용사의 묘를 모든 전사자의 상징으로 지정했다는 데 있었을 수도 있다. 그러나 프랑스의 경우, 묘의 위치부터가 그것이 가장 많은 시선을 받는 데 일조했다. 개선문 아래에 위치한 이 묘는 접근이 용이했고 매우 눈에 잘 띄었다. 더욱이 그것은 1836년 이래, 프랑스가 이후 다시는 보지 못할 국가적 영광의 순간이었던 나폴레옹의 승리를 기념해온 기념물 안에 놓였다. 프랑스의 무명용사의 묘나 영국의 세노타프는 특별히 그것을 위해 새로운 공간을 발명할 필요가 없었다.

이윽고 모든 국가가 무명용사의 묘를 전사자 숭배의 편리한 중심 장소로 삼았다. 예를 하나 더 들면, 이탈리아도 1920년에 자국의 무명용사를 발굴했고, 여기에서는 전투중에 사망한 병사의 어머니가 관을 선택했다. 이 무덤은 1910년에 이탈리아 통일을 기념하여 건립된 비토리오 에마누엘레 기념관* 안에 조성되었다. 이렇게 해서 국가의 승리와 전사자가 연결되었지만, 파리의 개선문이 명확한 윤곽으로 그 밑에 있는 무덤을 부각하는 것과 달리 이탈리아의 무덤은 거대한 기념물의 크리스마스트리 같은 구조 밑에서 사라져버린다. 이곳의 예배당에는 성인의 모자이크화 같은 그리스도교 모티프가 들어갔고, 조국에 바쳐진 야외 제단에는 고대 그리스·로마의 모티프가 우세했다.[89] 이탈리아 무명용사의 묘는 전사자 숭배의 발생에서부터 그것에 수반되었던 그리스도교 및 고전의 테마에 둘러싸였다.

독일은 전쟁 발발 10주년인 1924년부터 이름을 가진 전사자와 이름 없는 전사자를 기리는 국가적 기념물을 계획했지만, 지역의 이해관계 및 외국 군대의 부분적 점령 상황을 이유로 들며 그 실행을 끝없이 미루었다.[90] 동프로이센 지역의 타넨베르크 기념지는 1차대전 때 러시아에 거둔 승리를 기념하여 1927년에 개관한 곳으로, 이곳에는 동부전선에서 온 무명용사 20인의 묘가 있었다. 광장 중앙의 이 묘에는 거대한 금속 십자가가 세워졌고 요새처럼 생긴 탑들이 주변을 둘러쌌다. 그러나 타넨베르크 기념지는 전사자 숭배를 위해서가 아니라 육군 원수 폰 힌덴부르크의 승리를 기념하기 위해 지어진 것이었다. 마침내 프로이센의 주도하에, 전사자를 기린다는 명시적 목적의 기념물이 만들어졌는데, 런던의 세노타프와 마찬가지로 이 묘에는 실제 유해가 없었다.[91] 18세기에 근위대를 위해 지어진 베를린의 '신新위병소'가 이 목적으로 지정되어 1931년에 무명용사의 묘로 개관했다. 이 우아한 신고전주의 건축물은 세노타프와 마찬가지로 군중을 분산시키기에 알맞

*이탈리아를 통일한 국왕 비토리오 에마누엘레 2세를 기념하여 1911년 완공되었다. 로마의 베네치아 광장 앞에 있다.

은 대로에 위치하고 있었다. 전쟁 기념물로 재건축된 내부(하나뿐인 방이 거리 쪽으로 열려 있다)에는 고전적 요소와 그리스도교적 요소가 섞여 있었다. 처음에는 고전성이 명백히 우세했다. 금은의 화환과 무덤에 해당하는 제단 형태의 견고한 돌이 내용물의 전부였다. 이 공간의 기조는 황량한 단순성이었다. 화환은 고대 로마의 원로원이 전투에서 사람을 구한 시민이나 병사에게 수여한 '시민의 관'을 떠올리게 하는 상징물이었다. 1933년에 나치는 제단 뒤편, 홀 안쪽에 "새 제국의 그리스도교 민족을 상징"하는 커다란 십자가를 설치했다.[92] 통치 초기에 나치는 그리스도교를 끌어들이는 동시에 자신들이 수호했다고 주장하는 국가의 신성함을 강조하고 싶어했다. 십자가는 나치 자체의 순교자를 기념하는 데에도 쓰인바, 그 가장 인상적인 예가 십자가가 설계 전체를 지배한 뒤셀도르프의 슐라게터 기념물이었다.

프로테스탄트 국가인 영국과 독일은 빈 무덤 앞에서 휴전 기념일 의식을 거행한 반면, 이탈리아, 프랑스 등 가톨릭 국가의 무덤에는 주인이 있었다. 하지만 이 사실이 두 종교의 교회에서 제단이 가지는 상이한 기능과 명확하게 관련되지는 않으니, 우연의 일치인 듯하다. 무엇보다 영국에서는 의식상의 필요에 의해 상황이 그렇게 결정되었고, 독일의 전사자들은 당시에는 아직 독일 정부와 관련된 접근이 제한되었던 옛 적국의 영토에 누워 있었다. 어찌되었든 무명용사의 귀환과 관련한 정교한 예식은 패전국보다는 승전국에 더 잘 어울리는 듯했다.

신위병소는 2차대전 이후까지 살아남았지만, 처음에는 별 영향력을 발휘하지 못했다. 그 이유는 아마도 전쟁이 끝나고 한참 뒤에야 만들어졌다는 데 있었을 것이다. 이미 군사 묘지와 특히 기존의 국가적 기념물이 전사자 숭배에 표현수단을 제공하고 있었다. 1896년에 독일 통일을 기념하여 건립된 키프호이저 같은 기념물은 전통적 순례 장소였다. 그러한 기념물은 독일의 정신에 맞지 않는 것으로 일찌감치 거부된 법석대는 도심이 아니라, 자연 안에, 게르만적 풍경 속에 자리했다. 또한 독일처럼 지역에 대한 충성이 강한 나라에서는 지역에 전사자 기념물이 있으면 중심적 기념물의 필요가 덜했을 것이 분명하다. 예컨대 바이에른의 주도인 뮌헨은 자체적으로 무명용사의 묘를 건설했다. 이곳은 독일의 대성당에 있던 중세의 기사나 제후의 묘를 모방했는데, 다만 인물은 근대식 군복 차림에 철모를 쓰고 소총을 든 모습이었다. 베를린의 신위병소 또한 프로이센과의 특수한 연관성을 떨쳐내기 어려웠을 것이다. 그렇긴 해도, 전사자 숭배를 자기표상에 있어 극히 중요한 요소로 여긴 제3제국은 이 무명용사의 묘를 휴전 기념일에 진행되는 정교한 의례의 중심으로 삼았다. 하지만 영국과 프랑스가 세노타프와 개선문을 통해 확보한 전사자 숭배의 초점이 독일에는 없었다. 이 나라에서는 전사자 숭배와 결부된 고조된 국민의식이 다양한 전쟁 기념물과 기념 의례로 분산되었다.

IV

전통적으로 전사자의 희생을 기념하는 데는 전사자의 무덤이 아니라 전쟁 기념물이 쓰였고, 그러한 전쟁 기념물이 각 지역에서 전사자 숭배의 초점으로 기능했다. 하지만 처음에는 장교나 장군만이 호명되었다. 일반 병사는 한낱 숫자로 격하되었다. 그러다 1860년대 무렵 변화가 나타났고, 1차대전에 이르러서는 전사자 한 사람 한 사람을 별개의 무덤이나 매장지의 명판을 통해 기리고자 했다. 이제 지역의 전쟁 기념물에도 모든 전사자의 이름이 새겨졌다. 전형적이게도, 앞서 살펴본 것처럼 개선문에는 장군의 이름만 기록되었던 반면 1차대전 후에는 이름도, 계급도 알 수 없는 무명용사가 아치의 중심에 놓인 묘를 차지했다. 이제는 전투에서 목숨을 잃은 모든 병사가 중요한 인물이었다. 그들은 계급이나 신분과는 하등 상관없는 사명을, 모든 전사자의 사명을 공유했다. 과거에도 이러한 민주화 과정은 의용병 정신으로 징집된 군대들의 고유한 속성이었다.

전쟁 경험의 신화는 모든 전사자로 상징되는 국가를 중심에 둔 민주주의 신화였다. 전쟁 경험의 신화는 바로 이 방법을 통해서만 병사로 하여금 전선에서 맞닥뜨린 죽음의 경험을 초월하게 하고 그들의 기억에서 전쟁의 공포를 씻어내려고 시도할 수 있었다. 전후에 조직된 귀환병 조직들은 사병 조직, 장교 조직 하는 식으로 군 계급에 따라 나뉘지 않았다. 그보다는, 전선의 병사들은 자신들의 특별한 지위를 주장하고 참호의 삶을 경험하지 않은 자와 구별되고자 했다. 프랑스에서는 앙리 바르뷔스 같은 공산주의자마저 전선에서 귀환한 병사만이 가입할 수 있는 조직을 창립했다.[93] 전쟁 기념물들은 모든 병사에게, 그리고 모든 국민에게 유효한 도상을 이용해 전사자 기념을 이어갔다. 전쟁 기념물이라는 숭배의 신전은 묘지에 조성되거나 무명용사의 묘와 연계되지 않고서는 그와 같이 더 즉각적으로 망자와 연관되는 기념물에 결코 필적할 수 없었다. 순교자의 실재적 존재는 순례지의 효용에 언제나 중요하게 작용했다. 그러하기에 독일 무명용사의 묘는 비어 있었음에도 얼마든지 실제 매장지의 분위기를 발산했던 반면, 세노타프는 공식적 의례의 초점으로만 기능했다.

죽은 기념물을 살아 있는 기념물로 바꿔내기 위해 전쟁 기념물 주변에 의식이나 스포츠 행사를 위한 공간을 조성하려는 시도들이 있었다. 1차대전 전에는 라이프치히 전투(1813년) 기념물 등의 국가적 기념물 설계에 그러한 계획이 시도되었다.[94] 그러나 이제는 전쟁 기념물의 '신성함'을 유지하려는 시도가 그러한 식의 공간 이용을 문제삼았다. 1차대전 후에는 그러한 행사의 소음이 전쟁 기념물이 마땅히 고취해야 할 존숭의 정신과 조화할 수 없다고 여겨졌다. 소음의 영향을 전보다 강하게 의식하게 된 것은 도시화의 한 부산물이었다.(이미 세기 전환기 직후부터 소음 규제 협회들이 등장했다.)[95] 다시 한번, 전쟁 기념이 근대성과 충돌했다.

기념물 주변 공간의 쓰임새가 논란이 된 것과 마찬가지로, 전쟁 기념물이 산 자들의 구체적 요구를 충족해야 하느냐의 문제도 제기되었다. 유럽 각국에서는 기념물이 그 일상적 환경으로부터 명백하게 구분되어야 하는지, 달리 말해 기념물이 어떤 식으로든 현재와 관련된 기능을 가져야 하는지에 대한 논쟁이 2차대전까지 이어졌다. 미국은 전혀 다른 접근법을 취했다. 1차대전 직후 미국에는 전쟁 기념물 역할을 하는 공공건물이 널리 지어져 주로 문화센터로, 때로는 회의장이나 체육시설로 기능했다. 이 나라에서는 1919년, 존 퍼싱 장군의 승인으로 국가기념건물위원회가 설립되었다. 도서관 형태의 기념물은 비애국적인 것으로 간주했던 독일에서는 상상할 수도 없는 일이었다. 심지어 영국에서도 전쟁 경험의 신성함과 대립되는 기능에 대해 논쟁이 끊이지 않았다.[96]

다시 한번 성과 속의 갈등이 불거졌다. 이번에는 신성한 것과 기능적인 것이 맞붙었다. 전사자 기념이 아무리 편리해진다 할지라도, 신성한 것은 현대 산업사회에 오염되는 일 없이 불변성을 나타내는 외관을 갖추어야만 했다. 앞서 보았듯, 전쟁 묘지에 들어갈 묘비의 대량생산은 신성을 모독하는 것으로 비난받았고, 제조업자의 카탈로그에서 전쟁 기념물을 고르는 행위도 마찬가지였다. 신성함은 언제나 독자성과 불변성을 뜻했고, 전쟁 기념물이 놓인 장소는 내셔널리즘이라는 시민종교에 봉헌된 신성한 장소였다. 하지만 국가의 산업화 이전 이미지를 영속화하는 것이 곧 근대적 기술을 거부하는 것은 아니었다.[97] 자연을 병합한 내셔널리즘은 기계마저 종속시키며 자신의 목적 아래에 두었다. 근대적 기술과 그 권력은 국가에 복무하는 방향으로 놓이는 동시에, '하늘의 기사'처럼 중세의 이미지로 묘사되고 자연(그림 5. 본문 80쪽)

이나 국가적 상징에 둘러싸이는 방식으로 정신성을 부여받았다. 또한 산업적 근대성의 이미지가 내셔널리즘 시詩가 될 수도 있었다. 1922년에 에른스트 윙거가 쓴 대로, 이제 시는 강철로써 쓰이고 전투에서의 권력 투쟁으로부터 지어진다.[98] 중세풍 옷을 입은 거대한 '게르마니아'*의 발치에 근대식 소총을 든 병사가 서 있는 한 전쟁 기념물은 국가적인 것과 근대적인 것을 함께 표출한다. 심지어 고전의 테마가 지배하는 전쟁 기념물에서도 철모가 흔히 나타난다. 군사 묘지나 무명용사의 묘가 무시한 근대성을 전쟁 기념물은 흡수했다.

그렇다 해도 마인홀트 루르츠가 상세하게 수행한 독일의 전쟁 기념물에 관한 조사에 따르면, 근대식 무기는 1871년 이후에는 전쟁 기념물의 불가결한 요소인 경우가 많았던 반면 1차대전 후에는 비교적 드물어졌다. 대신 검이 전쟁 무기로 애용되었다.[99] 이 변화가 모종의 방식으로 승리와 패배의 차이를 반영하는지도 모르나[100] 그보다는 새로운 종류의 기계전에 맞닥뜨린 결과 죽음을 은폐해야 할 필요가 더더욱 긴급해졌다고 보는 것이 더 그럴듯하다. 중세적 상징에 중세적 어휘까지 사용하여 이 의지를 성취한 과정은 다음 장에서 더 깊이 다룰 것이다. 루르츠가 지적하듯, 검에 죽는 것은 인간의 손에 죽는 것이며, 일대일 결투로 벌어지는 싸움만이 진실로 영웅적이었다.[101] 바이에른 주의 한 마을에 세워진 성 게오르기우스†와 용의 기념물은 바로 이러한 전쟁 관념을 상징화한 것이었다. 다만 이때의 용을 옛 적으로 알아볼 수 있어야 한다는 주민들의 주장에 따라 이 중세적 장면에 전후의 혐오 분위기도

* Germania. 게르만 국가 또는 게르만인을 의인화한 도상. 황실 보검을 들고 중세풍 갑옷을 착용한 여성의 모습이며, 1848년 혁명 전후로 처음 등장해 독일제국(1871~1918) 시기에 많이 만들어졌다.

† St. Georgius (270년경~303년경). 로마 디오클레티아누스 황제의 그리스도교 박해 당시 신앙을 버리지 않고 순교한 로마의 군인. 용을 퇴치한 전설로 유명하다.

삽입되었다. 이보다 더 흔하게는, 독일을 나타내는 대천사 미카엘이 용을 무찌르는 모습으로 묘사되었고, 그중 하나인 작센 주의 기념물에서도 용이 적과 동일시되었다.[102] 중세적 유비는 근대전의 표식이 되었을 뿐 아니라, 전통적 골조 안에 영웅성을 시각화했다. 중세의 조형을 흉내낸 전쟁 기념물도 있었다. 가령 뮌헨에 있는 무명용사 기념물은 물론 바덴의 크놀라우라는 마을에 있는 무명용사 기념물도 고딕 양식의 대성당에 있는 중세의 기사, 제후와 똑같은 자세로 똑같은 종류의 무덤에 누워 있는 병사를 보여주었다.[103]

전쟁 기념물이 통상 근대식 무기를 변형했다면, 사실성이라고 할 만한 것은 병사의 전투복에, 또는 드물게나마 부상병을 묘사한 조각이나 어머니의 비탄에 존재했다. 독일의 전쟁 기념물은 대부분 도상의 세부로만이 아니라, 젊음과 남자다움, 희생과 전우애라는 이상을 표출하는 병사의 이미지로 전쟁의 실상을 위장하고 전쟁 경험의 신화를 구체화했다. 남자다움은 청동이나 돌로 된 병사들의 자세와 표정, 그리고 기념물의 비교적 단순한 형태를 통해 강조되었다. 미술공예운동과 가까웠던 한 간행물에 나오듯 "남자다운 위업은 남자다운 방식으로 기려질 수 있을 뿐"이었다.[104] 기념물에는 전사자의 부활과 그리스도의 수난을 연결하는 유비가 흔히 나타나지 않았지만 피에타(마리아의 무릎에 누워 죽어가는 그리스도) 형식으로는 존재했고, 병사를 돕는 그리스도까지 나타났다. 특히 후자는 전시의 엽서와 군사 묘지에도 무척 흔한 테마였다.[105] 이러한 전쟁 기념물은 가톨릭교회의 후원을 받는 경우가 많았으나, 죽은 자 가운데 살아난 자라는 테마는 뉘른베르크에 있는 한 세무서의 유리창에도 나타났다.[106] 그러나 더 일반적이었던 이미지는 남성적이고 정력적인 병사로, 그들은 그리스인으로 상징되는 절제된 강인함을 표출했다.

병사는 고전의 전통을 따른 기념물에서마저 대개 옷을 갖춰 입었지만 그리스인을 그대로 베낀 경우도 있었으니, 이 벌거벗은 전사야말로 시대를 뛰어넘는 유형화를 표출했다. 대학 내의 기념물에 가장 자주 등장한 듯했던 그러한 형상은 아마도 전설적인 랑게마르크 전투의 전사자 등 대학생 의용병이 꽃피운 남자다운 이상을 반영했을 것이다. 뮌헨 대학의 전쟁 기념물에는 폴리클레이토스의 창을 든 벌거벗은 남자 상이 있고, 본 대학에는 벌거벗은 청년이 머리 위로 검을 들어올리고 있으며, 드레스덴 공과대학에는 나신의 전사들이 전투에 나갈 태세를 갖추고 있다. 여기에서도 고대성과 근대성을 통합하는 경우가 있었다. 예컨대 한 기념물에서는 벌거벗은 그리스 전사가 철모를 쓰고 수류탄을 던지려 하고 있다.[107]

1918년의 패배 이후에는 게르만적 테마가 비교적 더 흔히 나타났고, 특히 조각보다는 자연적 형식으로 상징화되었다. 기념물 기부의 돋을새김에 로마의 레기온[군단]을 무찌른 고대의 영웅 아르미니우스*(일명 '게르만인 헤르만') 같은 인물이 들어가는 경우도 있었지만, 게르만적 테마는 주로 영웅의 숲과 바위로 표현되었다. 가령 뮌헨 군사박물관 앞에 있는, 전사자를 기념하는 역할을 하는 바위는 "독일의 운명을 표현"하는 것으로 일컬어졌다.[108] 그러나 전쟁 기념물에서는 전쟁 묘지의 설계에 영향력을 미쳤던 그리스도교와 고전의 테마가 여전히 지배적이었다. 두 강력한 전통은 전쟁의 공포를 초월하게 하고 전쟁 경험을 개인적·국가적 이상의 성취로 지시하는 데 거듭 이용되었던 것이다.

전사자 숭배에 나타난 보수성도 눈여겨보아야 한다. 근대적이거나 실험적인 형식은 제안될 때마다, 또는 어쩌다 건설될 때마다 반드시 격렬한 반발에 부딪히고 무효로 돌아갔다. 예컨대 건축가 브루노 타우트는 마그데부르크 시의 전쟁 기념물로 도서관과 독서실을 지었다. 이것은 과거의 전통과 단절하는 지적 발상이었

*Arminius(기원전 18년~기원후 19년). 게르만의 민족적 영웅. 로마의 대군을 격퇴하여 로마 세력을 엘베 강에서 라인 강으로 후퇴시켰다.

고 실패가 예정된 시도였다. 그가 전쟁 기념물로 설계한 커다란 수정 공은 아예 제작되지도 못했다.[109] 에른스트 바를라흐와 케테 콜비츠는 공히 모더니즘적 전쟁 기념물을 설계했는데, 콜비츠의 '기념물'은 지금도 한 군사 묘지에 서 있는 반면 그보다 더 눈에 띄게 전시되었던 바를라흐의 작품들은 언제나 공격을 받았고 결국 나치에 의해 철거되었다. 마그데부르크와 귀스트로의 대성당에 있던 바를라흐의 가장 유명한 전쟁 기념물은 전쟁의 반영웅적 실상을 표출했고, 특히 귀스트로의 기념물은 고뇌와 죽음, 절망을 표상하는 형상들로 구성되었다. 이뿐만 아니라, 비영웅적이긴 해도 관습적 기념물마저 신성 모독으로 비난을 받았다. 가령 뒤셀도르프에 있는 한 기념물은 암울한 표정으로 땅을 기는 두 병사를 묘사했다. 건강한 병사가 부상당한 전우를 돕는 그 모습은 전쟁의 영웅성이 아니라 고통을 표출했다. 이 기념물은 오래도록 공격을 받다가 역시 나치에 의해 철거되었다.[110]

이러한 보수성은 전사자 숭배라는 시민종교의 본성을 그 어떤 사실보다도 잘 드러내는 듯하다. 종교의 예배, 전례는 어느 시기에나 꿋꿋이 변화에 저항한다. 사람들은 전례를 통해 그리스도교의 우주에 들어가며, 전례상의 변화는 필연적으로 그들의 방향감각을 교란하고 신앙을 위협하는 경향을 띤다. 더욱이 전사자에 관한 전례는, 그것이 전쟁의 공포를 전쟁의 영광으로, 또 현재의 절망을 미래에의 희망으로 잇는 다리를 형성했다는 점에서 특별한 긴급성을 가졌다.

2차대전에 이르면 전통적 전사자 숭배와 단절하면서 전쟁 기념물을 없애고 전사자를 더 실용적이고 기능적인 방식으로 기리려는 변화가 나타났지만, 다소 외딴 지역에서는 전통적 전례 형식이 명맥을 이어갔다. 가령 1983년 바이에른의 포킹 마을은 전쟁 기념물을 위한 두 가지 설계 중 하나를 선택하게 되었는데, 하나는 (전쟁의 공포를 경고하는 의미에서) 두 개의 돌기둥이 연결된 추상적 십자가였고 다른 하나는 양손에 참나무 잎을 쥐고 휴식에 든 병사라는 전통적 설계였다. 이 마을은 압도적 다수가 전통적 안에 표를 던졌다.[111] 이러한 전통주의가 2차대전 후 독일의 전원 지역에서만 우세했다고 생각해서는 안 되는 것이, 프랑스 알자스에 있는 한 작은 지역의 시장이 대장장이가 포신을 거대한 꽃다발로 변형하는 모습의 전쟁 기념물을 세웠다가 귀환병들의 분노를 샀기 때문이다.[112] 물론 그러한 지역의 미술 취향은 대체로 보수적이지만, 전쟁 기념물 건축은 교회 건설과 같은 지평에서 바라보아야 한다. 정작 바이에른 마을의 가톨릭교, 프로테스탄트 성직자들은 기념물의 새로운 설계안에 명백하게 반대하지 않았던 듯하지만 말이다.

독일의 전쟁 기념물 설계는 예외적이었을까? 이탈리아의 기념물에도 병사들은 때로 반나체에 근육질 몸통과 공격적 몸짓으로 묘사되었고, 독일에서와 달리 지역의 전쟁 기념물에도 그러한 모습이 나타났다. 그러나 이탈리아는 고전의 전통을 그대로 이어받은 나라이므로, 전쟁 기념물에 근대적 검투사가 등장했다 해도 전혀 놀랍지 않다. 여기에서도 그러한 도상은 전쟁을 남자됨과 남성 전우애에 관한 최고의 시험으로 제시한다. 그렇지만 이탈리아는 독일과는 다르게 죽어가는 병사라는 테마도 자주 묘사했다. 이탈리아와 독일은 공히 반나체의 고전적 청년으로 공격적 남자다움을 상징했다.[113]

고전적 테마는 영국의 기념물에도 나타났으며, 병사는 역시나 남자답고 강인한 모습으로 묘사되었다. 하지만 반나체나 공격적 몸짓은 그리 흔하지 않았다. 예컨대 본 대학의 기념물에 있는 청년처럼 검을 머리 위로 쳐든 병사가 영국에는 전혀 없었다. 그런가 하면, 독일에서와 마찬가지로 영국의 전사자 기념물에서도 검이 총을 대신했고 성 게오르기우스와 용이 등장했다.[114] 프랑스의 경우, 전쟁 기념물에는 인간의 형상이 거의 나타나지 않았고, 드물게 나타날 때는 독일, 이탈리아와 달리 나체가 아니라 옷을 입고 있었다.[115] 프랑스에는 극소수이지만 반전 기념물까지 있었다. 예컨대 그중 하나에는 무기를 들지 않은 병사가 눈에 붕대를 감고 죽어가고 있다.[116] 또 어떤 것에는 어머니가 등장하는데, 이때 그 모습은 독일과 이탈리아의 일부 기념물에 묘사된 것처럼 침묵 속에서 수동적으로 슬퍼하는 어머니가 아니라, 전사한 아들을 굽어보며 비난의 손가락으로 독일군을 가리키는, 분노하는 어머니였다. 하지만 프랑스는 영국과 달리 많은 전사자 기념물에 승리의 형상을 포함시켰다. 전사자 숭배는 승리자와 패배자의 상이한 상황을 반영하고 있었다. 독일에는 반전 기념물도, 분노하는 어머니도 전혀 없었다. 그러한 테마들은 국가를 재생하는 데, 국가가 패배를 극복하도록 새로운 젊음과 에너지, 활력을 고취하는 데 아무 도움을 주지 못했을 것이다.

기념물에는 차이가 있었을지 몰라도, 이 모든 나라가 비슷하게 전사자를 숭배했다. 즉 어느 나라나 그리스도교와 고전을 이용하여 전사자의 남자다움을 익숙한 이미지로 표출했다. 전사자가 맡은 임무도 같았다. 예컨대 독일만이 아니라 프랑스에서도 전사자가 무덤에서 일어나 기적을 행했다. 롤랑 도르줄레스의 유명한 소설 『망자의 각성*Le Reveil des morts*』(1923년)에서 전사자는 프랑스인의 삶에 정의와 도덕성을 회복시키기 위해 되살아난다. 전사자는 이탈리아에서도 죽음을 초월하고 부활한다.[117] 모든 전쟁 묘지와 기념물은 이상적 전사라는, 시대를 뛰어넘는 스테레오타입을 통해 그러한 이념들을 반영하고 있다.

어느 나라에서나 전사자 숭배는 국가의 자기표상에 연결되었다. 내셔널리즘이라는 시민종교는 고전과 그리스도교의 테마 및 향토적 풍경을 이용하여 국가의 이미지를 표출했다. 젊음의 상징성 또한 중유럽과 서유럽 어느 나라에서든 딱히 다르지 않았다. 표현에는 변주가 있었지만 기본적으로 그것들은 공통의 기준계 안에서 작용했다. 패전국 독일에서는 강조점에 변화가 나타났다. 전사자 숭배가 더욱 긴급해지면서 그 초점이 개인과 국가의 즉각적 재생에 놓인 것이다. 더욱이 독일의 전사자 숭배에는 다른 곳에는 대체로 없었던 (용에 대해 나타낸 것과 같은) 야만적 특징이 있었으니, 그것은 전사자 숭배가 제한하기보다는 오히려 강화한 정치적 야만화 과정의 일부였다.

전사자 숭배는 전쟁 경험의 신화의 중심을 이루면서, 전쟁을 다른 초점에서 기억하게 하는 상징들을 신화에 공급했다. 청년들이 전쟁을 모험이나 개인적 성취로 보고 느꼈던 한때의 열광이 전쟁의 실상을 경험한 후까지 지속되기는 어려웠으나, 국가는 전쟁 경험의 신화를 이용하여 그 불꽃이 계속 타오르게 할 수 있었다. 나치는 의식적으로 전사자 숭배와 나치 자체의 순교자 숭배를 중심으로 삼아 그들만의 정치적 전례를 마련했다. 전사자 숭배는 대부분의 나라에서 중요했다. 거의 모든 가족이 구성원 중 누군가를 잃었고, 성인 남성 인구 대다수가 전쟁에 나가 싸우고 소중한 친구를 잃었던 것이다. 하지만 전사자 숭배를 병합하고 그것을 십분 활용할 수 있었던 것은 좌파가 아니라 우파였다. 좌파는 전쟁의 실상을 잊지 못했고 전쟁 경험의 신화에 개입하지 못했으니, 이것이 우파에게는 이득이 되었다. 그들은 수백만 명의 고난을 그 자신의 정치적 목적에 마음껏 이용할 수 있었다. 전쟁 경험의 신화는 전쟁의 공포를 초월하는 데 한 역할을 한 동시에, 내셔널리즘 세력이 전후 독일의 현실을 대체하기 위해 표출하고자 한 유토피아를 뒷받침했다.

6 자연의 전용

I

지금까지 우리의 모든 분석에는 전쟁의 실상을 은폐하는 데 있어 자연이 담당한 중요한 역할이 함께 이야기되었다. 그런데 1차대전에 이르면 전쟁 자체가 자연에 대한 인식을 고조하는 결과를 낳고, 그것이 다시 전쟁 경험의 신화의 불가결한 요소가 되어 사람들의 주의를 근대적 기술과 참호전으로 치러진 이 전쟁의 비인간성으로부터 개별성, 기사도, 공간과 시간의 정복이라는 산업화 이전의 이상들로 돌리는 데 일조했다. 알프스의 산악부대와 플랑드르의 조종사는 눈 덮인 정상과 들판 위로 펼쳐진 푸른 하늘에서 이 변화하는 세계 안에서 불변하는 듯한 것을, 이를테면 '한 조각의 영원'을 도용할 수 있었다. 그뿐 아니라, 자연은 고향의 결백하고 평화로운 삶을 가리키기도 했다. 자연의 이 초월 기능, 이 특수한 아르카디아를 가장 잘 보여주는 예가 『두 세계 사이의 방랑자』에서 작가 플렉스가 친구 부르헤와 함께 참호 바로 뒤, 자연 그대로의 들판에 누워 있는 장면이다. 또 병사들이 전선 뒤편의 연못에서 햇빛을 흠뻑 받으며 멱을 감는 장면은 폴 퍼셀의 말대로라면 영국의 전쟁 문헌에 가장 자주 사용된 이미지였다.[1] 1차대전 전시와 전후에 쓰인 독일의 시와 산문에서도 같은 이미지를 발견할 수 있다.

적의 모습은 거의 볼 수 없는 참호 속에서나, 동유럽의 탁 트인 대평원에서나 병사들은 자연 가까이 살았다. 한 병사가 참호 신문인『녹회색 화보*Die Feldgraue Illustrierte*』(1916년)에 자연과의 이 친근한 관계를 다음과 같이 잘 표현해두었다. "전선을 둘러싼 숲은 흉벽 너머로 돌격하기를 기다리는 병사들과 같은 운명이며, 구름이 해를 가릴 때 소나무들은 그 아래의 병사들처럼 끝없는 고통의 눈물을 흘린다. 선봉의 병사들이 죽음을 맞게 마련이듯 숲도 살해당할 것이다. ……암살당한 숲은 나의 전우, 나의 방책이며 적의 총알을 막아주는 나의 방패다."[2] 거의 정해진 죽음 앞에서 자연과 인간이 서로의 슬픔을 상징한다. 그러나 더 많은 경우, 이처럼 긴밀한 인간과 자연의 동일화는 파멸에 대한 생각을 부활에의 희망으로 바꾸어냈다. 죽음과 파멸의 상징은 희망의 상징이기도 했던 것이다. 예컨대 독일의 한 전사자 기념 카드에는 거대한 까마귀 한 마리가 파괴된 나무 옆에 앉아 있고 그 뒤로 백열의 태양이 후광을 드리운 십자가가 서 있다.

다름아닌 파멸의 한복판에 있는 자연에 손을 뻗고 그것에 일체감을 가지려 하는 이 노력, 즉 인간이 숲을 살해하는 바로 그 순

10. "그대의 영국을 위해 지금 싸움에 나서라.": 이 영국의 모병 포스터는 공장도, 도시도 전혀 보이지 않는 목가적 풍경을 제시한다.

간에 자연을 이상화하는 태도에는 긴 역사가 있다. 유럽에서는 산업화 과정 내내 자연 파괴에 자연 찬양이 수반되었다. 독일청년운동은 부르주아적 산업사회 바깥에서 그러한 사회에 반대되는 개인적인, 또는 애국적인 참된 가치를 찾으면서, 인간과 자연과 국가를 순수함이라는 하나의 관념으로 통합하려고 했다. 1차대전 때 쓰인 자연에 관한 가장 서정적인 글 중에는 전쟁 경험을 그러한 청년운동의 경험에 융합한 것도 있었다. 전시의 이미지들에는 순수한 자연, 전선 너머 아르카디아로서의 자연, 그리고 계곡과 산과 소도시의 퇴적으로 기억되는 '고향'의 상징으로서의 자연이 가득했다. 자연은 전선의 병사들이 받거나 보낸 많은 그림엽서 및 시와 산문의 심상을 지배한다. 그러한 장면들은 모든 교전국에서 우위를 점했다. 예컨대 아르카디아적 풍경을 담은 영국의 한 모병 포스터는 병사들이 싸움과 죽음으로 지켜야 할 국가의 전원적 이미지를 전형적 방식으로 기록하고 있다.(그림 10)

전시 독일에서 가장 큰 인기를 누린 연극 중 하나인 하인리히 길라르도네의 1917년작 〈히아스Der Hias〉('히아스'는 극중 주요 인물의 이름)에서 코러스는 여명에 물든 평화로운 들판과 숲을 배경으로 국가를 부른다. 멀리 마을이 보이고 무대 왼편에는 공장이 있는가 하면, 중앙의 언덕에는 독일의 참나무 한 그루가 서 있고 정원에는 기계가 놓여 있다.[3] 많은 작가와 예술가가 도시 출신이었음에도, 고향 땅은 결코 베를린이나 프랑크푸르트로 그려지지 않았다. 오히려 그들의 작품은 산업화에 맞서는 반란을, 과거 어느 때에나 국가의 자기표상에 동원되었던 '한 조각의 영원'에의 탐색을 반영했다.

자연은 순수함과 슬픔, 부활을 상징하는 한편으로 언제나 불멸성을 상징한바, 그것은 병사가 자연과 공유할 수 있는 특성이자 전시의 희생을 정당화하는 가치였다. 지난 장에서 논한 영웅의 숲은 바로 그렇게 정당화된 희생을 상징화한 장소였다.[4] 결백한 자연에, 나무와 숲이 가진 특별히 독일적인 상징성이 결부되었다. 독일의 향토 사람들은 영웅의 숲을 조성함으로써 전사자를 참되게 기렸다고 했다.[5] 이 기념지는 결백함과 영생뿐 아니라 역사적 연속성을 상징했으니, 영원불변하는 힘인 국가적 과거가 자연의 일부를 이루었고 때로는 기념물의 부지로 고대 게르만족과 연관된 곳이 조명되기도 했다.

전사자는 인간의 불안한 정신에 평정을 가져다주는 것과 똑같은 종류의 환경에서 안식을 찾을 터였다. 〈히아스〉의 주인공은 승리를 쟁취한 후 참나무 숲에 묻히길 원하고, 그의 연인은 그 의미를 다 이해한다. "독일의 아름다운 숲이라면 나도 알지요." 그녀는 이 숲을 죽음이 아니라 "독일의 봄"과 관련짓고[6] 그럼으로써 숲을 부활의 상징, 겨울 뒤에 오는 봄의 상징으로 보는 독일의 저 대중적 문예 전통을 끌어온다. 봄과 부활, 참나무 숲, 국가를 상징하는 자연 등의 관념은 하나의 전통을 형성했고, 이로부터 전시의 자연은 초월적 현실로 이해되며 전쟁 경험의 신화를 뒷받침할 수 있었다.

자연은 모든 나라에서 전사자 숭배에 결부되었다. 이 신화는 근대 내셔널리즘의 반동적이고 과거 회귀적 특성을 한층 강화했고, 전장의 병사와 자연의 친밀성, 즉 자연 그대로의 인간과 인간을 둘러싼 자연의 긴밀한 관계는 적어도 회고의 시점에서는 '순수한' 것으로 파악되었다. 헤르만 뢴스부터 요제프 베너까지, 작가들은 지치지도 않고 이 전쟁이 표면화한 '순수함'의 미덕을 선포했다. 1910년에 뢴스는 이렇게 썼다. "문화란 무엇이고, 문명의 의미는 무엇인가? 그 얇은 널빤지 아래에서 자연은 균열이 생기면 불쑥 터져나오기를 기다리며 도도히 흐르고 있다."[7] 뢴스는 분노가 아니라 찬미의 뜻에서 이렇게 썼다. 독일의 꽤 많은 작가에게 이 전쟁은 그 '균열'을 '수문'으로 바꾸어놓은 사건이었다. 이와 같은 순수성 찬양은 흔히 전우애 찬양과 짝을 이루었다. 이들에게 전우애란 새롭게 태어나 근대적 삶의 편협함과 위선으로부터 벗어났기에 희생의 의미를 아는 남자들 간의 친화성이었다.

영국의 전사자 숭배는 앞서 살펴본 대로 목가적인 것과도 결부되었다. 전쟁묘지위원회의 주요 고문 중 한 사람이었던 프레더릭 케니언에 따르면, 영국군 묘지의 꽃은 본국 전원의 교회 묘지를 재현하면서 정다운 고향을 떠올리게 할 목적으로 심어졌다. 이렇게 다시 한번, 전사자 숭배가 전원의 풍경과 연관된다. 루퍼트 브룩의 가장 유명한 시 중 하나인 「병사The Soldier」(1914년)는 영국을 조국의 강과 태양이 "사랑할 꽃이요 / 배회할 길"로 상징화한다. 하지만 프레더릭 케니언이 위원회에 제출한 보고서에는 독일의 전쟁 묘지 논의에는 없는 사실주의적 태도가 접목되어 있다. 영웅의 숲이라는 발상, 묘지로 알아볼 수 없는 묘지라는 개념은 단호하게 거부된다. 정원은 묘지가 아니었다.[8]

하지만 실제로 영국에서 가장 대중적으로 쓰이게 된 기념물은 양귀비였던 것 같다. 색도 모양도 아름다운 양귀비는 휴전 기념일에 영국의 귀환병 단체인 재향병사회의 수익을 위해 판매되었고 지금도 그렇다. 플랑드르 지역에 널리 퍼져 있던 이 꽃은 전쟁이 파괴한 풍경의 한복판에서까지 꽃을 피우는 듯했다. 1915년에 쓰인 가장 인기 있는 전쟁시 중 하나에도 양귀비가 중요하게 등장한 바 있었다. "플랑드르의 들판에 양귀비들 바람에 흩날린다. 십자가 사이사이에, 열에 열을 지어."[9] 그러나 이 꽃이 참으로 대중화된 계기는 큰 희생을 치른 솜 전투였다. 그곳에서는 잿더미가 된 풍경과 전장의 숨 막히는 진창이 문득 주홍빛으로 활활 타올랐다.[10] 전사자가 죽음과 부활이라는 자연적 순환의 일부가 되었다는 점에서 양귀비의 상징성은 영웅의 숲의 그것에 상응했다. 전형적이게도 독일에서는 전쟁에서의 희생이 꽃이 아니라 나무와 숲과 결부되면서, 영국에는 대체로 부재했던, 역사적 연속성과 뿌리박음이라는 게르만적 역점을 암시했다. 반면, 폴 퍼셀에 따르면 글을 쓸 줄 아는 교양 있는 영국인들이 이 전쟁을 마주한 한 수단이었던 아르카디아적 전통은 국가의 아득한 과거에서 끊임없이 유비를 끌어내야 하는 부담 없이 자유롭게 연주될 수 있었다. 결국, 영국군 참호에도 피고 독일인 참호에도 핀 양귀비가 독일에서는 무시되었다.

전후 독일에서는 백국화의 색이 전례 및 죽음과 연관된다는 이유로 이 꽃을 추모화로 승격하려는 시도가 있었다. 그러나 이 역사적 연관성은 죽음 일반에 대한 것이지 특별히 그 전쟁에서의 죽음에 대한 것이 아니었다. 또한 적십자 등 많은 조직이 각각 상징꽃을 두었어도, 공식 기념일인 '민족 추모일'의 꽃은 끝내 나타나지 않았다.[11] 독일전쟁묘지위원회의 회보는 게르만적 묘지의 '비극적-영웅적' 정신과 영국인이 이용하는 '꽃바다'를 대비하는가 하면, 영국, 미국, 프랑스의 묘지는 영웅적 희생의 기념이 아니라 망자의 정장 사열식에 지나지 않는다고 단언했다.[12] 영웅을 기념하는 행위는 반드시 주변 풍경과의 긴밀한 연관 속에 이루어져야 했다. 다시 말해, 산 자들에게 조국을 위해 죽은 자들이 여전히 살아 있음을 일깨우는 데는 반드시 자연이 참여해야 했다.

죽음과 파멸을 은폐하며 전쟁의 공포를 변용하는 자연의 용도는 싸움이 끝나고 나서 그 진가를 발휘했다. 자연은 질서 정연한 군사 묘지나 영웅의 숲에서도 중요하게 쓰였지만, 과거 전투로 몸살을 앓았던 들판에서는 양귀비가 꽃을 피우는 정도가 아니라 더 광대한 규모의 변형을 이루어냈다. 빅토르 위고는 워털루 전투로부터 32년이 지나서도 그 전투에 쓰였던 참호와 언덕, 벽을 발견할 수 있었다.[13] 그러나 1차대전 후 20년 만에 서부전선을 다시 찾은 R. H. 모트램은 이렇게 외칠 수밖에 없었다. "모든 모습이 돌이킬 수 없이 사라져버렸다." "중년이 되어가는 우리"의 재산인 듯했던 1차대전이 이제 시간의 거리를 통해 낭만화되고 있었다.[14] 자연의 정돈 과정이 그러한 전쟁의 낭만화를 도왔다. 논쟁이 있긴 했지만 결국 그 지역 농민들이 농사를 재개하고 전쟁에 유린당한 풍경을 복구할 수 있게 되었던 것이다. 1930년에 베라 브리튼은 자기 세대가 느낀 전쟁의 비탄과 공포를 젊은이들이 기억하지 못하게 하려는 음모가 목격된다면서 그것을 그림 그리듯 묘사했다. "자연까지도 시간과 공모하여 우리의 기억을 속이려 한다. 풀이 자라 이프르의 포탄 구멍을 덮었고, 과거에 내가 1918년 대규모 후퇴의 부상자들을 간호하던 에타플과 카미에르에는 막사의 흔적이 남은 들판 대신 부지런한 농민들이 가꾼 목초지가 들어섰다."[15]

1920년대 후반에 이프르의 그 유명한 '요철' 지역을 다시 방문한 헨리 윌리엄슨은 과거와 현재를 다음과 같이 대비했다. "푸른 들판은 평평하고, 붉은색 타일에 붉은색 벽돌로 지은 농가가 옹기종기 모여 있고, 저 멀리 지평선으로 희미하게 보이는 촌선村線까지, 이것이 오늘의 요철 지역이다. 그러나 (이곳에서 전투가 벌어진) 당시에 이 몇 마일은 마치 휘젓고 있는 크리스마스푸딩의 성분들처럼 형태조차 없었다." 한때는 폐허 도시였던 이프르 역시 이제 "깨끗하고 새롭고 영국이 혼성되어" 있었다.[16] 전쟁이 끝나고 말끔해진 교전 지대의 이러한 인상에는 그 지역에 점점이 들어선 군사 묘지의 영향도 함께 설명되어야 한다. 전장에 뒤늦게 도착한 순례자들은 그 질서와 잘 가꾸어진 수목과 획일성을 목격했고 많은 이들이 그것을 개탄했다. 오스트레일리아 시드니의 『모닝 헤럴드*Morning Herald*』의 한 필자는 프랑스가 거의 예외 없이, 여문 곡식과 나부끼는 양귀비 아래에 그 상처를 숨겨버렸다고 불만을 표했다.[17] 이것이 호기심 많은 관광객들이 필시 느꼈을 것이고 순례자는 개탄했던 전장의 인상이었다.

독일의 반응은 이와 비슷하면서도 달랐다. 그들이 보기에도 서부전선이나 동부전선의 전장은 말끔하게 정돈되어버린 듯했다. 1926년의 동부전선 관광에 관한 한 기록이 말해주듯, 많은 젊은이가 포탄 구멍과 참호, 황폐해진 숲을 보리라고 기대했다가 실망했다. 이미 시간과 자연이 그 모든 것을 바꾸어놓았던 것이다. 이제 옛 전장의 광경에 "백 배로 몸서리칠" 수 있으려면 스스로 상상력을 동원해야만 했다. 처음에는 전장을 방문하자마자 "죽은 자들과 대화를 나누"지만, 마지막에는 축하가 비탄을 넘어선다. "영웅성과 충성—우리가 이보다 큰 은사를 받을 수 있겠는가?" 이 패전국은 전장 순례를 애국적 목적에 돌린다. 슬픔이 기쁨에 자리를 내주고, 상상 속의 전장은 수확중인 들판의 광경 앞에서 사라진다. 그러나 목가적인 것은 끝내 우리로 하여금 다시 전쟁의 정신을 향하게 한다. 죽은 자들이 봄처럼 소생한다.[18]

이제는 은폐된 전장에 대해 영국 작가들은 그 변화를 극히 개인적 상실로 개탄한 반면, 독일인들은 같은 변화를 애국적 환상을 통해 극복하려는 열망을 느꼈고 국가 공동체가 그 개인적 경험을 흡수했다. 재건된 플랑드르의 들판에 더없이 분명하게 나타났듯, 자연은 질서와 아름다움과 결합함으로써 전쟁의 공포를 은폐하는 데 일조했다. 기념과 극복이 더 쉽게 결합할 수 있음을 의미한 이 새로운 풍경은 전쟁 경험의 신화에 있어 극히 중요한 요소였다.

자연이 전쟁의 실상과 그 수용을 중재하는 데 일조했다고 할 때, 그것은 자연 단독의 작용이 아니라 그리스도교, 고대의 유산, 그리고 다음 장에서 살펴볼 사소화 과정과의 협력하에 이루어진 일이었다. 자연은 영웅의 숲 속과 플랑드르의 들판 위에서 전쟁의 상처를 은폐하는 데, 그리고 싸움과 죽음을 자연의 우주적 리듬에 잇는 뜻깊은 고리를 만들어내는 데 이용되었다. 자연의 중재는 전쟁 경험의 신화를, 영광과 전우애의 기념을 한층 활성화했고, 평범한 삶에 주입된 목적의식이 문득 더욱 비상한 의미로 채워졌다. 이때 자연은 언제나 근대성에서 벗어나는 방향으로, 또한 전쟁 경험의 신화의 불가결한 요소가 될 '순수함'의 정의에 부합하는 방향으로 전용되었다.

II

자연의 전용은 무엇보다도 국가에 혜택을 주었다. 자연과 전쟁의 동일시가 '한 조각의 영원'을 전용했다고 할 때, 그 결과 국가는 정신성을 부여받았다. 신화가 전쟁을 은폐했다고 할 때, 그 은폐 과정의 혜택은 다름아닌 현재와 미래의 국가 및 그 전쟁 경험에 돌아갈 것이었다. 그런데 전쟁 경험의 신화에서 자연의 중재는 한편으로 인간의 지배를 의미했다. 인간은 인간의 희생에 의미를 부여하는 우주의 불변하는 리듬의 일부인 동시에, 자연을 지배하면서 대규모 전쟁과 대중 사회 안에서도 자신의 개별성을 거듭 단언해야 하는 운명에 처해 있었다.

이 전쟁의 신화는 인간의 지배와 개별성에 관한 상징으로 가득하다. 독일의 키프호이저와 같은 '신성한 산'은 오래전부터 그 국가를 상징하고 인간의 의지력과 단순함, 결백함을 가리켰다. 그러나 이제 전시에 산은 무엇보다도 '민족' 및 그 구성원이 가진 도덕심의 회생을 상징했다. 산이 늘 그러한 기능을 한 것은 아니었다. 18~19세기에 산은 개인의 자유를 뜻하는 강력한 상징이었다. 하지만 국가의 해방도 상징하기에 이르렀고, 앞으로 살펴보겠지만 전시에는 바로 이 상징성이 우위를 점했다. 종전 무렵 독일에서 등산은 모종의 내적 경험이자, 국가의 강인함과 순결함을 반영하는 도덕적 처신으로 규정되었다.

독일의 산악회는 등산을 옹호하는 데 그러한 이상들을 내세웠다. 1922년에 에른스트 윙거가 『내적 경험으로서의 전투』라는 책을 썼다면, 2차대전 전인 1936년 독일 알프스클럽은 이 슬로건을 반복하여 '내적 경험으로서의 등산'에 관해 썼다.[19] 전후인 1950년에 이르러서도 등산은 '도덕성과 처신'의 문제로 이야기되었다.[20] 19세기 이래 등산은 국가에 헌신하고 온당하고 고결한 삶을 영위하는 남자의 이미지를 증진했다. 전후 독일에서 책과 영화를 통해 이러한 이상주의를 대중화하는 데 큰 역할을 한 루이스 트렝커*는 자신의 회상록에서 야비하고 볼품없는 사람들은 대체로 등산을 하지 않는다고 했다.[21]

산의 신비는 오스트리아와 이탈리아의 알프스 전선에서 표면화되었다. 그러나 전쟁 후 산의 영광은 패전국 독일에도 퍼져나갔다. 이탈리아는 당연하게도 1차대전 한참 전부터 알프스 부대를 군의 정예로 삼고 산을 "정신성의 가장 순결한 근원"으로 찬미했다.[22] 또 전쟁 직후 이탈리아 알프스클럽은 전형적이게도 등산을 국가의 위대함과 동일시하는 '알프스 애국 선언'을 발표했다.[23] 오스트리아에도 이와 거의 비슷한 연합이 나타났다. 오스트리아 알프스클럽의 지도자는 방공호 속에서도 눈덮인 흰 알프스 정상들을 기억하며 희망을 품었다고 1차대전을 회고했다. 그에게 알프스의 설산은 개인을 대중과 그 물질주의 위로 끌어올리는 엘리트 의식을 상징했다. 산을 정복하는 자는 산의 보호자로서 그 결백함을 지켜야 하고, 이 신전이 모든 것을 팔아 치우는 백화점이 되지 않게 막아야 했다.[24] 눈에 덮인 고지는 '은으로 된 높은 제단'이었고, 그 자체로 한 조각의 영원이었다. 그곳에서 시간은 정지한다. 산을 정복하는 자는 그 답례로 영원이라는 선물을 받는다.

1935년, 저명한 우익 문예비평가이자 역사가인 헤르베르트 시자르츠는 독일알프스협회를 대표하여, 인간은 신화를 추구하며 산은 '민족' 자체와 마찬가지로 위선이나 나약함, 추함이 들어설 수 없는 영원한 공간의 정복을 상징한다고 썼다. 알프스 전선의 전쟁 묘지를 관조하던 시자르츠의 눈에는 "시가지의 쓰레기"로부터 부활하여 웅장하고 자유롭게 하늘을 날아다니는 전사자

* Luis Trenker (1892~1990). 독일의 영화감독, 작가. 오스트리아-헝가리 제국에 속해 있던 티롤 지방 출신으로 1차대전 때 산악부대에서 복무했다. 1921년 아르놀트 팡크의 산악영화에 참여하면서 영화 일을 시작했다. 고결한 자연, 애국적이고 강인하며 아름다운 남성성을 형상화한 영화를 만들었다. 그의 내셔널리즘적 작업은 히틀러의 열렬한 지지를 받았다.

들이 보였다. 여기서 반反모더니즘은 다시 한번 무제한의 자유를 누린다. 신성함에, 우주의 광활한 공간에 즉각 접근하기를 바라는 갈망이 깊고 세차게 흐르고 있는 것이다. 시자르츠에 따르면, 산은 지상의 문화를 멀리 물리친다. 시간이 멈추어 선다.[25] 이렇게 우리는 다시 '순수한 것'으로, 자연을 통한 '한 조각의 영원'의 전용으로, 그리고 정복과 지배를 통한 개인과 국가의 재생으로 돌아온다. 다시 한번, 이상화된 인간이 전면에 나선다. 그는 애국적이고 완강하고 단순하고 아름다운 남자다.

전후 독일에서 이러한 인간형이 영화계 스타 루이스 트렝커와 연관된 것은 결코 우연이 아니었다. 종전 직후의 독일에는 이른바 산악영화가 쇄도했으니, 이는 패전 및 사회적, 정치적, 경제적 혼란에 대한 대선율이었다. 산악영화들은 '때묻지 않은 자연의 아름다움'을 찬양하며 전쟁의 상처가 없는 건강하고 행복한 세계를 제시했다. 베를린의 한 신문은 가장 유명한 산악영화 중 하나인 〈폭풍과 얼음 속에서In Sturm und Eis〉(1921)를 평하면서 산과 빙하, "때묻지 않은 자연의 당당한 장관" 앞에서 오늘날의 현실과 삶의 모든 짐이 왜소하고 사소해진다고 썼다.[26] 흔히 '정결하다'고 일컬어진 이 영화들은 악덕의 고향인 도시와 대조되는 미덕과 결백함을 불러냈다. 아르카디아로서의 산이라는 신화가 가리키는 것은 꽃 피는 들판이나 전원의 교회 묘지가 아니라, 완강함, 지배, 그리고 인간 간, 국가 간의 정복을 함축한 결백함이었다.

1919년에 처음으로 산악영화를 제작하기 시작한 아르놀트 팡크는 루이스 트렝커와 레니 리펜슈탈*을 발굴했다. 트렝커는 곧 자기 영화를 만들기 시작한 반면, 리펜슈탈은 팡크의 작품에서 지

*Leni Riefenstahl(1902~2003). 독일의 영화감독, 사진가. 처음에는 무용가로 활동하다가 여러 산악영화에 배우로 출연한 뒤 직접 영화를 연출하기 시작했다. 나치 전당대회 기록영화 〈의지의 승리〉, 베를린 올림픽 기록영화 〈민족의 제전〉, 〈미의 제전〉으로 세계적 명성을 얻었다. 2차대전 후 나치 부역 혐의로 체포되었으나 재판에서 무죄로 풀려났고, 이후엔 주로 사진가로 활동했다.

대한 영향을 받았다. 이후 그녀는 자연을 인간의 아름다움과 강인함과 동일시한 팡크의 모범을 따라 나치의 기록영화를 제작하게 된다. 특히 1936년 베를린 올림픽 기록영화에서는 인간의 아름다운 몸을 그와 똑같이 훌륭하고 아름다운 자연 위에 투영했다. 1933년, 리펜슈탈은 자신이 산악영화에 기여한 바를 개관하면서 "아름다움과 강인함과 운명"은 하나라고 썼다. 나아가 그녀는 "거칠도록 낭만적인" 푸른 계곡, 고요하고 차가운 산중 호수가 품은 마력, 지독한 고독, 그리고 정상을 정복하려는 영원한 투쟁은 생생하고 열렬하고 아름다운 삶의 자재라고 썼다.[27] 이와 같은 낭만주의와 승리, 투쟁과 지배라는 개념들은 명시적으로는 어떠한 정치적 지향도 없던 산악영화로부터 나치 시대 리펜슈탈과 팡크의 내셔널리즘적 참여로 쉽게 옮겨질 수 있었다. 이 국면의 리펜슈탈 영화에는 시간에 대한 지배를 상징하는 산의 정적이 반드시 나타나며, 이는 지상에서의 불안한 삶과 대비되는 영원의 전용이었다. 리펜슈탈은 이렇게 썼다. "집에서는 우리를 흥분하게 하는 것이 산 위에서는 아무것도 아니게 된다. 산에는 다른 가치들이 군림한다. 전화도, 라디오도, 우편도, 철도도, 자동차도 없다. 그리고 산에서 드러나는 가장 중요한 것, 즉 시간과 더불어 우리의 순수한 삶이 우리에게 돌아온다."[28] 루이스 트렝커도 그와 동일한 이상을 품었고, 그것을 동일한 방식으로 표현했다. "인간은 왔다가 가지만, 산은 머무른다."[29] 실제로, 트렝커가 묘사한 알프스의 전쟁에서는 산의 정적과 그 계곡에 사는 사람들의 고요함이 전쟁의 소음과 대비를 이룬다. 그에게 있어 산의 침묵은 초조한 도시인과는 전혀 다른, 스스로 평화로운 인간을 상징했다.[30] 산사람들, 트렝커의 책과 영화에 등장하는 영웅들은 과묵하고 충성스럽고 정직하고 강인하다. 즉 '알프스 요새'에 사는 이들은 이상적인 독일인에 근접한다. 플렉스의 『두 세계 사이의 방랑자』에서 부르헤 중위의 농민 혈통이 만들어낸 이상도 그것이었다. 부르헤는 산업 문명의 불안이나 유혹과 거리가 멀었고, 그러하기에 국가의 영원한 뿌리를 대변하는 인물이었다.

트렝커의 경우, 오스트리아의 산사람들은 이탈리아 침입자에 맞서 산악전을 펼쳤다. 그것은 '남자 대 남자'의 싸움이었다. 그들의 전쟁은 물자전이 아니라, 기사도가 살아 있는 각개 전투였다. 그러하기에 오스트리아군의 티롤 출신 병사와 이탈리아의 산악부대는 공히 상대에게 경의를 표한다. 이렇게 해서 산악전이 공중전으로 연결된다. 하늘에서도 전통적인, 산업화 이전의 교전이라는 이상을 대변하는 데 기사도 관념이 쓰이면서, 이 전쟁과 근대적 기술을 보다 쉽게 받아들일 수 있게 한 것이다. 공군이자 파시스트의 지도자였던 이탈로 발보는 이에 대해 가장 적절한 표현을 남겼다. "이탈리아는 비행을 통해 옛 기사도를 되찾았다."[31] 전시 및 전후 독일에서는 많은 이들이 하늘의 전투를 기사도와 개별성의 예증으로, 대중에 맞선 엘리트로 찬양했다. 하지만 하늘에서 싸운 이들과 달리, 산에서 싸운 이들은 늘 정치적 엘리트를 자처하지는 않았다. 용맹한 티롤인이 인간과 국가를 통치하리라고 생각한 사람도 없었다. 산악 병사의 과묵한 끈기는 조종사의 대담성과는 달랐다. 그러나 어느 쪽이나 건강한 세계를 표상했고, 어느 쪽에서나 어떤 영원성을 전용하여 근대성에 맞서는 방패로 삼았다.

트렝커 본인의 정치적 견해는 양가적이었다. (1차대전 후 이탈리아에 합병된) 티롤의 국민 해방 투쟁에 헌신하고 나서 그에 관한 영화인 〈반역자Der Rebel〉(1931년)를 만들더니, 1940년에는 나폴레옹에 맞선 대중 반란과 제3제국의 유사성을 암시하는 영화 〈불의 악마Der Feuerteufel〉를 제작했다. 이 영화로 인해 트렝커는 한때 그의 가장 열렬한 찬양자 중 하나였던 아돌프 히틀러의 지지를 잃었다. 총통은 이탈리아에 맞선 티롤인의 반란은 마음 편히 볼 수 있었지만, 대중 반란을 조금이라도 미화하는 것은 두려워했다.[32]

이에 트렝커는 총통의 총애를 되찾으려고 했다. 국가사회주의 계열의 출판사에서 간행된 그의 『라두르너 대위*Hauptmann Ladurner*』(1940년)는 타락한 바이마르 공화국을 무너뜨리고자 하는 일군의 귀환병을 미화한 소설이었다. 트렝커가 국가사회주의에 대해 보인 모순적 태도는 인간의 자유와 국가의 뿌리를 동시에 대변하는 등산의 상징성을 빼닮았다. 그러나 결과적으로 산의 영광이라는 산업화 이전의 심상, 산의 계곡에 살고 그 정상을 오르는 사람들은 자유라는 이상을 제한했다. 명백히도, 산의 신화는 변화 한복판의 안정성, 대중의 물질주의와 반대되는 개인의 가치, 그리고 과거 어느 때에나 내셔널리즘에 의해 찬양된 미덕인 완강함, 투쟁, 정직함, 충성 등을 상징했다. '신성한 산'은 국가를 상징했으며, 전후에는 이 동일화에 특정한 산을 결부할 필요조차 없었다. 흰 눈의 알프스 전체가 그 역할을 맡을 것이었다.

바이마르 공화국 시기에 트렝커가 쓰기를, 청년은 평화주의를 취한 속물적인 평시 독일에서는 더이상 찾을 수 없는 것을 산에서 발견했다. 끊임없는 위험 한복판에서의 싸움, 죽음을 목전에 둔 투쟁, 영웅적 과업, 그리고 힘겹게 쟁취하는 승리가 그것이다.[33] 산의 정복은 전쟁이 끝난 시기에 전쟁을 대체했다. 산의 마력은 결국 이렇게 귀결되었고, 그것이 냉담하고 불안한 전후 세계에 갇힌 그 많은 독일인을 지탱했다.

평지에서나 산에서나 자연은 전쟁의 상처를 덮었다. 트렝커는 그의 가장 유명한 소설 작품일 『불타는 산*Berge in Flammen*』(1931년)과 동명의 영화에서, 전쟁이 산에 새겼던 상처가 어떻게 낫고 있는지 이야기한다. 그러나 플랑드르와 동유럽 대평원의 정돈된 옛 전장을 보고 박탈감을 느낀 이들과 달리, 산악전의 귀환병들은 그러한 변화에 개의치 않았다. 산은 변함없이 강력한 상징이었다. 산은 국가 간에 벌어진 그 전쟁의 의의를 나타내고, 인간이 파악하고 이해할 수 있는 종류의 전쟁을 가리켰다. 결국 상징이란, 사람들이 그것이 표현하는 바를 완전히 파악하기에 앞서 구체적이고 감각적으로 존재해야 한다. 산은 전장의 전차부대보다 훌륭하게 이 상징적 기능을 수행했다.

III

우리는 전쟁 경험의 신화의 한 요소가 된 '산의 정복'과 함께 '하늘의 정복'도 살펴보아야 한다. 1차대전 시기에 비행기는 아직 유아기에 머물렀지만, 1909년의 한 설문에 따르면 프랑스 청년들은 벌써 조종사를 가장 선망하는 직업으로 꼽았다.[34] 항공 조종사는 맨 처음부터 철도 기관사 등 마찬가지로 근대적 기술의 산물을 제어하는 이들과는 다르게 인식되었다. 무엇보다도 하늘을 나는 모험, 속도와 공간의 정복, 조종사의 고독 등 모든 것이 신화에 어울리는 재료였다. 하늘은 신들이 사는 곳이었고 그들은 그곳에서 지상으로 강림했다. 그러한 공간의 정복은 과거 어느 때에나 인간의 신화체계에서 극히 중요한 위치를 점했다. 그 모든 근대적 기술 가운데서도 항공술의 발전은 뚜렷한 엘리트주의를 수반했고, 나중에는 정치화되기에 이르렀다. 1차대전에서는 '하늘의 영웅'으로, 전간기에는 앙투안 드 생텍쥐페리와 찰스 린드버그로 인격화된 것이 바로 이 엘리트였다. 그러나 한편으로 비행기는 사람들이 사용하고 싶어하면서도 삶에서 배제하고 싶어한 근대적 기술에 대한 두려움을 특별한 방식으로 대변했다. 비행을 둘러싸고 조성된 신비, 그리고 조종사라는 근대적 존재는 신화를 근대 기술에 맞게 복원했다. 조종사는 영혼도, 인격도 없는 근대성의 잠식에 맞서 국민과 국가를 지키는 엘리트였다.

1892년, 막스 노르다우는 인간을 불안하게 하고 인간의 우주관을 왜곡하는 신경 약화의 주범으로 철도 여행을 지목했다. 그에 따르면, 그 모든 정치적, 과학적 진보를 가능하게 했던 부르주아적 질서인 명료한 생각과 청결한 생활이 새로운 환경에, 시간의 새로운 속도에 끊임없이 적응해야 하는 상황에 의해 파괴될 조짐을 보였다.[35] 비행기는 인간으로 하여금 숨겨진 공간을 정복하고 신들에게 도전할 수 있게 한다는 점에서 분명히 기차보다도 더 위험한 기술이었다. 그러나 비행은 세계의 신화를 해체하지 않았다. 도리어 자연과 국가, 그리고 그 수호자인 이른바 자연의 정예에 관한 신화들을 발전시켰다. 하늘의 영웅은 에다Edda*의 전사와도 같고[36] 역시 하늘에서 싸운 게르만 전설의 신과 영웅과도 같다고들 했다. 신화를 만드는 인간이 조종간을 잡고 있는 한, 이 새로운 기계가 조종사를 떨쳐내고 미답의 공간으로 돌진할 염려는 없었다.

비행기는 독일이 아닌 프랑스에서 처음으로 국가 구원의 상징이 되었다. 1871년 프로이센군이 파리를 포위했을 때, 강베타는 기구를 타고 파리를 빠져나가지 않았던가? 그렇다면 "공화국의 승천"이라는 발상이 기구에서 비행기로 옮겨간 것도 당연한 일 아니었을까? 1차대전 이전 프랑스의 아동문학에서 비행기는 국가의 안보와 독일에 대한 '보복'을 상징했다.[37] 물론 독일 역시 비행에 매료되었고 등산과 마찬가지로 항공술이 국가적 신비가 되었지만, 전쟁 전 이 나라는 함대에 몰두했고 비행기는 그다음 문제였다. 독일인은 비행을 주로 단순한 모험이나 스포츠로 여겼다.

그래도 조종사는 곧 거의 모든 나라에서 새로운 엘리트를 상징하게 되었다. 1909년 루이 블레리오가 영국 해협을 건넜다는 소식에 H. G. 웰스는 자연의 민주주의가 최후를 맞이했다고 선언했다. 이제부터는 자신의 지식과 담력, 용기를 증명해낸 이들이 선두에 나설 수밖에 없었다.[38] 조종사는 1차대전 한참 이전부터 신비로운 영기에 둘러싸였고, 비행기 조종은 기술적 능력이기보다 도덕적 성취로 여겨졌다.

* 게르만 신화의 원형이라 할 고대 북유럽의 서사시. 아이슬란드의 시인이며 역사가인 스노리 스툴루손(1179~1241)이 정리한 『산문 에다』를 통해 널리 알려졌다.

자연의 위험에 맞서는 비행기의 투쟁은 기술의 탁월함이 아니라 조종석에 앉은 인간의 도덕적 특질에 달려 있다는 생각은 독일에만 국한된 특별한 인식이 아니었다. 이 '새로운 인간'은 국가의 가장 훌륭한 모든 것을 상징했다. 스티븐 그레이엄이 종전 3년 후에 쓰기를, 보병들은 비행기에서 단순한 기계적 고안이 아니라 물질에 대한 인간의 승리를 보았다.[39] 이 승리를 쟁취한 것은 "하늘의 기사"였으니, 이 전쟁에서는 이처럼 조종사의 도덕적 특질에 흔히 중세의 기사도라는 이미지가 결부되었다. 여기에서도 현실은, 자연의 정복을 통해서만이 아니라, 전쟁 기념물에서 검이 소총을 대체한 것과 같이 중세적 이상을 불러냄으로써 은폐되었다.[40] 아래에서는 건잡을 수 없는 전투가 벌어질 때 조종사는 하늘에서 홀로, 일대일의 싸움을 벌인다는 사실은 항공과 기사도의 육박전 사이의 고리를 연상하게 했다.[41]

하늘의 기사는 산악부대와 마찬가지로 충성스럽고 정직하고 완강했지만, 산의 전사들보다도 훨씬 더 적에게 경의를 표했다. 1차대전 독일 공군의 가장 유명한 '에이스' 중 한 사람인 오스발트 뵐케는 싸움에서 죽은 용맹한 적에게 경례하기 위해 적의 전선을 넘어 낙하산으로 화환을 투하했다. 뵐케만이 아니라 영국과 프랑스의 조종사들도 비슷한 방식으로 상대 독일군을 기렸다. 또한 비행기가 격추당해 생포된 조종사는 포로가 되기에 앞서 그 지역 비행 편대의 환대를 받는 경우도 많았다.[42] 훗날 나치의 항공대는 뵐케가 방어할 능력이 없는 적은 절대로 공격하지 않았다고 자랑스럽게 단언했다.[43]

근대전은 이 같은 기사도적 심상을 통해, 검과 각개 전투가 기관총과 전차를 대체하는 더 행복하고 더 건강한 세계에의 갈망으로 동화, 통합되었다. 하늘에서 싸우는 조종사에 관한 한, 개별성과 기사도는 신화와 현실에서 공히 살아남았다. 에릭 리드가 적절하게 지적했듯, 비행에 함축된 이 개별성으로 인해 조종사들은 내성적 성격을 띨 수밖에 없었다.[44] 그렇지만 하늘을 나는 행위에는 지상의 전투를 저 높이서 관찰하는 자리를 차지하는 것 이상의 의미가 있었다. 비행은 하늘의 정복, 영원의 모방을 뜻했고, 그것은 결국 다시 저 산업화 이전 시대를, 결백함과 아르카디아를 가리켰다.

조종사가 근대성에 맞선 싸움을 상징했다고 한다면, 그들은 1914년에 국가의 깃발 아래로 달려간 의용병들의 신화에 충만했던 바로 그 전우애와 청년의 열광을 대변하는 존재이기도 했다. 전시 독일은 백전노장의 조종사들이 마음은 여전히 소년이라고 단언했다. 그들의 전우애는 독자적이었다.[45] 국적에 관계없이 모든 조종사는 장교 계급이었고, 징집병은 전혀 없이 전원 자원병이었다. 또한 항공대에 선발된 의용병은 통상 지상 전투에서 먼저 수훈을 세운 이들이었다. 전형적이게도, 프랑스와 이탈리아의 꽤 많은 조종사가 알프스 정예부대 출신이었다. 즉 이들은 실제로 전군의 정예였다. 의용병 정신이 투철하고, 전투에서 능력을 증명했으며, 사실상 계급의 평등을 누린 조종사는 청년답고 용맹하고 열광적인 전우 관계를 형성했다.

이러한 특질들은 근대 세계에서 수세에 몰린 미덕들에도 결합했다. 악인은 등산을 하지 않는다고 했다면, 덕인, 즉 용감하고 정직하고 충성스럽고 정결하며 더 높은 대의를 위해 목숨을 희생하려 하는 사람은 하늘을 지배했다. 외면의 생김새가 내면의 미덕을 나타내기도 했다. 뵐케의 전기 작가는 그의 두 눈이 강철처럼 파랬다고 강조하며 그의 정직함과 결단력을 증언한다.[46] 이 말쑥한 젊은이들의 기사도에는 대중에 대한, 퇴화하고 나약한 모든 것에 대한 경멸이 들어 있었다. 그들은 새로운 게르만 기사단을 상징했다. 그러나 이와 동시에 그들은 에른스트 윙거가 참호에서 그 출현을 목격한 '새로운 인종'을 또다른 모습으로 대변하고 있었다.[47] 전시와 전후에 참된 남자다움의 이미지가 된 그런 스테레오타입 말이다.

공중전을 묘사하는 데는 기사도적 이미지와 더불어 사냥의 은유가 흔히 쓰였다. 독일의 가장 유명한 에이스 비행사였던 만프레트 폰 리히토펜은 그의 회상록에서 끊임없이 전선을 '사냥터'에, 자신을 사냥꾼에 비유한다. 실제로 리히토펜은 원래 사냥을 좋아했고 하늘에서의 사냥중에 시간을 내어 꿩 사냥을 다닐 정도였다. 사냥의 이미지는 공중전을 가장 귀족적인 스포츠로 연결했다. 평화 시절에는 그 시대 엘리트가 즐기던 취미를 전쟁의 시절에 새로운 엘리트가 이어간 것이다. 하지만 리히토펜은 신중하게도 자신이 '전쟁에서 느끼는 즐거움'을 여타 스포츠와 구별했다. 비록 기사도가 우세하긴 했어도, 공중전은 인간인 적을 죽이는 데 목적을 둔 사냥이었다.[48] 스포츠라는 공중전의 은유는 독일인보다는 영국인이 자주 활용했다. 독일보다 영국에서 훨씬 더 뿌리가 깊었던 페어플레이의 이상은 거의 모든 조종사를 배출한 엘리트 사립학교의 불가결한 교육 요소였다. 공중전을 사냥에 빗대고, 그로부터 조종사와 비행기를 기수와 말에 빗대는 비유는 비행에 인간적이고 익숙한 차원을 부여했다. 이렇게 또다시 기술은 초월되었고, 이 초월을 통해 전쟁은 보다 쉽게 대면되고 용인될 수 있었다.

공중전은 기사도와 용기의 시험이었으며, 모든 국가의 에이스 조종사는 사냥꾼다운 대담성을 전시하며 '개미 같은 대중' 앞에 본보기를 세웠다. 전시와 전후의 항공문학에는 '하늘의 선장'이 초조함과 시간의 분주함을 멀리 물리쳤다는 주장이 가득했다. 이렇게 우리는, 영원을 침묵과 안정성과 전우애, 자기희생에 전용했던 산악부대의 상징성으로 되돌아온다. 비행의 신비를 1차대전에서 2차대전으로 이어간 앙투안 드 생텍쥐페리는 조종사가 "우주적 척도"에서 판단되어야 한다고 역설했으니, 농부가 자연의 신호를 읽듯 비행사는 세 가지 "근원적 신격"인 산과 바다와 천둥을 자기 안에 수신한다는 것이다.[49]

생텍쥐페리의 『인간의 대지*La Terre des hommes*』(1939년)는 비행

의 신화를 두려움 없는 죽음, 청년의 열광, 의무의 완수, 그리고 전우애로 요약했다. 그는 자신을 민주주의자라고 밝혔지만, 사실 생텍쥐페리는 산업화 이전 가치들의 형이상학적 차원을 강조하고, 물질적 재화의 획득을 비난하고, 1차대전 조종사들의 그것과 똑같은 엘리트주의를 은연중에 찬양했다.[50] 그의 책이 프랑스와 영국, 미국(모두 의회민주주의 국가)에서 누린 대단한 인기는 신화와 국가적 통솔력에 대한 갈증의 결과였다. 찰스 린드버그의 삶과 생각은 비행의 신비가 국가의 목적에 돌려질 수 있음을 보여주는 좋은 예시를 제공한다. 그가 열거한 65가지의 도덕적 특질[51]은 부르주아적 미덕 및 모험과 기사도의 정신을 함께 요약하고 있었으며, 그 자신이 비행사로서 대변한 도덕적 특질들은 미국의 엘리트 계층이 쇄도하는 이민자 무리에 맞서 보호하고자 한, 특수한 미국적 미덕으로 규정되었다. 이렇게 미국에서는 비행의 신비가 전적으로 앵글로색슨적이고 대체로 비민주적이었던 엘리트와 결부되었다. 무솔리니는 비행은 정신적 귀족의 자산이라는 단언으로 비행사의 신화를 요약했다.[52] 악인은 산을 오르지 않는다고 했다. 그렇다면 악인은 하늘을 정복할 수도 없다고 덧붙일 수 있을 것이다.

신록의 들판과 정돈된 풍경이라는 자연, 준험한 산악이라는 자연, 푸른 하늘이라는 자연까지, 자연에 대한 이 모든 인식은 죽음과 파멸을 은폐함으로써 전쟁을 위장하면서, 전쟁을 더 쉽게 받아들일 만하게 만드는 데 한 역할을 했다. 자연은 전쟁의 소요 한복판에서 침묵과 휴식과 영원한 가치를 제공했다. 그러나 한편으로 자연은 행동을 상징했다. 모험, 정복, 지배, 그리고 최종적 승리를 말이다. 그리고 그처럼 의미와 목적이 있는 목표들을 발전시킴으로써 전쟁의 실상을 한층 더 위장했다. 독일에서는 이러한 자연의 상징성이 전쟁에서의 상실을 중요하지 않은 것으로 만드는 데 일조했다. 즉 산과 하늘은 변하지 않는 생명력으로 존재했고, 그와 더불어 정복과 지배를 통해 자신의 미덕과 남자다움을 표현하고자 하는 인간의 갈망 역시 달라지지 않았다.

산의 신화와 산의 영광은 먼 과거에 뿌리를 두고 있었다. 1차대전 무렵이면 등산은 이미 대중적 스포츠였고, 조종사는 그 10년 전부터 선망의 대상이었다. 자연이 1차대전에서 그 상징적 기능을 수행할 수 있었던 것은 모든 나라에 그러한 전통이 존재했기 때문이다. 그러나 이 전쟁을 통해 자연이 과거 어느 때보다 긴밀하게 내셔널리즘에 묶이고, 유럽의 우익 정파에 의해 쉽게 병합된 정치적 엘리트주의에 묶였다는 점에서, 이 전쟁은 그러한 신화들에 새로운 관련성과 새로운 정치적 차원을 부여했다.

우리가 지금까지 살펴본 대로 자연은 다양한 목적에 쓰였지만, 자연의 신화들은 하나같이 미래가 아닌 과거를 가리켰다. 인간은 '영원'과 '불변성'을 대개 지난날의 이미지와 관련짓는다. 그러한 과거 회귀적 신화들은 승전국에서는 비교적 무해했으나, 이탈리아에서는 파시즘을 보강하는 데, 독일에서는 내셔널리즘이나 '민족주의'의 이념을 정당화하는 데 일조했다.

노스탤지어가 지배라는 목적과 결합했을 때, 아르카디아는 결백하지도, 무해하지도 않았다. 플렉스와 함께 전선 너머의 햇빛 가득한 연못과 자연 그대로의 들판에서 즐거운 시간을 보낸 바로 그날 저녁, 부르헤는 자신의 검을 살피면서 이렇게 말한다. "친구, 이거 정말 아름답지 않아?"[53] 트렝커와 리펜슈탈은 미덕과 침묵을 한껏 찬양하면서도 그러한 내향성을 지배 목적에 연결했다. 그와 똑같은 미덕을 부여받은 조종사는 하늘을 정복하고 인간 사냥꾼이 되었다. 확실히, 영원과 미덕의 이러한 쓰임새는 전간기 극우파와 그들의 믿음을 앞서 가리키고 있다. 그들은 오직 정적政敵을 무너뜨리거나 열등한 인종을 추방함으로써만 영원을 전용할 수 있고 미덕을 보전할 수 있다고 믿었다. 내셔널리스트들은 자연이 상징하는 불변성과 미덕은 다른 모든 입장과는 무관하다며 그에 대한 자신들의 독점권을 주장했다. 런던 인근의 뉴포레스트를 거닐며 자연에게서 애국주의와 평화주의를 함께 껴안으라는 감화를 받은 베라 브리튼이 과연 전간기 독일에도 존재했을까?[54]

가정에서나 참호 속에서나 일상과는 다른 차원으로 옮겨진 전쟁 경험은 인간의 정신을 신화적 과거로, 시간을 멈춰 세우는 '순수함' 쪽으로 돌렸다. 그러나 전쟁 경험을 대면할 수 있는 방법은 자연을 통해, 전사자 숭배를 통해, 또는 전우애의 기억을 통해 현실을 초월하는 것만이 아니었다. 사소화라는 평범한 방법 또한 전쟁의 독소를 제거할 수 있었다.

7 전쟁 경험의 사소화

공적 차원의 전쟁 기념은 과거 어느 때에나 사람들의 정신을 고양하는 역할을 했던 종교와 자연이라는 힘들을 전용했다. 그러나 전쟁의 기억은 전쟁이 두렵고 경악스러운 것이 아니라 시시한 것이 되도록 그 규모를 알맞게 재단하는 '사소화' 과정을 통해서도 전용되었다. 1차대전 전시와 전후에, 문진으로 쓰인 포탄이라든가 유보트 모양의 하모니카, 힌덴부르크 쿠션 따위의 각종 사소한 물건은 어떤 정해진 목적을 충족했다.(그림 2. 본문 15쪽) 이와 같이 즐거운 기억, 또는 적어도 두근거리는 기억을 간직하려는 목적에 사소한 물건을 이용하는 것은 새로운 일이 아니었다. 과거 어느 때에나 사람들은 그러한 방법으로 무언가를 기억하는 동시에 그 기억을 통제했다. 중간계급은 물론 노동계급도 집 안에 장식품 겸 기념품인 잡동사니를 두었다. 전시에 한 비평가는 그러한 소품을 "불합당한 기억"이라고 일컬었다. 평시에 비둘기와 심장 문양으로 드레스를 장식하던 것마냥 철십자가와 포탄을 이용하고 그로써 전쟁 경험을 격하한다는 것이었다.[1]

전쟁의 사소화 과정은 아직까지 조사되지 않은 주제다. 그것은 전쟁의 실상을 (초월하지는 못해도) 위장하고 통제하는 또다른 방법이었고, 그로써 전쟁 경험의 신화를 뒷받침했다. 사소화는 전쟁을 찬양하고 미화하는 대신, 익숙한 것으로, 사람이 자신의 힘으로 선택하고 지배할 수 있는 것으로 만듦으로써 전쟁에 대처하는 방법이었다. 사소화는 단순히 저급한 미술품이나 문학만이 아니라 그림엽서, 장난감과 놀이, 전투 현장 관광 등에도 나타났다. 사람들은 자기만의 자유의지로 마음에 드는 물건을 고르고, 개인적 의미가 있거나 최소한 아름답거나 재미있다고 여기는 물건을 선택한다. 이는 엽서를 보낼 때도, 놀이를 할 때도, 극장에 갈 때도 마찬가지다.

1916년 독일에서 적십자사의 후원으로 열린 전시 〈전쟁, 민족, 그리고 예술Krieg, Volk und Kunst〉에는 전쟁과 그 사소화 과정의 면면을 보여주는 인상적인 소품 카탈로그가 전시되었다. 그 안에는 최고 군사 훈장인 철십자가 들어간 바늘방석, 성냥갑, 박하사탕 포장지가 수록되어 있었다. 담뱃갑에는 참호가 재현되었고, 군복을 입은 병사들이 잉크스탠드나 욕조에서 가지고 노는 인형으로 만들어졌다. 이 목록은 포탄, 탄약통, 철모를 일상에서 활용하는 방법도 소개했다.[2] 전후에는 옛 전장을 찾은 순례자나 관광객에게 이러한 소품이 많이 팔렸다.

이 전시물에는 "전쟁 시기 저속한 취향의 증거"라는 딱지가 붙어 있었고, 전쟁 시기 전체에 걸쳐 그러한 사소화를 전쟁이라는 주제에 가당하지 않은 것으로 규탄하려는 노력이 이루어졌다. 그렇다고 그러한 물건들의 대량생산이 중단되지는 않았다. 과거 어느 때에나 대중문화에서는 성과 속이 분리되지 않았다. 이 전시는 그 마지막 공간을 전사자를 고상하게 기리는 방법에 할애했다는 점에서, 신성한 것과 사소한 것을 맞붙였다. 전쟁의 사소화가 전사자 숭배를 위협할 수 있다는 이 같은 인식은 아마도 우리가 앞서 살펴본, 전쟁 묘지 기념물 및 묘비의 대량생산에 대한 반발을 부추겼을 것이다.[3]

전쟁은 여가 시간에도 기념되었다. 각종 실내 놀이에 전쟁 테마가 나타났다. 프랑스에는 보드게임에 정치적 논란을 반영하는 오랜 전통이 있었다. 예컨대 1871년에 독일에 패배한 뒤 '거위 놀이'는 주사위가 비스마르크 등 프로이센 사람 위에 멈추면 벌금을 물렸고, 세기 전환기에는 반프리메이슨적이고 반유대주의적인 보드게임이 고안되었다. 이러한 놀이는 주사위판의 그림을 그때그때 상황에 맞게 쉽게 바꿀 수 있었기에 프로파간다 목적에 안성맞춤이었다.[4] 가령 1차대전 때 '형벌'이라는 보드게임에서는 프랑스를 상징하는 마리안*이 손에 단검을 쥐고 빌헬름 2세를 뒤쫓았다. 직소 퍼즐도 이 소동에 합류하여, 루시타니아호 침몰 사건†부터 독일군이 프랑스 소년을 (나무로 된 소총을 들고 있었다는 이유로) 저격한 사건, 1914년 독일의 프랑스 침공(한 독일 병사가 마리안을 뒤쫓는 모습으로 상징화되었다)까지 온갖 장면을 묘사했다.[5] 이러한 정치적 보드게임은 당연히 다른 나라에도 존재했겠지만, 프랑스에서는 특히 인기가 높았던 듯하다.

사람들이 이러한 놀이를 이용하여 전쟁을 더 쉽게 대면했을 수도 있지만, 일상생활에 존재했던 다른 소품들에 비하면 놀이의 중요성은 그리 크지 않았다. 가장 중요한 사소화 도구 중 하나는 그림엽서였다. 엽서는 편지의 시대에도 주요한 의사소통 방식이었고, 흔히 후방과 참호를 잇는 유일한 연락 방법이었다. 이 전쟁의 이미지를 가장 효과적으로 표출한 것도 바로 엽서였다. 일단 수량부터 어마어마했다. 그림엽서는 1870년 베를린에서 처음 나타난 듯하고[6] 그 즉각적 성공은 유럽 전역에서 반복되었다. 실제 인쇄된 엽서의 수를 알아내기는 쉽지 않으나, 프랑스에서만 1910년

*Marianne. 프랑스혁명으로 탄생한 공화정을 상징하는 여인상. 고대 그리스·로마의 도상에서 차용한 것으로, '자유'로 대변되는 프랑스의 가치를 나타낸다. 마리안의 이미지는 동전과 우표는 물론이고, 들라크루아의 〈민중을 이끄는 자유의 여신〉 같은 회화, 자유의 여신상 같은 조각 등에 폭넓게 활용되었다.

†1차대전이 한창이던 1915년 5월 7일, 영국의 여객선 루시타니아Lusitania호가 독일 잠수함의 어뢰에 격침된 사건. 당시 희생자 중에는 미국인도 다수가 있었고 이로 인해 미국 내 반反독일 여론이 고조되었다.

한 해에 1억 2,500만 장이 발행되었다고 하고[7] 전쟁 기간 독일에서는 한 달에 900만 장이 인쇄되었다고 한다.[8] 이 초기의 엽서는 대부분 삽화를 썼다.[9] 이어 에칭과 사진도 쓰이게 되었지만, 실사 사진을 쓰는 경우는 전후까지도 드물었다. 엽서는 주로 정교한 장식, 채색 드로잉, 도해를 곁들인 시 구절이나 유명한 격언 등으로 전쟁의 대중적 이미지화에 재료를 공급했다. 전투 장면부터 아름다운 여인의 초상까지, 면밀하게 연출된 사진도 쓰였다. 한마디로 그림엽서에는 전쟁의 거의 모든 면면이 반영되었다.

2차대전 이전의 엽서에는 정도 이상으로 사실적 사진이 거의 사용되지 않았다는 것은 우리의 주제에 중요한 의미를 가지는데, 그편이 전쟁의 표상을 연출하고 조작하기가 더 쉬웠다는 점에서 그러하다. 전쟁 경험의 신화는 전쟁을 건전화하고 감당 가능한 것으로 묘사한 엽서들을 통해 한층 발전했다. 이 책에 수록된 도판 대부분이 전선의 병사들이 받거나 보낸 그림엽서에서 가져온 것이다. 수효가 방대하고 종류가 다양한 탓에 그 전부를 범주화하기는 불가능하나, 몇몇 인상적 특징이 눈에 띈다. 일단, 참호에 당연히 존재했을 사망자나 부상자를 묘사한 그림이 없다. 죽음은 거의 그려지지 않으며, 혹 그려진다 해도 그것은 고요하고 평온한 죽음이다. 전투중의 영웅적 죽음은 엽서보다는 도해가 있는 잡지에 재현되어 있다. 가령 1915년 이탈리아의 한 신문은 영웅 주세페 가리발디의 손자인 브루노 가리발디가 적을 공격하다 사망했을 때 그 사건을 상상화로 그려 게재했다.[10] 이에 비해 엽서에 더 자주 등장하는 부상병 역시 그들의 상처는 대개 가볍고 피를 철철 흘리는 법도 없이 붕대에 잘 감겨 있다. 게다가 그들은 흔히 그를 걱정하는 전우나 자비로운 간호사의 보살핌을 받고 있다. 하지만 1918년에 상이군인을 위한 루덴도르프 장군 기금을 지원하기 위해 발행된 독일의 엽서는 팔이나 다리가 잘린 병사들이 밭을 갈거나 씨를 뿌리거나 꽃이 핀 나무를 심는 모습을 보여주었다. 때로는 천사 같은 여인이, 어떤 그림에서는 두 손을 뻗은 숲으로 상징화된 '민족' 전체가 그들을 도왔다.[11] 봄철의 자연이 희망의 상징으로 동원되었다. 전쟁 사상자 관련 조직을 지원하는 엽서는 아무래도 그러한 주제를 기피할 수 없었을 것이다.

부상자들은 희망의 상징에 둘러싸인 모습으로 나타난 반면, 전사자들은 변용되었다. 여기서 전쟁 경험의 신화는 자연과 그리스도교의 테마를 가장 기본적이고 대중적인 수준에서 끌어들였다. 전선의 무덤을 바라보는 그리스도의 모습을 담은 엽서가 드물지 않았고, 이탈리아에서는 레디푸글리아 군사 묘지에 있는 프레스코화에서 그러했듯 전시의 엽서에서도 전사자는 그리스도의 품안에서 쉬었다.[12] 그러한 장면의 배경은 대개 텅 비고 말끔히 정돈된 전장이나 신록의 자연이었다. 자연은 희망을 상징하는 데만이 아니라 평온함을 조성하고 불안과 두려움을 달래는 데도 거듭 이용되고 있으니, 이는 전쟁 묘지에서도 자연이 수행한 기능이었다. "쓰러진 전우"라는 제목이 붙은 독일의 한 엽서(그림 11)는 자연의 이 기능을 완벽하게 예시한다. 죽은 병사가, 몸에 생채기 하나 없이, 숲속에, 아름드리나무 옆에, 돌을 베개 삼아 누워 있고,

11. "쓰러진 전우": 독일의 그림엽서.

그의 충직한 말이 곁에 서 있다. 죽음이 진짜 영웅의 숲 속에서 취하는 평온한 잠으로 그려지고, 충직한 동물(죽음의 대중적 재현에 흔히 쓰인 테마)이 정취를 완성한다. 이러한 죽은 전우의 재현은 자연의 중재력, 그리고 전사戰死의 정돈됨과 평온함이라는 익숙한 테마들을 강조하는 동시에, 그 감상성을 통해 그것들을 사소화한다.

이탈리아의 산악부대에 관한 문헌이나 전후 독일의 몇몇 영화가 인간의 자연 지배를 변호하는 듯했다면, 이와 달리 엽서에 담긴 자연은 평화와 평온함을 상징했다. 하지만 풍경 속의 나무 그루터기들과 같은 파괴된 자연을 보여줌으로써 참호의 실상을 재현하려는 시도도 있었다. 그러한 파멸의 장면은 병사들 자체를 건드리지는 않았다. 예컨대 한 엽서에서 병사는 파괴된 풍경 속에서 손으로 만든 벤치에 평화롭게 앉아 있다.[13] 그림엽서에 담긴 파괴된 숲은 평온한, 거의 정막하기까지 한 분위기를 표출한다. 그러한 장면은 슬프지만 공포를 일으키지는 않으며, 어쩌면 그러한 대비로써 오히려 자연에 관한 더 전형적 묘사, 즉 희망과 아름다움으로 가득찬 심상의 의의를 한층 고조했을 수도 있다.

자연의 장면이 전달해야 했던 행복함과 평온함은 참호 자체를 그린 엽서에도 나타났다. 예컨대 독일의 방공호는 맥줏집과 비슷한 분위기였다. 행복한 병사들이 술을 마시며 떠들고 있는 모습에 "우리는 굴하지 않을 것이다. ……왕과 조국을 위해!"라는 설명이 붙어 있다.(그림 12) 이처럼 조악한 현실 은폐는 예의 그 정돈 과정을 한 단계 더 밀고나간 것이었다. 이 엽서에는 문학적 등가물이 있었다. 전선을 방문한 러디어드 키플링은 병사들이 적의 목소리가 들리는 거리에서 저녁 식사를 하는 모습을 보고 "맛있는 음식 냄새가 참호를 가득 채웠다"라고 썼다. 요약하자면, 그는 전선의 저녁 식사에서 피어오르는 냄새에서 "스튜와 가죽, 흙과 소총 윤활유의 냄새들이 뒤섞인 너무도 건전한 향기"를 맡았다.[14]

12. 참호 안 방공호의 맥주 파티를 보여주는 독일의 그림엽서:
다음과 같은 설명이 달려 있다. "우리는 굴하지 않을 것이다. 우리의 방공호에서 크고 선명한 메시지가 들릴 것이니, 주님과 함께 왕과 조국을 위해!"

독일의 인기 작가 루트비히 강호퍼도 전선을 방문했다. 그는 비좁고 질척이는 참호를 정확하게 묘사하기도 했지만, 무시무시한 사격 세례에 즉각 고향의 평화로운 사격 축제를 떠올리는 식으로 사실주의적 태도에서 한발 물러났다.[15] 확실히 이러한 묘사는 이미지화를 한껏 자극하는데, 이와 비슷한 예는 얼마든지 찾아볼 수 있을 것이다. 우리가 아는 한, 그림엽서에는 진짜 시체나 고통스러워하는 부상자가 등장하지 않는 것과 마찬가지로 방공호 또한 사실적으로 묘사되지 않았다.

이러한 엽서가 전달하고자 한 평온함은 1915년 전선의 독일군이 '복된 부활절'을 기원하며 보낸 엽서에서 절정에 이르렀다. 그림에는 토끼 한 마리가 숲 근처에서 부활절 달걀을 옆에 두고 앉아 매끈한 풀밭 너머로 참호에서 일렬로 튀어나온 전투모를 바라보고 있다.(그림 13) 무인지대는 어느 정원사가 솜씨를 부린 것마냥 깔끔한 풀밭이다. 전장이 어찌나 평화로운지 부활절 계란이 깨지지도 않았고, 엽서 속 병사들은 자연의 평온한 아름다움을 즐기고 있는 듯한 모습이다. 현실에서는 저렇게 머리를 불쑥 내밀었다간 목숨을 잃을 수도 있었을 텐데 말이다. 여러 사례를 살펴본 지금, 당시 가장 널리 쓰인 의사소통 수단이었던 그림엽서가 전쟁의 실상을 부인함으로써 전쟁 경험의 신화에 기여했다는 사실을 더 길게 논할 필요는 없을 듯하다.

그렇다고 전쟁의 영광이 그림엽서를 지배하는 것도 아니다. 영웅성을 표출하는 실제 장면이 실린 경우는 드물었던 듯하다. 우리의 조사는 임의적이고, 엽서의 수는 방대하고, 사실상 모든 엽서에 병사의 그림이 실렸다는 점에서, 이 모든 진술은 잠정적일 수밖에 없다. 그렇긴 해도, 독일의 엽서에 그려진 개별 병사의 가장 흔한 이미지는 꿋꿋하고 책임감 강하고 쉽게 동요하지 않는 가정적 남자였던 듯하다. 이탈리아의 그림엽서에 인기 있었던 주제인 '고향과 가족을 꿈꾸면서도 자신의 의무를 다하는 병사'는 독일에

13. "복된 부활절": 부활절 달걀을 옆에 두고 참호를 응시하는 토끼. 독일의 그림엽서.

14. 1917년 프리츠 에를러가 독일 전시 공채를 위해 디자인한 유명한 포스터.

서도 쉽게 볼 수 있었다.[16] 전쟁이 진행되면서는 이른바 남자다운 인물이 점점 자주 나타났다. 독일의 이러한 추세는 1917년 프리츠 에를러*에 의해 시작되었다. 그가 디자인한 독일 전시 공채公債 포스터는 에른스트 윙거가 전쟁에서 가능한 모든 공포를 목격한 자는 이제 강철 같은 영혼을 가졌다고 묘사한 저 새로운 유형의 남자를 상징화했다.(그림 14)[17] 몇몇 엽서는 반라의 사나운 '게르만' 영웅을 근대전의 병사로 전치하기까지 했다.[18] 결연한 모습의 병사

* Fritz Erler (1868~1940). 독일의 화가, 그래픽디자이너. 브레슬라우 미술학교를 나왔고, 파리의 쥘리앙 아카데미에서도 수학했다. 1차대전 때 전시 선전 포스터로 명성을 쌓았다. 나치 집권기에는 아돌프 히틀러, 프란츠 폰 에프, 빌헬름 프리크 등 나치 주요 인사들의 초상화를 그리기도 했다.

는 다른 나라의 엽서에도 있었다. 예컨대 이탈리아에는 적을 공격하는 병사들을 보여주는 엽서들이 있었다.[19] 하지만 그들은 독일의 경우만큼 스테레오타입화되지는 않았을뿐더러 비교적 사실적이고 인간적이었다. 영웅적 자세의 병사는 그림엽서보다는 전시공채를 모집하는 포스터에 더 자주 등장했다. 요컨대 1차대전 때 병사의 이미지는, 적어도 전쟁 초기에는 전쟁의 질서와 평온함을 강조하는 편이었다. 가장 흔히 묘사된 병사는 필요 이상으로 흥분하지 않고 신중하게 자신의 의무를 다하는 이웃집 소년이었다. 전쟁은 어딘지 익숙한 것, 쉽게 알아볼 수 있는 것이 되어, 그 공포와 난잡함이 제거된 경험으로 더 쉽게 신화화되기만 했다.

유머를 담은 전쟁 엽서가 담당한 역할은 특별한 관심을 받을 만하다. 그러한 엽서는 1차대전의 가장 경악스러운 사건들을 가볍게 다룸으로써 사람들로 하여금 그것을 통제할 수 있게, 그 규모를 알맞게 재단할 수 있게 했다. 독일에서는 흉벽 너머로 돌격하고, 독가스 공격을 견디고, 수류탄을 던지는 등의 일까지도 재미로 삼은 일련의 엽서가 제작되었다.(그림 15) 다른 나라들도 유머러스한 전쟁 엽서를 발행했다. 1917년 파리 및 프랑스 각지에서 주최된 전시 〈전쟁과 유머 작가La Guerre et les humoristes〉에는 온갖 종류의 포스터와 회화가 등장했다. 그렇지만 이 특수한 유머는 대부분 후방의 시련을 겨냥했지, 독일에서처럼 실제 전쟁 수행을 언급하지는 않았다. 예컨대 이탈리아에서 발견되는 많은 유머러스한 그림엽서 중에는 작은 비토리오 에마누엘레가 커다란 검을 질질 끄는 캐리커처도 있고, 연병장에서 훈련을 하는 병사들을 놀리는 것도 있었지만, 조사된 방대한 사례 중에 실제 전투를 다룬 것은 단 하나도 없었다. 어쨌든 유머는 전쟁을 감당 가능한 사업으로 만드는 데 한 역할을 했다.

비록 엽서에 유머가 나타나긴 해도, 그것은 전쟁 경험의 신화의 주류를 반영하지는 않았다. 의용병의 열광, 1914년 세대의 이

15. “독가스 공격”: 전쟁에 관한 ‘코믹’ 엽서 시리즈 중 하나.

상들, 그리고 전사자 숭배는 유머로 다룰 수 없는 신성한 주제로 여겨졌다. 전쟁에 관한 ‘저속한 취향’과 ‘불합당한 기억’에 반대한 이들은 국민의 사기를 유지하는 수단이 아닌 한, 그러한 유머를 개탄하거나 불편해했다. 유머는 전쟁 수행의 실정을 다루어서는 안 되었고, 그 때문에 거의 언제나 후방을 향했던 것으로 보인다. 하지만 적을 우스갯거리로 삼는 유머는 정당했고 장려되었다.

실제로 적을 겨냥한 유머를 담은 엽서는 넘쳐났다. 예컨대 러시아와 프랑스라는 못된 녀석들이 의로운 독일 청년들에게 엉덩이를 맞는 것도 있었고[20] 적국의 원수를 조롱하는 것도 있었다. 잔인한 유머도 많았다. 이탈리아의 한 엽서에는 우스꽝스럽게 생긴 독일 보병이 한 손으로는 검에 아기를 꽂아 들고 다른 한 손에는 장물 보따리를 들고 있었다. 과연 적을 묘사하는 엽서들은 품위에 관한 모든 관습을 저버렸다. 프랑스의 한 엽서는 철모를 쓰고 남색 행위에 몰두하는 독일 병사들을 보여주었다.[21] 적의 죽음은 (때로는 반역자의 죽음도) 온갖 공포와 함께 묘사되었다. 적의 것이라면 피가 마음껏 흘러도 되었기에 피를 감추는 일도 없었다. 우리는 적에 관한 그러한 이미지가 전쟁의 야만화 과정에 기여한 바를 논할 때 다시 이 그림엽서들을 살펴볼 것이다.

그림엽서는 지금까지 우리가 매달렸던 테마, 즉 자연, 전사자 숭배, 병사와 적의 스테레오타입 등을 빠짐없이 반영하고 있었다. 의사소통 수단으로만이 아니라 일종의 장식품으로도 쓰인(사람들은 그림엽서를 버리지 않고 수집하는 경향이 있었다) 엽서라는 소품은 익숙한 만큼 전쟁을 사소화했다. 하지만 엽서에서 유머와 더불어 전쟁 경험의 신화를 뒷받침한 한 테마는 그 특별한 잔인함으로 우리를 놀라게 한다. 어른의 전쟁에 가세한 어린이의 전쟁이 그것이다.

주로 그림엽서 속에서 치러진 어린이들의 전쟁은 주로 유머와 결백함, 조국에 대한 헌신을 표출했다. 때로는 전통적 '사랑의 전령(사랑 고백을 전달하는 어린아이)'이 간단히 군복 차림으로 나타나 조국에 사랑 고백을 전달했다.[22] 하지만 일반적으로는 놀이하는 어린이와 같은 더 단순한 테마가 쓰였다. 군복을 입은 독일 어린이들이 (때로는 흔들 목마를 타며) 멋지게 싸울 것을 요청한다거나, 프랑스 어린이들이 독일 어린이 한 명을 둥글게 에워싸고 있는 식이었다. 군복 차림의 아이들은 대개 총 대신 검을 들고 있었는데, 이는 현재 진행형의 갈등을 은폐하기 위해 결백함과 기사도가 짝을 이룬 것이었다. 앞서 보았듯, 이 전쟁에서는 근대식 무기를 친숙한 전통에 맞춰넣기 위해 근대식 무기에 중세적 어휘가 활용되었다. 엽서에는 기사의 모습을 한 병사가 자주 등장했다. 심지어 어떤 엽서에는 한 무리의 기사가 갑옷을 입고 검과 방패를 들고 머리에는 철모를 쓰고 싸울 준비를 갖추고 있다.[23] 어린이가 든 검 역시 중세를 가리켰지만, 그것은 빌헬름 시대의 어린이 책에서 발견되는 검의 은유의 연장으로 강인함과 투지를 상징하는 것이기도 했다.[24] 어린이의 전쟁에서 검의 의미보다 중요한 것은 전쟁이 어린이의 놀이로 사소화되었다는 것이다. 물론 이 놀이는 독일 어린이를 에워싸는 정도로 무해하지만은 않았다. 파리의 봉마르셰 백화점은 장난감 코너의 광고에 두 소녀가 (한 명은 검을 들고) 독일군 형상의 커다란 봉제인형을 짓밟는 모습의 그림을 사용했다.(그림 16) 세대 간 연속성의 상징으로서의 어린이도 물론 불려 나왔다. 독일의 가장 유명한 엽서 가운데 하나는 품안의 갓난아기를 어르는 병사 아버지와 그 옆의 군복을 입은 어린 아들(이번에도 검을 들었다)을 보여주었다.(그림 17) 사진이나 엽서에 등장하는 아기는, 적어도 프랑스에서는 거의 반드시 남성이었고, 그들이 태어난 해가 아니라 미래에 징집될 해('1935년도 징집병')로 식별

16. 파리 봉마르셰 백화점의 광고(1919년): "이제는 프랑스 장난감의 시대." 철모를 쓴 봉제인형에 붙은 '독일산'이라는 딱지를 확인할 것. 이는 승리를 이용하는 또하나의 방법이었다.

17. "새로운 징집병들": 독일의 엽서.

되었다.[25] 전쟁하는 어린이의 그림은 하나의 분야로 자리잡았고, 독일의 루돌프 그로스만스처럼 그러한 그림을 전문으로 하는 화가도 있었다.(그림 18)

어린이의 전쟁 동원은 1914년 이전에 시작되었다. 세기 전환기부터 전쟁 발발 시점 사이에 독일과 프랑스에서 쓰인 아동 도서의 표본 약 2,000권에는 전쟁과 전사戰士에 대한 미화가 발견되고, 그것이 실제 전쟁 시기로 이어졌다.[26] 사소화 목적에 쓰인 그러한 이미지와 상징은 전쟁을 성역으로 끌어올리는 이미지, 상징과는 다르면서도 (검의 은유에 나타나듯) 비슷한 어떤 전통 위에 서 있었다. 양자를 공히 특징지은 것은 바로 내셔널리즘이었다.

사소화란 현실을 알맞게 재단하여 사람들을 현실에 길들이는 것을 말한다. 어른의 세계를 모방한 장난감은 사소화 과정을 전형적으로 보여준다. 가령 1860년대에는 병사, 권총, 검, 객차 등 18세기에 존재한 일상생활의 각종 물건에 철도와 전기 엔진, 심지어 현미경까지 합류했었다.[27] 이와 마찬가지로, 1차대전 기간에는 새로 도입된 무기들이 놀라울 정도로 단시간 안에 복제되었다. 예컨대 전차는 1916년 9월에 처음 사용되었고 그 수량도 18대에 지나지 않았는데도, 바로 이듬해 프랑스에서 장난감 전차를 구할 수 있었다. 장난감은 이 새로운 기계전의 장갑차와 지뢰, 위장 군복도 흉내냈다.[28] 가장 인기 있는 전쟁 장난감은 양철 병정으로, 기본적으로 아동용이었지만 어른에게도 인기가 많았다. 이 장난감의 매력은 얼마나 정확하게 병사와 무기를 재현했는가에 따라 크게 좌우되었다. 실제와 비슷할수록 전쟁과 전투를 사실적으로 재연출할 수 있었기 때문이다.

18. 병사가 되고 싶은 자: 1915년에 발표된 루돌프 그로스만스의 석판화. 그로스만스는 군복을 입은 어린이를 묘사한 석판화를 전문으로 했다.(Bildarchiv Foto Marburg의 허가하에 수록)

근대 역사에 최초로 등장한 양철 병정은 아마도 루이 14세의 왕실이 독일에서 수입한 물건일 것이다.[29] 독일은 19세기 후반까지도 그 분야를 거의 독점했다. 영국의 경우에는 1893년에야 프랑스에 지부를 둔 한 회사가 양철 병정을 제작하기 시작했다.[30] 이 장난감은 18세기 후반에 벌써 대량생산되고 있었고, 그때부터 2차대전 후까지 줄곧 전쟁 장난감 시장을 지배했다. 1차대전 한참 이전에는 청년에게 교전을 교육하는 데 양철 병정이 반드시 필요하다는 주장이 나오기도 했다. 또 1902년 프랑스에서는 양철 병정이 내일의 전쟁을 위한 교육자로까지 불렸다. 양철 병정은 국가를 향한 충성을 고취한다고도 했다.[31] 필시 대부분의 아이들은 이 장난감을 가지고 즐겁게 놀았을 뿐이었겠지만, 양철 병정에 관한 인쇄물은 일종의 전쟁 교육이었다. 아이들은 이 장난감을 가지고 실제 전투를 흉내낸 전쟁놀이를 했다. 또한 구입 가능한 군복 목록을 담은 제조업자의 카탈로그에는 아메리카 인디언과의 전쟁부터 프로이센-프랑스 전쟁, 파리코뮌 전투까지, 고대와 현대를 아우르는 세계 역사의 모든 위대한 전투가 들어 있었다.[32] 역사가 되살아났다. 그러나 그것은 군사적 투쟁으로서의 역사였다.

양철 병정의 사실성에는 물리력 사용이 포함되기까지 했다. 1912년 독일의 한 장난감 제조업자는 고무로 된 탄알을 실제로 발사하는 대포를 판매했고, 그것이 1915년에 이르면 한층 더 정교해져서 콩알, 심지어 나무공까지 발사하는 대포가 등장했다.[33] 1차대전 때 독일에서 제작된 한 사용설명서는 양철 병정을 "전쟁을 하듯 사실적으로" 가지고 노는 방법을 설명하면서, 무기 다루는 솜씨는 독일인의 특기라며 "이제 콩 대포를 이용하여 (적의) 병사를 거의 싹쓸이할 수 있다"라고 소년들에게 조언했다.[34] 확실히 이 어린이 전쟁에도 또다시 기사도가 결부되었는데, 이때의 동인은 물론 아이들이 서로 다투지 않길 바란 데 있었다. 이 설명서에 따르면, 전쟁의 승패는 얼마간 공평하고 정의롭게 판단되어야 하기에 전쟁놀이에는 두 명 이상의 참가자가 필요하다.[35] 전쟁하는 아이들이 어른에게 제공할 수 있는 본보기도 환기되었다. 양철 병정을 가지고 노는 소년은 다행히도 진짜 전쟁의 참혹한 공포와 불행에는 무지한 채 그 낭만적인 면만 보며, 이는 장차 살아가는 데나 군복무를 수행하는 데 도움이 될 만한 많은 것을 배우는 기회라는 점에서 전적으로 유익하다는 것이었다.[36] 이 '사실적' 사용 설명이 소년들이 좋아한다는 전쟁의 낭만적 측면과 어떻게 관련되는지는 명확하지 않다. 어찌되었든, 전쟁하는 어린이는 그 전쟁을 주도한 이들이 칭송해 마지않던 왕과 조국을 향한 철석같은 믿음을 대변했고, 전쟁을 행복하고 즐거운 놀이로 취급하면서 그 기사도와 낭만주의를 통해 전쟁의 실상을 은폐하는 데 일조했다.

놀이로 나타난 전쟁은 특별한 관심을 기울여 바라볼 필요가 있다. 그것이 사소화 과정에서 담당한 역할 때문에, 특히 놀이로서의 전쟁이 모험으로서의 전쟁과 긴밀한 동맹을 맺고 있었다는 점에서 그러하다. 1차대전 때 영국 소년들은 "학교를 위해 뛰는 것은 제국을 위해 싸우는 것과 다르지 않다"라고 배웠다.[37] 전쟁중에 쓰인 소년 소설은 그새 플랑드르를 새롭고 별난 운동장으로 그린바, 그곳에서도 스포츠 기량과 단체정신이 중요한, 위대한 경기가 벌어지고 있었다.[38] 전시 독일의 소년 소설은 그와 비슷하면서도 좀 더 은근한 분위기를 띠었는데, 이 경우에는 놀이보다 모험이 훨씬 더 중요했다. 전쟁과 축구경기를 등식화한 영국의 모병 포스터부터, 필시 학생의 모험담으로 읽을 수 있다는 점에 기대어 대단한 인기를 구가했던 반전 소설 『서부전선 이상 없다*Im Westen nichts Neues*』(1929년)에 이르기까지, 모험담으로서의 전쟁은 분명히도 대단한 호소력을 발휘했다.

양철 병정이라는 전쟁의 대리물이 있었던 한편으로, 19세기 말 독일에서는 소년들이 그 어떤 놀이보다도 전쟁놀이를 즐겨 한다고 했다. 소년들은 신체적 기술만이 아니라 정신적 역량까지 발휘해야 하는 그러한 전쟁놀이에 개인의 재량대로 할 수 있는 여지가 넓다는 것을 발견했다. 단순화된 군사 규칙을 따르는 이 조직적 놀이에는 평시 군의 기동 훈련이 살아 있는 모범으로 이용되었다.[39] 그러한 군사적 목적으로 지정된 요새를 정복하는 놀이는 소년들에게 남자다운 규율을 가르칠 것이었다. 아이들은 군사적 위계에 따라 무리를 이루었고, 때로는 다른 무리와 겨루었다. 이러한 놀이는 전쟁중에는 그리 자주 하지 않은 것으로 보이지만, 전후 독일에서는 인기를 끌면서 매우 다양하게 변주되었다. 때로 소년들은 몸에 숫자를 붙이고, 적의 숨겨진 본부에 다가가려고 하다가 숫자가 불리면 죽은 것이 되었다.[40] 그러나 유사군사적 성격의 놀이는 전쟁놀이만이 아니었다. 1893년에 쓰인 독일의 놀이 안내서에는 경찰과 도둑, 기사와 주민이 맞붙는 놀이가 가득했고, 두 사람이 방 가운데에서 만나 상대의 목에 묶인 스카프를 잡아 뺏는 '올가미 놀이'라는 것까지 있었다.[41] 이러한 놀이는 놀이의 즐거움과 호전적 정신을 결합했다는 점에서, 사소화 과정의 논의에서 빠뜨릴 수 없는 테마다.

전시에는 전쟁놀이를 할 시간도, 놀이를 감독할 어른도 부족했을 수 있다. 반면, 소설과 희곡은 얼마든지 아이들을 전쟁터로 내보낼 수 있었다. 독일 가톨릭교의 무명 수녀가 쓴 희곡 『신의 작은 병사들*Des Lieben Gottes Kleine Soldaten*』(1916년)은 이 테마에 있어 극단적이고도 불쾌한 예를 제공한다. 한 손에는 백합을, 한 손에는 황금 지팡이를 쥔 대천사가 잠든 일곱 소녀에게, 전쟁에 나가 군사다운 용기를 가지고 싸우라고 말한다. 그 대가로 몇 방울의 피를 흘리게 될지라도 말이다. 소녀들은 그 말대로 꿈을 꾸고, 미리 약속한 대로 한밤중에 각자의 침대 옆에 서 있는 천사가 잠을 깨우면 자신의 꿈 이야기를 들려준다. 한 소녀는 부상을 당하면서도 결국 러시아군을 마지막 한 사람까지 정복했다고 말하고, 또 한 소녀는 벨기에에 폭탄을 떨어뜨렸다고 이야기한다.[42] 여기서 전쟁의 사실성은 동화를 통해, 어린 소녀가 꿈에서 경험하는 사건 정도로 사소화되었다. 이 밖에도 사소화의 도구로 쓰인 동화가 있는지 살펴보는 것도 좋겠지만, 어쨌든 전시에는 독일의 영화 〈요정 왕의 딸〉 등 동화를 원작으로 한 영화가 어마어마한 성공을 거두었다.[43]

어린이의 전쟁에서 나타난 바와 같이, 놀이에는 분명히 다양한 정도의 사실성이 있었지만, 어느 것이든 동일한 사소화를 달성했다. 그렇다면 그러한 '사소화'와 '전쟁 경험의 신화'는 어떤 관계였을까? 전쟁은 비범하고 신성한 경험으로서의 전쟁과는 양립할 수 없는 방식으로 일상생활의 구조에 짜여 들어갔으나, 그러한 전쟁의 사소화는 전쟁의 미화와 똑같이 사람들이 전쟁을 대면하는데 한 역할을 했다.

1차대전 후 양철 병정의 인기는 영국에서는 떨어진 반면, 독일에서는 여전히 높았다. 나치는 '기원전 600년부터 오늘날의 정치군인까지'라는 제목의 양철 병정 전시회(여기서 '정치군인'은 브라운슈바이크 시에서 이루어진 나치 돌격대의 열병식으로 예시되었다) 등으로 이 장난감을 이용했다.[44] 2차대전 때 양철 병정은, 최소한 독일에서는 실로 홍수라 할 만큼 많이 제작되었던 듯하다. 장난감 병정들은 휴식을 취하고, 카드놀이를 하고, 전투를 수행하고, 경례를 하고, 행진을 하고, 기계적 수단을 쓰며 새로운 사실성을 획득했다. 그뿐 아니라 이제 그들은 부상을 당하고 팔다리가 잘리고 목숨을 잃었다.[45] 이전 시대에는 어울리지 않았던 이 새로운 사실주의는 전쟁을 좀더 정면으로 마주하는, 1차대전과 구별되는 2차대전의 특징적 태도를 반영하고 있었다.

II

지금까지 우리가 살펴본 '불합당한 기억'은 무대와 스크린에도 반영되었다. 전사자 숭배가 널리 행해지던 시기에도 연극은 전쟁을 가볍게 다루었다. 영화 또한 진지한 취지를 가진 것도 많았지만 대체로 가벼운 오락물을 제공했다. 실제로, 초창기의 영화는 대부분 가벼운 오락물로, 또는 도색물로까지 여겨졌으며, 가령 독일 정부는 전쟁이 발발하자 사태의 심각성에 걸맞지 않다는 이유로 영화를 완전히 금지하려 했다. 영화관을 닫지 말아야 한다는 주장(결국 이쪽이 승리했다)은 전시의 국민에게는 빵과 서커스가 필요하다는 논거를 바탕으로 했다.[46] 확실히 독일은 영화를 기분전환용 이상으로 이용하는 데 더뎠고, 1917년까지도 영화를 총력전의 요추로 삼지 못했다.[47] 반면, 프랑스와 영국은 영화의 전쟁 프로파간다로서의 가능성을 훨씬 일찌감치 파악했다.

독일의 연극에는 전쟁을 개인의 통제를 넘어서는 운명의 일격으로 보는 작품도 얼마간 있었지만, 대개 전쟁은 소극笑劇의 출발점으로 쓰였다.[48] 군사의 삶을 다룬 연극은 빌헬름 시대부터 인기가 많았는데, 그러한 작품은 거의 반드시 장교들 사이에 벌어지는, 더 흔하게는 장교와 민간인 사이에 벌어지는 희극적 장면을 담고 있었다. 이러한 종류의 경박함은 프랑스의 모범에서 영향을 받은 것이었다. 프랑스에서는 군사 소재의 소극이 오래전부터 인기를 누렸다.[49] 이러한 연극은 결코 군사를 비판하지 않았다. 오히려 호전적 열광으로 가득했으며, 대개의 무대에서 결국 시민이 장교에게 졌다.[50] 연극에서 군사라는 소재는 단순히 이야기의 출발점이었고, 그 배경은 정원이나 성, 거실이었다. 줄거리는 전통적 벌레스크로, 장교가 어울리지 않는 하류층 아가씨와 결혼한다든가, 험난한 결혼생활에서 군대로 도피한다는 식의 이야기였다.[51] 거의 5년간 독일에서 최고의 인기를 누린 〈기병騎兵을 사랑해Husarenfieber〉(1906년)[52]는 이후 전시 내내 높은 인기를 이어간 이 문예 장르의 좋은 예다. 뒤셀도르프 시의 한 수비대가 크레펠트라는 소도시로 이전한다. 그곳에는 황제에게 멋진 남자가 없다고 불평했던 예쁜 아가씨가 살고 있었다. 부대원들은 새로 누리게 된 인기에 취하여, 모든 여자를 무장해제하는 '춤추는 중위'(군사 희극의 고정 인물)에 관한 노래를 부른다. 한 비평가가 말한 대로, 이러한 연극은 군대의 기동훈련을 스포츠로 변형하고, 주둔 도시에서의 사교생활을 군인이라는 직업의 핵심적 요소로 제시하다가 결국에는 무도장과 전투 현장을 등식화하는 모순에 이른다.[53] 이러한 종류의 유비가 바로 사소화 과정의 특징이다.

전쟁 와중에도 군사 희극은 연극으로나 영화로나 인기가 높았다.[54] 군사 소극은 전후에도 인기를 끌었다. 그러한 작품이 1936~1937년 시즌 최고의 성공작이었을 정도다.[55] 각종 애국 단체(그중 많은 곳에서 기분전환을 위해 자체적으로 군사 희극을 공연했다)가 그러한 연극의 꾸준한 인기에 한몫했다.[56] 또한 그것들은 좋은 대중 오락물이었을 뿐 아니라, 사람들로 하여금 무대 위의 장교들을 비웃으면서 현실에서는 그들이 훌륭한 사람임을 변함없이 믿을 수 있게 해주었다. 이러한 방법으로 시민은 즐길 것은 즐기면서 자신의 애국심과 충성을 지킬 수 있었다. 이처럼 독일 연극은 우리에게 전쟁의 공적 사소화에 관한 더없이 좋은 사례를 제공하지만, 사실 그것은 전쟁을 받아들일 만한 것으로 만들고자 하는 의식적 욕망보다는 매진과 수익을 바란 데서 비롯된 결과였다. 그러나 우리의 관점에서, 이러한 종류의 연극은 여타의 사소화 양식들과 마찬가지로 전쟁 경험의 신화를 뒷받침했다.

전쟁은 다른 방식으로도 무대에 올랐다. '활인화活人畫'*는 의도적으로 모종의 진지함을 가장하는 '살아 있는 그림'이었다. 때

* tableaux vivants. 산 사람을 그림 속 인물처럼 분장시키고 말 없이 부동자세로 배치하여 역사, 문학, 명화名畵의 한 장면을 재현하는 구경거리.

로는 매우 정교하게 연출된 이 형식은 19세기 내내 인기를 끌었고, 1차대전 기간에도 그 인기를 이어갔다. 예컨대 독일에서 열린 이른바 애국 집회들에는 〈게르마니아Germania〉, 〈나의 옛 전우Ich hatt' einen Kameraden〉, 또는 유명한 노래 〈라인 강의 파수꾼Die Wacht am Rhein〉 등의 장면을 묘사하는 활인화가 가득했다.[57] 프랑스인은 전투 자체를 극장으로 옮겨오는 데 선구적 역할을 했다. 그들이 무대 위에서 모조 군사력을 전시하는 것은 새로운 일이 아니었다. 예컨대 1868년 샤틀레 극장에서는 나폴레옹이 대승을 거두었던 마랭고 전투가 재현되었는데, 이 무대에는 전쟁성에서 대여한 대포 네 대가 쓰였다. 이 전통은 1차대전으로 이어져, 베르됭 전투가 6막의 연극으로 무대에 오르기도 했다.[58] 그러나 전투의 재현에 가장 잘 어울리는 형식은 다름아닌 서커스였다. 일찍이 1830년에 올랭피크 서커스단은 광활한 공간에서 무려 500~600명의 배우로, 적을 물리치는 것으로 끝나는 '전쟁 악극'을 상연했다.[59] 1차대전에 이르러 베를린의 타운치엔 궁전 극장은 바다(아마도 거대한 수조였을 것이다)로 돌진하는 잠수함을 선보였는가 하면, 1915년 자라사니 서커스단은 야포 여섯 대와 기관총 두 대, 유보트[독일 잠수함]와 체펠린 비행선의 모형을 동원하여 〈화염에 휩싸인 유럽〉이라는 볼거리를 상연했다. 이 무대는 한 장면에서는 영국군의 대륙 상륙이, 다음 장면에서는 유보트의 전투가, 그다음 장면에서는 비행선의 런던 폭격이 연출되었다고 한다.[60] 전쟁은 불꽃놀이나 서커스물과도 흡사한 볼거리로 변형되었다.

군사적 소극, 흥행물과 나란히 전통적 연극도 그 애국적 기능을 달성했다. 그러한 종류의 연극은 그전 어느 시기에나 있었으며 1차대전은 그 레퍼토리에 어떠한 새로운 것도 추가하지 않았지만, 활인화가 쓰이고 감상성이 훨씬 더 강해졌다는 점만큼은 달랐다. 앞서 언급한, 전시 독일에서 최고의 인기를 누렸던 하인리히 길라르도네의 〈히아스〉가 이 장르의 좋은 예다. 그 줄거리는 흔한 전쟁 이야기로, 연인 중 한 사람은 전쟁에 나가고 한 사람은 뒤에 남는다는 내용이다. 그런데 이 연극은 국민 통합과 다가올 번영의 평화기를 표출하는 활인화로 막을 내린다. 또한 무대에는 독일의 숲, 참나무, 개인의 희생 등 우리가 앞서 살펴본 여러 테마가 나타났지만, 그 성격은 감상적이고 상투적인 것으로 변해 있었다. 전쟁을 신성한 기억으로 우러르는 다른 연극들은 게르만적 자연과 병사들이 겪는 운명의 장난에 종교적 영기를 부여하며 깊은 의미를 채워넣으려 했다. 〈히아스〉에는 그런 겉치레가 전혀 없었다. 이 작품은 감상성과 상투성을 통해 전쟁을 익숙한 것으로 만들고, 볼거리를 통해 전쟁을 흥분되는 사건으로 변형했다. 사소화는 사람들의 즉각적 반응을 바탕으로 작용했으며, 이런저런 신화와 상징을 제대로 이해하려면 꼭 필요한 지성의 중재를 전혀 요구하지 않았다. 전쟁 경험의 신화가 전쟁 경험을 신성화하면서 내셔널리즘이라는 종교에 전례 등 많은 내용을 공급했다면, 전쟁의 사소화 과정은 전쟁 경험의 신화를 '아래로부터' 뒷받침했다.

영화는 연극보다 더 대중적이었다. 1914년에는 영국에서 한 주에 2,000만 명이 극장에 갔다고 한다.[61] 이 전쟁을 다룬 영국과 미국의 영화들은 국민의 전쟁 협력에 관한 국수주의적 드라마를 쏟아냈다. 평화주의자는 개심하고, 외국 스파이는 좌절하고, 영웅이 모습을 드러냈다.[62] 전쟁의 암울한 실상이 확고해지면서 그러한 애국주의는 판타지와 로맨스로 완화되었다. 가령 영화감독 D. W. 그리피스의 〈세계의 연인Hearts of the World〉(1916년)은 젊은 프랑스 연인이 프로이센의 야만적 군국주의에 맞서 일어선다는 이야기로, 낭만적 주제에 멜로드라마를 결합했다.[63] 프랑스 영화는 전쟁 발발 후 사태를 빠르게 따라가지 못했고 독일은 영화를 효과적으로 이용하지 못했지만, 모든 국가의 최종 결과는 대동소이했다. 즉 전쟁은 멜로드라마나 로맨스, 모험극으로 제시되었다. 독일의 초기 전쟁영화는 단순히 군사적 배경에 통속적 드라마를 덧입

히는 식이었고, 영화에서도 군사 소극이 연극에서만큼 인기를 끌었다.[64] 곧이어, 〈라인 강의 파수꾼〉을 배경음악으로 이용한 〈연대의 딸 피피〉 같은 멜로드라마가 전쟁영화에 합류했다. 그 내용은 정숙한 아내가 전선의 남편이 사망하자 자신도 함께 죽기로 결심한다거나, 도박 문제로 연대에서 쫓겨난 장교가 사병으로 연대에 다시 들어가고 그로써 여인의 사랑을 잃지 않는다는 식이었다.

좀더 진지한 취지의 영화들도 전쟁 초창기부터 제작되었다. 가령 1914년 크리스마스 시즌에는 부상당하거나 불구가 되거나 산 채로 매장당할지 모른다는 병사들의 두려움(이 세 가지와 실명의 공포가 가장 흔했던 것 같다)에 대처하려는 노력이 이루어졌다. 당연히 이러한 영화는 주로 로맨스였다. 병사가 어머니에게서 받은 유품 덕분에 목숨을 구한다는 테마가 거듭 등장했다.[65] 그러나 영화는 지나친 사실성으로 충격과 혼란을 불러일으킬 수도 있었다. 예컨대 1918년 미국공보위원회가 제작한 〈당신의 병사가 총탄에 맞았을 때When Your Soldier Is Hit〉는 공포를 일으키는 사실성으로 말미암아, 전장에서 의료 처치가 신속하게 이루어지고 있다고 관객을 안심시키기는커녕 불안을 조성하기만 했다.[66]

영화감독들은 언제나 사실주의에 끌렸다. 특히 뉴스영화의 사실주의는 이 전쟁이 영화 촬영술에 기여한 독자적 공로로 일컬어져왔다.[67] 1차대전 이전까지는 파테, 고몽, 에클레르 등의 프랑스 회사가 세계 뉴스영화를 지배했다.[68] 1897년에 빌헬름 1세의 탄생 100주년 기념식을 촬영한 독일의 오스카 메스터는 이후 당대의 여러 사건을 필름에 담았고, 전시에 이르러 〈주간 메스터Messter Woche〉로 뉴스영화를 지배하기에 이르렀다.

독일 프로파간다 수단의 하나였던 〈주간 메스터〉는 중립국에 가까운 시선으로 뉴스영화를 구성했다.[69] 이 영상들은 뉴스에 오락을 섞지 않았고, 다양한 전쟁 장면을 보여주었다. 그 안에는 요새, 파괴된 다리, 제후와 장군의 동정은 물론, 예컨대 1914년에는 거의 회복을 마친 독일 부상병들의 모습까지 담겼다.[70] 종국에는 전선에서 촬영한 '실제' 영상도 포함하긴 했지만, 메스터는 바로 그 정도 거리에서만 전쟁의 피해자를 보여주었다. 독일군은 전쟁 첫 달부터 전투중인 군대를 촬영하는 모든 시도를 금지했던 것이다.[71] 기술적 이유만으로도 전선 촬영은 거의 불가능한 일이었다. 당시의 카메라는 불빛, 진흙, 날씨 등에 엄청난 제약을 받았기 때문이다. 카메라를 참호 안에 들여가는 것부터 어려웠고, 설령 들여갔다 해도 그 비좁은 구덩이에서 대단한 것을 기록할 수도 없었다. 그러나 기술적 장애보다 중요했던 것은 감독의 태도였을 것이다. 그들은 뉴스영화의 목적이 정신을 고양하고 애국심을 권장하는 데 있다고 여겼다.[72] 어느 역사가가 1917년에 설립된 독일의 중앙 영화사 부파Bufa가 제작한 1,000편의 영화를 살펴본다면, 진짜 전투 장면은 거의 찾아낼 수 없을 것이다. 소수의 예외를 제외하면, 후방의 군사훈련을 찍은 것이 전부일 것이다.[73]

2차대전 시기에 메스터의 뉴스영화는 지나치게 많은 장면을 연출하고 후방을 지나치게 많이 담는다는 비판을 받았다.[74] 그러한 평가는 독일의 전쟁 보도가 1차대전과 2차대전에 대해 다른 접근법을 취했음을 다시 한번 분명히 보여준다. 나치는 사실적 보도가 국민의 결의를 강화하리라고 믿었고, 전투 영상은 더이상 후방에서 촬영되지 않았다.

전선을 보도한다는 명목하에 전쟁을 받아들일 만한 것으로 연출한 것은 메스터만이 아니었다. 영국의 전시 뉴스영화 공식 책임자였던 제프리 말린스는 자신이 뉴스영화를 편집하는 방법을 다음과 같이 상세하게 밝혔다. "영화가 끝났을 때 사람들이 입에 쓴맛을 느껴서는 안 된다. 영화는 관객을 무덤으로 데려가지만, 그곳에 남겨두어서는 안 된다. 영화는 죽음을 암울한 속살까지 보여주지만, 그다음에는 반드시 쾌활하고 즐거운 기분을 회복시켜야 한다. 그러한 즐거움은 이 모든 공포의 소용돌이 속에서도 우리 병사들이 언제나 승리의 미소를 짓고 있음을 아는 데서 나온다."[75] 말린스는 이러한 관점을 가지고 있었기에 오히려 더 사실주의적으로 뉴스영화를 제작할 수 있었다. 그는 썩어가는 주검을 찍기까지 했다. 사람들이 그것을 눈으로 확인하면 새로운 결의로써 전쟁을 이어나가리라고 믿어서였다. 하지만 그러한 장면은 예외에 속했던 것으로 보인다. 두말할 것 없이, 그가 찍은 병사들은 죽음 앞에서도 언제나 쾌활했다. 말린스는 그러한 보도를 통해 전쟁을 "자기희생과 무용武勇의 서사시"라고 표현한 로이드 조지의 관점을 대중화하고자 했다.[76] 이와 같이, 뉴스영화 역시 전쟁을 은폐했다. (말린스의 말을 바꿔 쓰자면) 전쟁의 공포는 순간적으로 보여지는 한 쾌활함과 즐거움에 종속되었기에, 뉴스영화는 전쟁의 공포와 함께 매력적인 무언가를 잡아냄으로써 전쟁을 받아들일 만한 것으로 만들었다. 우리가 아는 한, 실제 전투는 전쟁중에 제작된 영화가 아니라 전후의 일부 반전 영화에만 나타났다.

연출하고 조작할 수 있는 사진은 전쟁을 사진가의 취향대로 가공할 수 있는 매체였다. 공식적으로 촬영된 전쟁 사진은 뉴스영화나 그림엽서의 시각과 다르지 않은 태도로 전쟁을 바라보았다. (물론 앞서 언급했듯 그림엽서에는 실제 사진이 드물게 쓰였고 그것도 대부분 연출 사진이었다.) 본디 사진은 기억의 보조수단으로, 순간적 장면을 보존하는 방법으로 출발했다. 가족의 정경을 찍은 사실적 사진도 그러했고, 『톰 아저씨의 오두막*Uncle Tom's Cabin*』에 나오는 어린 에바의 죽음이나 찰스 디킨스의 『골동품 상점*The Old Curiosity Shop*』에 나오는 어린 넬의 죽음처럼 인기 있는 감상적 장면을 찍은 연출 사진도 그러한 목적으로 존재했다.[77] '효과'를 노리고 전쟁 장면을 연출한 사진은 미국 남북전쟁 시기에 처음 등장한 것 같다. 가장 많이 복제된 게티즈버그 전투의 사진 중 하나인 '쓰러진 저격병'은 현장에서 즉흥적으로 연출된 것이었다. 전장의 전혀 다른 구역에 있던 청년의 주검이 사진 속의 벽 옆으로 옮겨졌고, 도저히 저격용 소총으로 보이지 않는 소총이 그 옆에 놓였으며, 주검의 머리 밑에는 배낭이 놓였다.[78]

1차대전 시기의 사진가들도 그리 다르지 않은 방향으로 나아갔지만, 대체로 그들은 부상이 심한 병사나 전사자에게는 주목하지 못했다. 독일의 경우, 도판을 곁들이는 잡지들은 총검을 움켜쥐고 돌격하는 병사를 보여주었지만, 전투 장면은 대부분 19세기의 전투화 전통을 따르는 그림으로만 그려졌고[79] 잡지사들은 이를 위해 전속 화가를 두었다. 죽은 자를 보여주는 그림은 반드시 그들을 무해한 모습으로 처리했다.

프랑스군의 '사진부'는 각 전투의 사진집을 간행하여 1프랑에 판매했다. 이 사진집은 대체로 우리가 살펴온 패턴을 따르고 있었다. 예컨대 마른 전투 사진집(1915년)에는 파괴된 가옥은 물론 개개의 무덤을 찍은 사진도 많았지만, 실제 전투 장면은 전혀 없었다. 시체는 독일군의 시체만 (그것도 흐릿하게) 수록되었다. 반면, 독일군 포로의 사진은 화질이 매우 좋았다.[80] 전시 독일군의 잔학행위를 담았다고 하는 사진들은 그보다 더 노골적인 경우도 있었지만, 이번에도 그러한 사진은 연출된 것이었다. 가령 프랑스의 J. G. 두메르주는 독일군이 총검을 휘두르며 여자들을 뒤쫓고 고문하는 장면을 찍었다. 적대 행위의 기록에 있어서만큼은 모든 제약이 해제되었다는 점에서, 그러한 노골적인 사진은 두려움을 조장하기 위한 것이었다. 그렇긴 해도, 영국에서 나온 『기록으로 보는 독일의 잔학행위*German Atrocity on Record*』라는 사진집은 파괴된 집과 교회를 찍은 사진만 수록했을 뿐, 고통받는 사람들은 보여주지 않았다. 다시 한번, 2차대전과의 선명하고도 근본적인 차이가 발견된다. 2차대전 시기의 사진은 폭력적 전투와 전사자, 부상자를 있는 그대로 보여주었던 것이다.[81]

병사들이 가족이나 친구에게 보여주기 위해 스스로를 찍은 사진은 언제나 사실적이었고, 그중 지금까지 남아 있는 것들은 우리에게 이 전쟁과 참호와 전투에 관한 훌륭한 그림을 제공한다. 그래서 사진의 성격이 공적인지 사적인지, 공식적인지 비공식적인지 구별하는 것이 중요하다. 여러 병사가 각자의 목적으로 찍은 사실적인 전쟁 사진들이 1920년대 후반부터 1930년대에 제작된 반전 영화의 몇몇 장면에 배경으로 쓰이며 널리 알려진 바 있다. 그러나 공적으로 제작된 이미지의 유산은 그보다 더 강력하고 더 지속적이었으며, 그것이 전쟁 경험의 신화를 뒷받침하는 동시에 그 신화에 의해 뒷받침되었다.

영국과 프랑스는 전쟁 직후 몇 년간은 전쟁영화를 거의 만들지 않았다. 전쟁영화는 할리우드에서 제작이 재개된 1920년대 중반에 이르러 다시 인기를 끌었지만, 프랑스에서는 1928년까지도 전쟁을 주제로 한 영화의 수요가 많지 않았다.[82] 패전 후 독일은 전쟁영화를 전혀 만들지 않았고, 대신 전쟁의 대리물로 기능할 만한 영화들을 제작했다. 우리가 앞서 논한 이른바 산악영화의 물결은 순결함과 남자다움에 호소함으로써 패배의 상처를 치유하기 위한 것이었고, 그 안에 그려진 산과 빙하의 정복은 어긋나버린 세계 안의 개인이 가진 강인함을 상징했다. 스포츠라는 강인함의 시험이 전쟁을 통한 신체 단련을 대체한다는 인식은 널리 퍼져 있었다. 등산은 국가적 대의 안에서 신체적 건강 추구도 함께 촉진했다. 유진 웨버는 1870년대 프랑스에서 산이 일종의 우수한 체육관이 된 과정을 설명하면서, 그 비탈과 봉우리에서 더 건강한 세대가 독일에 '보복'하기 위해 훈련할 수 있다고 했다.[83] 1921년에는 다름아닌 독일의 한 영화 잡지가 최근 몇 년 사이에 스포츠를 다룬 영화가 많아졌다고 논평했다.[84] 당시에는 산악영화만이 아니라 스포츠로서의 비행에 관한 영화도 제작되어 거의 비슷한 메시지를 전달하고 있었다. 두 대의 비행기와 그 조종사들의 경쟁에 관한 드라마인 〈죽음으로의 비행The Flight Unto Death〉(1921년)에서처럼, 이제 전쟁 상황을 대신하여 평시에도 비행 경주가 벌어졌다.

비행 경주는 인간과 산의 대결이 아니라 인간과 인간 사이에 벌어지는 의지의 시험이었지만, 어느 쪽이든 전쟁 당시에 그려졌던 전투의 영웅성과 즐거움을 그대로 포함하고 있었다. 이러한 영화들이 전하는 내셔널리즘적 메시지는 명시적이진 않더라도 상당히 명백했다. 그것은 강하고, 정력적이고, 경쟁적이며, 도덕적으로 깨끗한 국가가 재건되어야 한다는 것이었다. 독일의 인기 영화 〈힘과 아름다움에 이르는 길Wege zu Kraft und Schönheit〉(1925년)은 그러한 국가를 건설하는 데 스포츠가 담당해야 할 역할을 명확하게 규정하고 있는바, 한 고대 경기장에서 벌거벗은 채 운동경기를 연습하는 청년들이 "그리스적 이상은 덕과 미를 결합했다"라면서 체육에 관한 그러한 고전적 이념들이 다시 그 독자적 역할을 하고 있다고 선포한다. 나아가 영화의 해설자는 이 영화의 진짜 목적을 누설하는 유비를 전한다. "오늘날 국가의 강인함은 군사훈련이 아니라 스포츠를 그 원천으로 한다."[85] 전쟁의 대리물은 전쟁을 사소화하지는 않았다. 그것들은 더 고매한 목적을 가리키는 상징성과 그 목적에 호소하는 묵직한 무게를 가졌다. 그러나 시간이 갈수록, 전쟁 경험의 신화의 신성한 목적과 사소한 것을 분리하기가 점점 어려워졌다. 이탈리아의 파시스트와 나치 모두 세속적인 것들이 그들이 신성하게 받드는 전쟁을 더럽히지 못하도록 최선을 다했지만, 1928년 이후 시장에 쏟아져나온 전쟁 관련 서적들은 그 진지한 태도에 어울리지 않게 흔히 모험담과 놀이를, 때로는 소극까지도 불가결한 요소로 삼고 있었다.

성과 속의 갈등은 사소화 과정의 불가피한 결과였다. 이 대립은 전후에 전투 현장이나 신설된 군사 묘지를 둘러보는 관광에서 더더욱 분명해졌다. 여기에서는 전장 '순례'와 전장 '관광'이 맞붙었다. 플랑드르의 옛 전장을 방문하는 행사는 원래 전사자의 부인과 자녀, 친족이 망자의 무덤을 방문할 수 있게 하는 목적에서 주최되었지만, 전투 현장에 다시 가보고 싶어하는 귀환병도 곧 참가 대상에 포함되었다. 1920년 영국에서는 성공회의 M. 멀리노 신부가 위로를 상징하는 성인의 이름을 따서 성 바르나바스회 쉼터들을 설립했다. 이 단체는 전사자의 친족을 대신하여 무덤에 화환을 바쳤고, 곧이어 자비로는 외국에 있는 무덤을 방문할 수 없는 가난한 이들을 위해 보조금을 받는 순례를 주선하는 가장 중요한 조직이 되었다.[86] 재향병사회(영국의 귀환병 조직)와 대영군인연맹도 전장 순례를 운영했다. 프랑스의 전쟁 미망인은 귀환병 관련 업무를 담당하는 부처로부터 전쟁 묘지 여행을 무료로 제공받았다. 본인이 갈 수 없으면 장녀 및 아들 전원이 지원금을 받았다.[87] 독일에는 그러한 정책이 없었지만, 독일전쟁묘지관리민족동맹이라는 자원봉사단이 만들어져 옛 적국의 영토에서 활동할 수 있게 되자 이 단체의 주선으로 전사자의 친족에게는 운임이 할인되었다. 이러한 자선 단체나 국가기관의 활동에 여행사 '토머스 쿡 앤 선Thomas Cook and Son'이 합류하여 영국과 프랑스에서 전장 관광의 사적 시장을 점유하는 데 성공했다.

보조금을 받는 순례에는 안락하거나 호화로운 구석이 전혀 없었다. 한 귀환병의 회고에 따르면, 기차에는 조명도 없었고 여행자들은 나무 좌석에 앉아 어둠 속에서 전쟁에 관한 이야기를 나누며 밤을 지새워야 했다고 한다.[88] 성 바르나바스회의 설명에 따르면, 순례는 오래된 상처를 다시 끄집어내기 위한 것이 아니라, 군사 묘지의 빛나는 흰색 묘비와 그곳에서 자라는 색색의 꽃물결, 하늘에서 지저귀는 새들의 영원한 합창에 고취되어 신념의 행위를 완결하기 위한 것이었다.[89] 이는 군사 묘지의 설계가 수행해야 하는 기능을 가장 적절하게 요약한 것이었다. 그러한 전장 여행은 '순례'라고밖에 할 수 없었으며, 그때까지 남아 있던 참호 안에 세워진 팻말은 그 취지를 유지하기 위한 것이었다. "용사들이 전쟁 중에 새긴 기억에 바쳐진 신성한 벽들입니다. 당신의 기억은 더하지 마십시오."[90] 이 훈계는 한 전장 순례 기념 사진집에도 들어갔다. 하지만 이 사진집에는 순례자들이 '발굴된 소중한 유물'(대부분 버려진 총)과 함께 찍은 사진도 들어 있었다. 그것을 '유물'이라 부른다 해서, 무기를 기념품으로 전용하면서 사소화하는 수집 욕구의 성격이 달라지지는 않았다. 그렇지만 순례자와 관광객을 구별하려는 시도는 끊이지 않았다. 근대식 관광이 시작된 이래 늘 그랬듯, 당대인에게는 순례와 관광이 명백히 달랐다. 그 차이를 실행 속에서 지키기는 쉽지 않았을지라도.

1876년 프랑스에서 '관광'은 호기심을 바탕으로 여행의 즐거움을 도모하는 여행으로 규정되었고,[91] 『옥스퍼드 영어사전』은 지금도 관광을 즐거움이나 교양을 위한 여행으로 규정한다. 순례는 신념의 행위였다. 순례에는 종교적 목적이 있었고, 그 종착지는 신성한 장소였다. 순례는 참가자들이 다른 지역에 가서 거룩한 것과 접촉하는 일종의 의식이었다.[92] 그렇다고 해서 실제 순례중에 휴식이나 유람을 할 수 없는 것은 아니었다. 사실 순례는 오랫동안 유일한 여행 기회이기도 했다.[93] 그러나 19세기 중반 이후 관광 산업이 발전하면서 순례와 관광 사이에 더 확실한 선이 그어졌다. 성과 속의 구별과 동일한 성격의 이 구별은 옛 전쟁터에도 적용되는 것으로 여겨졌다.

대중 관광과 그 사소화 경향은 1차대전에 훨씬 앞서 시작되었다. 순례의 이상과 관광의 충돌이 전후만큼 심하지는 않았지만 말이다. 전쟁 이후 관광은 전보다 훨씬 편리해진 교통 덕분에 급속히 발전했다. 1914년 이전 세계에는 180만 대의 자동차가 있었다. 1928년에 이르면 그 수가 3,100만 대로 증가했다.[94] 대부분의 격전지는 육로로만 갈 수 있었다. 사람들은 버스나 직접 고용한 안내인이 모는 자동차를 타고 전장에 도착했다. 이러한 현장을 찾는 방문객의 수는 1920년대에 급속히 늘었다. 1930년에 이르면 전사한 영국군을 기념하기 위해 이프르에 지어진 메냉 문의 방명록에는 석 달 만에 10만 명이 이름을 남겼다.[95] 여행자들은 독일 소설가 에른스트 글레저가 "전쟁터 산업의 호황"이라고 부른 현상을 만들어냈다. 이 '산업'은 참호와 방공호의 재건과 인위적 보전(이를 위해 입장료가 책정된다)부터 전투모, 포탄 등 전투 현장에서 발견된 기념품의 판매에 이르렀다.[96] 컵 등 대량생산된 소품이나 참호를 재현한 담뱃갑 따위도 판매되었다.

여행자는 안락함을 원했다. '토머스 쿡 앤 선' 사가 벨기에와 아르덴 지역 여행자를 위해 만든 1924년의 안내서는 (수십만 명이 전사했던 곳에 들어선) 고급 숙박시설과 풀먼 사의 객차, 퇴역 장교가 안내인으로 동승하는 전용 자동차를 광고했다.[97] 여행자에게 맥주를 파는 가게가 이프르에만 150군데가 있었고[98] 당대인의 말을 인용하자면 여행자 중에 "자신이 얼마나 끔찍한 땅을 지나왔는지 아는 사람은 거의 없었으며, 자신이 지금 마음 편히 햄토마토 샌드위치를 먹어치우고 있는 곳이 정말 어디인지 아는 이는 더더욱 없었다."[99] 그러나 순례자라면 잘 알고 이해하고 있으리라 여겨졌다. 바로 그것이 순례와 대중 관광의 가장 주요한 차이, 그러나 기념품을 든 순례자들의 사진에 나타나듯 실행 속에서 반드시 지켜지지는 않은 차이였다.

이 사례들은 가장 쉽게 접근할 수 있는 영국의 자료에서 가져온 것이지만, 프랑스의 자료에서도 비슷한 사례를 찾을 수 있을 것이다. 독일전쟁묘지관리민족동맹은 참가자에게 좀더 까다로운 제한을 두었던 듯하다. 어쨌든 늦게라도 수많은 독일인이 옛 적국의 영토에 있는 전장과 독일군 묘지를 찾았다.(앞서 살펴본 대로, 이미 말끔하게 정돈된 풍경을 마주한 독일 청년들은 자신의 상상력을 동원하여 그곳에서 싸웠던 병사들의 영웅성과 충성을 이해하려는 열망을 느꼈다.) 그러나 한때 살육의 전쟁이 벌어졌던 장소가 관광 명소가 되어버린 그 모든 나라에서, 순례와 관광의 충돌은 피할 수 없는 일이었다.

성 바르나바스회는 1927년에 전장 순례를 거의 종료했다. 그 무렵이면 외국에 있는 대부분의 영국군 전사자 무덤이 친족의 방문을 받았기 때문이기도 했지만, 그 행사의 아름다움이나 엄숙함을 거의 인식하지 못하는 단순 행락객들로 인해 경쟁이 심해진 탓이기도 했다. 모 여행사(아마도 토머스 쿡이었을 것이다)는 숙박료를 대폭 인상함으로써 이프르의 메냉 문을 방문한 성 바르나바스회의 순례자들에게 숙식을 제공하기를 거부했다고 비난받았다.[100] 1920년대 후반이면 호기심 많은 여행자가 순례자의 수를 넘어섰던 듯하다.

그래도 전장의 기념지와 묘지는 적어도 2차대전 때까지는 순례의 장소로 남았고, 전사자 숭배 역시 그 위상을 성공적으로 이어갔다. 전사자 숭배는 전후 내셔널리즘의 불가결한 요소였으며, 시민종교로서의 내셔널리즘은 두 전쟁 사이에 힘을 잃기는커녕 오히려 강화되었다. 하지만 목적이 아무리 진지했어도 순례자도 결국에는 편안한 숙소, 맛있는 음식, 한두 개의 기념품이라는 전장 관광의 혜택을 즐기게 되었다. 시간이 갈수록, 신성한 것을 사소한 것의 침범으로부터 지키기는 점점 더 어려워지기만 했다.

전투 현장 자체는 관광 명소로 익숙해졌다. 슬픔이 없는 것은 아니었지만, 방문자를 위한 편의시설이 필시 그곳의 공포를 무디게 했을 것이고, 다름아니라 안식과 부활, 전우애를 표출했던 묘지 자체가 그러한 마비 작용을 도왔을 것이다. 그러나 그 무렵 전장의 풍경은 이미 정돈되어 있기도 했다. 그 한쪽에서는 평화로운 자연이 재생했고, 농사가 재개되었으며, 마을들이 재건되어 있었다. 참호는 깨끗이 정리되거나 재건되고, 관광객이 이용할 수 있게 계단과 밧줄이 설치되었다.(오늘날도 그런 곳을 방문할 수 있다.) 전쟁의 상처는 감춰졌으며, 앞서 언급했듯 플랑드르를 방문한 많은 귀환병 중 하나였던 모트램은 전쟁에 대해서만이 아니라 전쟁의 기억에 벌어진 일에 대해서도 애도를 표했다. "중년이 되어가는 우리에게 특별한 재산인 듯했던, 우리의 전쟁이 이제 시간과 변화에 의해 멋진 것으로 바뀌어가고, 거리에 의해 잘못 이해되고 낭만화되고 있다."[101] 귀환병들이 개인적 상실로 느낀 그 변화가 다른 수많은 방문객을 위해서는 전쟁의 독소를 더욱 깨끗하게 들어내주었다.

사소화 과정은 전쟁 경험의 신화를 뒷받침했다. 전쟁의 실상이 다시 한번 초월되었다. 이번에는 전쟁을 시민종교로 흡수함으로써가 아니라, 전쟁을 평범한 것으로 만들고 일상생활에서 사용하거나 감상하는 인공물로 축소함으로써 그러했고, 전쟁에 대한 호기심을 충족하고 싶어한 이들이 그것을 전유했다. 사소화 과정은 정신을 고양하거나 마음을 달래주지는 않았다. 그 대신 사람들로 하여금 자신이 중요한 사건들을 지배한다는 기분을 느끼게 했다. 전쟁을 대중의 삶의 일부로 만드는 사소화 과정은 전쟁 경험의 신화에 반드시 필요한 역할을 했다. 하지만 그럼에도, 신화 자체, 시민종교의 토대 자체는 사소화의 반대편에 서 있었다. 사람들의 삶에 나타난 전쟁의 존재는 전후 정치의 '야만화'로 이어졌다. 스포츠나 등산, 체육이 이미 끝난 전쟁의 대리물로 파악되었다면, 정치는 평시에 그 '위대한 전쟁'을 이어가는 것으로 여겨질 수 있었다. 처음부터 그것을 공개적으로 말한 사람은 거의 없었음에도, 전후 정치판에는 전에 없던 냉혹함에 야만성까지 나타났다. 이 야만화 과정에는 사회적, 경제적, 정치적 위기들이 가장 근본적인 역할을 했고, 평시로 연장된 전쟁은 이 새로운 정치적 기조에 많은 배경과 내용을 제공했다.

제3부 **전후 시대**

8

독일 정치의 야만화

1차대전 결과, 전쟁 경험의 신화는 이 전쟁에 국가와 개인의 재생 수단이라는 의미를 새로운 차원에서 부여했다. 전시의 태도들은 이제 평시로까지 이어지며 정치의 야만화를, 인명에 대한 심각한 무관심을 촉진했다. 독일 같은 국가에서 무자비함을 조장한 것은 비단 군대의 지속된 가시성과 높은 지위만이 아니라, 무엇보다도 이 전쟁과 전쟁의 수용 자체에서 비롯된 정신적 태도였다. 전간기에 진행된 야만화 과정은 인간에게 에너지를 불어넣고, 정적에 맞서는 행동을 재촉하고, 인간의 잔인함과 생명의 상실 앞에서 사람들을 마비시키는 결과를 낳았다.

전시에서 평시로의 이행이 비교적 순조로웠던 영국, 프랑스 등의 승전국은 야만화 과정을 완전히는 아니더라도 대체로 통제할 수 있었다. 그보다 불운했던 독일 같은 나라에서는 정치에 전에 없던 무자비함이 난입했다. 이 과정은 극단적 정치 세력들이 결집할 수 있었던 힘에, 그들이 정치적 논의와 정치적 행동을 결정한 정도에 크게 좌우되었다. 전후 어떤 국가도 야만화 과정에서 완전히 자유로울 수는 없었다. 종전 직후 유럽의 많은 지역에서 범죄와 정치적 호전성이 증가했다. 유럽 전역의 많은 이들이 1차대전은 결코 끝나지 않았으며 전간기에도 계속되고 있다고 느꼈다. 정치적 투쟁의 어휘, 정적을 철저히 분쇄하려는 욕망, 그리고 그 적을 그려내는 방식 등 모든 것이 1차대전을 이어가고 있는 듯했다. 다만 이제 그 적은 대개 내부에 있었다.

입증하기가 쉽지는 않지만, 대량살상에 대해 점점 무심해지는 경향은 이 야만화 과정의 한 징후였다. 예컨대 1903년 키시너우에서 유대인 49명이 살해당한 사건은 국제적으로 물의를 빚었다. 베를린, 파리, 런던이 공식적으로 항의를 표했고 서양의 거의 모든 국가가 이에 동참했다. 그러나 1차대전 후, 약 6,000명이 사망한 1919년 러시아의 유대인 학살에는 당사자인 유대인 외에 그 누구도 특별히 주목하지 않았다. 확실히 상황이 달라졌다. 1919년에 유대인은 흔히 볼셰비키와 동일시되었고, 당시 러시아 침공을 진행하던 연합국이 학살을 은밀하게 지원했다고 알려졌다.[1] 이 점에 있어 러시아의 학살은 스테레오타입화에 기초한 추정상의 적을 향한 새로운 무자비함을 분명히 보여준다고 할 수 있으니, 앞으로 살펴보겠지만 유대인은 곧 볼셰비키라는 식의 스테레오타입화는 두 대전 사이에 새로운 강도를 획득했다. 1903년과 1919년의 이러한 태도 차이는 모종의 야만화에 대한 예고가 맞을 것이다. 이미 1차대전 때, 내부의 적을 (근절하는 것이 아니라) 추방한다는 구실하에 거의 100만 명이 살해당한 아르메니아인 대학살이 있었다. 이 참극 역시 당사자인 아르메니아인 외에는 금세 망각됐다. 이에 대해 아돌프 히틀러는 꽤 옳은 말을 했다. 그는 1939년에 그 자신의 학살 계획을 궁리하면서 "결국 누가 그 아르메니아인의 섬멸에 대해 이야기하는가?"라고 말했다고 한다.[2] 우리는 정치적 적 또는 이른바 인종적 적의 죽음에 대한 태도들을 살펴보면서 그것이 예증하는 야만화의 영향, 그리고 대량살상의 경험과 개별 인명의 경시 사이에 존재하는 분명한 관계를 확인할 것이다.

정치의 야만화 과정은 독일에서 가장 쉽게 추적할 수 있다. 전후 독일은 혁명과 반혁명을 반복했고, 이어 수립된 바이마르 공화국은 정치적 안정을 보장하지 못했다. 이 나라에서는 야만화 과정이 정치적 삶의 면면을 관통했다는 점에서 우리가 조사할 수 있는 것은 가장 중요한 일부 사례에 불과하다. 전시의 태도가 전후 시기로 이어진 데는 내전과 혁명의 영향만이 아니라, 정치 담론이 이루어지는 분위기의 영향도 있었다. 바이마르 공화국은 그래도 문명화된 정치적 담론이 가능한 시기였다. 실로, 기꺼이 타자와 타협하고 타자를 이해하려는 태도는 의회 정부가 기능하기 위한 전제조건이었다. 하지만 정치 논의의 지형을 쉽게 결정하는 극단적 당파가 끊임없이 의회정치를 위협했다. 우리의 관심은 바이마르 공화국 시기에 가장 유력했던 과격파이자 전쟁 경험의 신화의 주요 저장고였던 우익 정파로 향한다. 우파 사이에서는 정치의 야만화가 무제한의 자유를 누렸고, 의회에서 얼마간 점잖은 태도를 보인 독일국가인민당DNVP 같은 내셔널리즘 정당조차 프로파간다를 통해 그 정치적, 인종적 적을 공격할 때는 그보다 덜 점잖았던 극단적 내셔널리즘의 민족주의 우파와 똑같은 야만성을 견지했다.[3] 우파는 독일만이 아니라 유럽 전역에서 전쟁 경험의 상속자를 자임했고, 야만화 과정은 이 세력이 대중에게 미친 영향력과 긴밀히 연결되어 있었다. 전후 독일에서는 이 영향력이 정치의 중심을 이루게 되었으니, 바이마르 공화국 시기 내내 다른 모든 정치 집단은 언제나 우파의 의제를 우선적으로 고려해야만 했다.

정치는 적의 무조건 항복으로 끝나야 하는 전투라는 인식이 점점 확대되고 있었다. 물론 19세기에도 군사적 경험과는 거의 상관없이 정치의 야만화가 이루어졌다는 지적이 충분히 가능할 것이다. 예컨대 계급투쟁의 어휘는 국가 간의 전쟁 못지않게 인간의 생명과 존엄성을 경시하는 태도를 드러냈다. 그러나 한스 디트리히 브라허가 쓴 대로, 독일에서 투쟁이라는 관념이 물리력의 개념으로 크게 변질된 것은 1차대전을 경험한 후의 일이었다.[4] 전쟁 전과 전후 사이의 변화는 양적이면서 질적인 변화로, 이 전쟁을 거치면서 과거의 가장 야만적이었던 몇몇 측면이 한층 강화되었다. 야만화 과정은 바이마르 공화국 초기와 말기의 혼란을 틈타 지배력을 획득하면서 갈수록 더욱 강력하게 정치적 담론 및 적을 인식하는 방식을 결정했다. 전쟁은 이미 많은 이의 삶의 일부였으며, 이는 전후 정치의 진로에 불리하게 작용할 수밖에 없었다.

야만화는 무엇보다도 전쟁 자체의 효과였다. 전선의 전투 경험은 물론, 장교와 사병의 관계나 사병 간의 관계까지도 야만성을 강화했다. 장교의 억센 어조와 사병의 수동성, 임시변통식의 분대 생활은 필시 병사들에게 영향을 미쳤을 것이다. 그러한 압력하에서 이른바 문명화 과정은 일부분 역행했다. 의미심장하게도, 다름아니라 전쟁의 자기희생적 고귀함을 이야기하고 전쟁을 인간이 가진 가장 고매한 이상들의 표현으로, 인간의 잠재력이 실현될 수 있는 기회로 묘사한 이들 중 다수가 전쟁의 야만성을 그들의 구상 안에 통합했다. 예컨대 에른스트 윙거는 전쟁이 만들어낸 새로운 인종, 언제든 싸울 준비를 갖춘 에너지 넘치는 남자, 철의 인간[5]에 대해 쓰면서 남자다움의 이상에 (전간기에 제작된 많은 전쟁 기념물을 특징짓기도 한) 전사戰士의 외형을 부여했다. 고매한 이상과 전쟁의 야만성의 통합은 독일에만 한정되지 않았다. 프랑스의 앙리 마시스는 전쟁 와중에 살상의 신비와 그 순전한 즐거움에 관해 썼다.[6]

전시 독일에 나타난 야만화에는 당대 문명의 한계 너머에 있는 경험에 대한 갈망이 곁따랐고, 이 경험은 오직 원시적 본능만이 다스리는 영역으로의 관입을 의미하는 것으로 포착되었다.[7] 전쟁은 그러한 바람을 이루어주는 듯했으니, 가령 에른스트 윙거는 적의 참호로 돌격하는 모습을 다음과 같이 흡사 에로틱하게 묘사했다. "격분이 내 눈에서 쓰라린 눈물을 짜냈고…… 원초적 본능의 주술만이 남았다."[8] 이것이 (아마도) 회고의 시점에서 쓰였다는 사실로부터 우리는 전쟁 경험의 신화가 어떤 식으로 남자들의 몽상을 만족시켰는지를 다시 한번 확인할 수 있다. 실상은 전혀 달랐고, 이 경우의 실상은 십중팔구 두려움과 불길한 예감이었을 것이다. 쉰 살이 넘은 나이에 입대했던 독일의 인기 작가 헤르만 뢴스는, 자연은 문화와 문명이라는 얇은 널빤지 아래에서 불쑥 터져 나오기를 기다리며 도도히 흐르고 있다고 썼다. 이렇게 인간의 본성은 원시적이고 본능적이고 폭력적인 것이 되었다. 전투의 정서적 흥분을 통한 원시성으로의 회귀는 비단 독일적 현상이 아니었다. 영국의 프레더릭 매닝도 그것을 의식했으니, 그는 병사들이 흉벽 너머로 돌격하면서 "발달의 더 원시적 상태로 되돌아갔다"라고 썼다.[9](그렇지만 이는 벌어진 듯한 일을 묘사한 것이지 '순수한' 원시성을 갈망하는 것은 아니었다.) 전쟁 전에는 독일 내셔널리즘의 한 흐름이 원시적이고 본능적인 것을 단 하나의 순수한 힘으로 숭상했다면, 전시에나 특히 전후에 그러한 이상은 자신의 남자다움을 시험하고 싶어했던 많은 이들의 상상을 사로잡았다. '인위적' 문명을 폐기하고자 하는 이 열망은 적과의 그 모든 대결에 특별한 힘을 부여했다.

정신과의사 오토 빈스방거는 전쟁 첫해에, 전쟁이 진행되면서 애국심이 왜곡되었다고 썼다. 열광과 희생 의지가 잔인한 혐오와 적을 섬멸하려는 바람에 길을 내주었다는 것이었다. 프랑스 철학자 시몬 베유는 20년 후라는 유리한 시점에서 이 전쟁의 결과를 평가하기를, 의용병은 희생이라는 이상에 헌신하여 참전했지만 끝에 가서는 생명을 하찮게 여기게 되었다고 했다.[10] 불가피하게도, 많은 병사가 죽음과 처절하게 대면한 뒤 삶과 죽음을 다르게 바라보게 되었다. 도처에 존재하는 죽은 자에 대처하기 위해 죽음은 때로 사소화되었고 농담거리가 되기까지 했다. 또 한편으로 죽음은 전쟁이라는 '비현실'의 일부가 되기도 했으니, 최근 에릭 리드가 『무인지대*No Man's Land*』에서 분석한 대로 참호 속의 일부 병사는 전쟁을 환상의 삶으로 여겼다. 전선에는 죽음을 신성화할 여지가 거의 없었다. 그런 것은 전후에야 가능했거나, 고향에 남은 이들이 할 일이었다. 전사자 숭배는 참호에서 시작되지 않았다. 수많은 병사가 종국에는 일종의 스토아주의에 압도되어 죽음에 무심해지고 불가피한 것을 점차 받아들이게 되었던 듯하다. 물론 우리는 그러한 무관심이 전후 세계로 어떻게 옮겨갔는지 알 수 없으며, 그것이 전후 정치의 야만적 기조를 용인하는 데나 후에 나치의 지배를 묵인하는 데 어떠한 역할을 했는지도 알 수 없다. 그러나 사람이 타인의 운명에, 또한 자신의 운명에까지 무관심해지는 데는 여러 원인이 있지만, 전쟁을 통한 무관심의 훈련은 반드시 그 이유 중 하나로 꼽혀야 한다.

아군의 죽음과 적의 죽음에 대한 태도 차이 또한 전쟁중에 비슷한 야만화 효과를 낳았다. 이 문제는 비교적 쉽게 예시할 수 있다. 인민 주권의 이상을 바탕으로 한 프랑스혁명마저 그러한 태도 차이를 이용하여 적에 맞서는 데 국민을 동원했다. 조국을 위해 자기 목숨을 희생한 이들의 죽음은 존숭의 대상이었던 반면, 적의 죽음은 냉혹하게 다루어졌고 그것이 적을 향한 증오를 부추겼다. 우리는 프랑스혁명의 죽음 숭배, 순교자의 장례에 수반된 축전들, 그리고 그와 대조적으로 최대한 역겹게 치러진 적의 매장에서 그러한 태도를 분명히 알아볼 수 있다. 루이 16세 및 공포정치의 희생자들은 한 구덩이에 들어간 뒤, 보통은 이름 모를 빈민에게나 쓰이던 생석회에 덮였다.[11] 19~20세기의 근대 문학은 부르주아의 이상적인 '별세'와 이단자의 고약하고 갑작스러운 죽음을 구별함으로써 그와 같은 죽음에 대한 상이한 인식을 보강했다. 괴테의 전기 작가가 표현한 대로라면 괴테 같은 훌륭한 부르주아는 "태어난 시각인 정오 무렵 사라졌"지만, 구스타프 프라이타크의 작품 속에서 유대인 파이텔 이치히는 더러운 강물에 빠져 죽었다.[12] 그렇지만 아군과 적의 죽음을 구별하는 태도는 혁명 이후 시대로 이어지긴 했어도, 그것은 산발적으로만, 대개 권력이 대중의 혐오를 동원하려고 할 때만 다시 나타났다. 그러다 1차대전과 전후에 이르러 적

19. 두 가지 운명: 프랑스의 그림엽서. 프랑스군은 그리스도의 안내로 천국으로 행진하고, 독일군은 죽음 앞으로 행진하고 있다.

의 죽음은 적을 전반적으로 비인간화하는 과정의 일부가 되었다. 앞서 보았듯 적은 용에게 죽임당한 뱀이었다. 모든 적군은 지옥으로 달려 내려가 죽음의 황량한 형상을 마주했다.(그림 19) 전우의 죽음은 전쟁 묘지와 전쟁 기념물을 통해 초월되었던 반면, 적의 죽음은 대개 그것으로 끝이었다.

아군의 죽음과 적의 죽음의 분리는 마침내 그들을 매장하는 장소에서 정력적으로 추진되었다. 1870~1871년의 전쟁 전후에는 경우에 따라 독일군과 프랑스군이 한 무덤을 쓰기도 했으나[13] 1차 대전 전시와 전후에는 더이상 그런 일이 없었다. 독일은 베르됭 전장에 흩어져 있던 뼈를 안치하기 위해 건설된 두오몽의 납골묘를, 그곳에 프랑스 삼색기만 휘날리고 있다는 이유로 규탄했다.[14] 이 전쟁에서 비롯된 죽음에 대한 태도 변화는 독일 우파에게 유리하게 작용했다. 자신에게 위험이 되지 않는 한, 많은 이들이 미래를 지키기 위해 내부와 외부의 적을 향한 무자비한 전쟁을 기꺼이 지지했던 것이다.

앞서 우리가 전쟁 경험의 신화의 중요한 구성요소로 확인한 또하나의 관념도 일상적 쓰임새를 얻고 우파 사이에 맹목적으로 숭배되기 시작했다. 독일에서 남자다움이라는 이상은 해방전쟁 이래 줄곧 여러 정치적, 사회적 집단을 매료시켰다. 1차대전은 이 이상에 새로운 힘을 부여했고, 전사가 남자다움의 원형이 되었다. "우리 국민은 격노하여 / 전쟁에 몸을 던졌노라. / 피에 물든 노여운 기사가 된 남자들이 / 자신의 피로 승리의 쟁취를 맹세했노라."[15] 1925년에 작가 아르놀트 츠바이크는 이에 대해 다음과 같이 적절하게 평했다. "전쟁은 여기, 저기, 어느 곳에서나 공적, 사적 차원에서 남자다움의 급부상을 불러왔다."[16] 그는 그러한 남자다움은 미개로의 회귀라고 개탄했지만, 이 나라의 전쟁 기념물에 나타난 공격적 자세의 조형물이 예증하듯 수많은 독일인은 이 이상을 그런 식으로 인식하지 않았다.

전쟁이 남자다움에의 초대였던 것은 독일만의 일이 아니었다. 크리스토퍼 이셔우드에 따르면, 전후 영국의 젊은이는 "너는 정말로 남자인가?"라는 질문을 마주해야만 했다.[17] 이 전쟁에서 새로운 남성적 유형이 창조되었다는 기분은 유럽 전역에 존재했다. 전후에 파시스트, 공산주의자 사이에 일어난 '새로운 인간'의 탐색을 자극한 것도 바로 이 감정이었다. 전시에 프리츠 에를러의 포스터 속에 이상화된(그림 14. 본문 157쪽) 전선의 병사가 과거를 떠나왔던 것처럼 이 새로운 인간은 중간계급의 무거운 짐으로부터 자유로울 것이었다. 오직 병사만이 자유롭다는 실러의 단언, 의용병 역사의 시작에 서 있는 그 신념에 이제 천박한 근대성과 대립하는, 반자본주의적 해석이 추가되었다.

이 전쟁은 영국과 독일에서 공히 남자다움의 스테레오타입을 강화했지만, 전시 독일에서는 남자다움의 이미지가 특히 적의 죽음과 자주 연관되었던 듯하다. 가령 플렉스의 『두 세계 사이의 방랑자』에서 남자다운 아름다움의 소유자로 구구절절 묘사되며 이상적 독일 청년을 상징하는 에른스트 부르헤 중위는 돌격대원이 되어 전투의 아름다움을 경험하고 싶어한다. 이 순결한 청년은 자신의 검을 살펴보면서 "그의 핏속에서 전쟁을" 치르는바, 이는 에른스트 윙거가 묘사한 이상적 독일 전사와 다르지 않은 모습이다.[18] 랑게마르크 전투에 관한 한 연극의 도입부도 떠오른다. "나의 손에서 나신의 검이 뻗어나고 / 그 시간의 진실함이 강철처럼 단단하게 내 안을 흐른다. / 비로소 남자가 되었다는 황홀함을 안고 / 나 이렇게 홀로 당당하게 서 있다."[19]

살상에 준비된 몸과 검의 유기적 통합, 남자다움의 일부가 된 강철의 단단함은 전쟁 경험의 신화의 불가결한 요소였던 전사 이미지를 잘 예시한다. 순수한 것으로서의 원시성 또한 전쟁에서만이 아니라 삶의 전면에서 승리를 쟁취하는 방향으로 자신을 규율하고 통제하는 이 이상형의 형성에 한 역할을 했다. 본능이 전사를 지배하고 그에게 에너지와 무자비함을 부여한다. 다시 한번 에른스트 윙거를 인용하자면, 근대의 인간주의는 선인지 악인지 알 수 없는 윤곽 없는 꿈이요, 오후 세 시에 노면전차를 탄 승객의 지루한 몽상이다. 나치 시대 이전에 벌써 한 작가는 독일 청년에 관한 책에 이렇게 썼다. "오직 군사적 무용만이 국민의 젊음과 남자다움을 지켜준다."[20]

이러한 남자다움의 정의에서 핵심을 이루는 결단성은 여러 전쟁 기념물의 조형에 상징화되었다. 원시적인 것으로서의 순수함은 혼돈을 의미해서는 안 되었다. 그것은 전투중의 명철함과 단호함을 고취하여 전사의 이상을 작동해야 했다. 이제 독일 전쟁 기념물의 명문이 가령 프로이센-프랑스 전쟁 후와는 달리, 단순히 승리를 선포하기보다는 투지 자체를 최고선으로 미화했다는 사실은 바로 이러한 맥락에서 유의미하다. 싸우겠다는 의지, 이것이 다음 세대 청년이 물려받을 교훈이었다.[21]

과거 병사들에게 남자다움에 관한 가장 고귀한 표현을 제공했던 전우애의 이상이 이 전쟁에서는 세기말적 갈망에 근접하는 듯했다. 부르주아적 삶의 인위성과는 철저하게 반대되는 친화적 공동체에 대한 갈망 말이다. 전쟁 전과 전시에는 이 이상을 중심으로 평등한 신분과 카리스마적 통솔에 기초한 동지 관계가 형성되었다. 가령 독일청년운동은 바깥세상보다는 내부 공동체의 완성에 몰두했다. 전시의 참호에서는 비록 이 이상이 완벽하게 이루어지는 일은 드물었어도, 모든 분대원이 생존을 위해 서로 의지해야만 하는 상황에서 그것은 현실 비슷한 것이 되었다. 전쟁 후, 전우애의 이상은 전쟁 경험의 신화에 있어 가장 중요한 성분 중 하나가 되었으며, 많은 귀환병이 이 정치적 힘을 통해 원래의 이상을 얼마간 되찾았다. 전시의 전우애는 사회적 협의의 가능성을 보여주었다. 그것을 평시 독일에 옮겨온다면, 계급투쟁과 분열된 정당들 위에 세워진 타락한 공화국도 청산될 것이었다. 독일 민족은 하나의 전우 집단으로 인식되고, 전선에서 돌아온 '새로운 인간'에 의해 기운을 되찾아야 했다. 강력하고 확고한 통솔하에 기능이 아닌 신분의 평등이 실현될 터였다.[22]

새롭고 강력한 국가를 보장할 남성 동맹의 전우애, 이것이 극우파가 채택한 전시의 이상이었다. 전쟁 전에도, 전쟁 와중에도 전우 간의 관계를 강조했던 내향적 전우애가 이제 외부를 향하면서 호전적 국가의 부활을 위협하는 모든 이를 겨누는 무기로 쓰였다. 일부 목격자는 이미 전쟁의 후반 국면에서 전우애 이상에 나타난 변화를 감지했다. 그에 따르면 이 이상은 점점 이기적 성격을 띠면서, 공유된 이상들에 헌신하기보다는 구성원의 생존 및 적에 대한 최종적 승리에 몰두했다.[23]

전시 전우애가 평시로 연장되었음을 상징한 것은 자유군단이었다. 장교와 사병으로 이루어진 이 조직은 전쟁이 끝났음에도 1919년에서 1921년까지 싸움을 이어갔고, 그중 많은 수가 귀환병이 아니라 모집된 학도병이었다. 그들은 독일 국내에서는 혁명을 분쇄하고, 발트해 연안국에서는 볼셰비키를 몰아내고, 폴란드에 맞서 상부 슐레지엔을 지키려고 했다. 독일 해방전쟁 때와 마찬가지로 자유군단에서는 장교가 직접 병사를 모집했다. 이제 자유군단을 둘러싼 강력한 신화가 형성되고 있었으니, 이 진짜 남자들은 그 전우애를 통해 가장 훌륭한 국민을 대변했다. 굴욕적 강화조약을 수용한 독일과 달리, 자유군단은 전쟁의 전통을 이어갔다. 자유군단 출신으로 저술을 통해 이 신화를 분주히 제작한 에른스트 폰 잘로몬은 자유군단에서 그 자신과 같은 '새로운 인간'을 보았다. "우리는 부르주아적 규범의 세계와 단절되었다. ……속박이 사라지고 자유로워진 우리는…… 욕망에 휩싸이고 전투에 환희했다. 우리는 세계의 온갖 정념에 취한 투사의 무리였다."[24]

자유군단이 정부의 명시적 승인 없이 발트 연안과 슐레지엔에서 싸운 것은 사실이었지만, 신생 [바이마르] 공화국 자체가 베를린과 뮌헨의 혁명을 진압하는 데 이들을 이용한 것도 사실이었다. 더욱이 동부 국경을 방어하던 시기 등에는 독일 국군이 그들을 지원했다.[25] 즉, 이들이 버려진 전우 무리라는 신화는 실상과 전혀 달랐다. 전설은 자유군단을 단일한 부대로 취급하고 내셔널리즘 성격이 가장 강한 군단과 그 인상적 통솔을 자유군단의 표준으로 삼았지만, 실제로는 로스바흐 자유군단, 에르하르트 자유군단(지휘관의 이름을 딴 명칭들이다) 등 다양한 군단이 존재했으며 병사의 교체 속도도 빨랐다. 그렇지만 언제나 그랬듯 자유군단에 관해 글을 쓴 병사들은 신화와 현실을 한데 짜넣었으며, 그들이 독일인이 떠올리는 자유군단의 이미지를 결정했다. 이 군단들을 둘러싸고 창조된 신화는 전후에 달라지고 있던 전우애 이상의 추력을 예증하고 있었다.

에른스트 폰 잘로몬이 "길 잃은 부대"라고 부른[26] 이 조직은 이념이 아니라 행동을 통해 단결했다고 알려졌다. 가령 가장 이름 높았던 자유군단인 에르하르트 여단의 일원은 1927년에 다음과 같이 회고했다. “우리가 채택한 도덕률은 행동주의다. ……우리의 행동주의는 자유와 죽음을 비웃는 행위의 도덕적 가치를 의미한다.”[27] 효과적 정치 목표를 공식화할 능력이 없고, 자신들이 그 대의를 수호한 국가에 버림받았다고 이해하거나 오해한 그들은 필시 자포자기의 심정으로 무자비해졌을 것이다. 베를린이나 뮌헨의 혁명 진압에는 야만적 살인이 수반되었고, 자유군단이 해산된 후에도 그러한 살인이 주로 자유군단 출신에 의해 계속 자행되었다.

가령 1922년, 카리스마 있는 유대인 인사였던 독일 외무장관 발터 라테나우의 암살 사건에서 에른스트 폰 잘로몬은 차량을 제공했고 그의 옛 전우들이 총을 쏘았다. 권력을 잡은 나치는 라테나우의 살인자들을 위한 새 무덤을 만들고 그 위에 1차대전의 병사들이 썼던 철모의 복제품을 씌웠다. 이 젊은 암살자들(셋 중 둘이 살인 후 추격을 당하다 죽었다)은 전사자 숭배의 일부가 되었다. 우파는 전우애를 공격의 도구로 삼음으로써 이 이상 자체를 야만화했다. 나치 시기에 사람들이 거실에 액자로 걸곤 했던 문구 중 하나는 이렇다. “우리 위에 이상이, 우리 옆에 전우가, 우리 앞에 적이 있다.” 과거 어느 때에나 남자다움과 전우애는 하나로 여겨졌지만, 전시와 전후에 우익 집단 내에서는 전사라는 남자다움의 관념이 참된 전우애의 전제조건으로 올라섰다.

적의 죽음과 전우의 죽음을 구별하는 전시의 태도는 평시의 정치 투쟁에 고스란히 쓰일 수 있었다. 비교적 점잖은 우익으로 여겨졌던 독일국가인민당은 다양한 정치적 암살을 엄밀하게 구별했다. 즉 그들의 적은 ‘죽임killed’당하지만, 그들의 지지자는 ‘살해murdered’당했다. 1919년에서 1923년까지 극좌파에 의한 암살은 22건이었던 반면 우파에 의한 정치적 암살은 324건이었는데, 그러한 사건은 대부분 병사 출신이 옛 장교의 명령으로 수행한 것이었고(그들은 전직 또는 현직 자유군단 소속이거나 우익 준군사 조직 소속이었으며, 많은 경우 두 집단 모두에 속했다), 전쟁에서 빌려온 애국적 언어로 변호되었다.[28] 그러한 살인은 타락한 평화기에 치러진 전시 행동의 면면을 갖추고 있었다. 전후 독일 국군 총사령관으로 은퇴한 한스 폰 제크트는 1928년에, 수많은 살인을 자행한 로스바흐 자유군단 구성원들이 애국 병사를 자임하는 것도 충분히 이해할 수 있다고 썼다. 과거 자유군단을 이끌었던 프란츠 리터 폰 에프는 국회의 한 위원회에서, 자유군단이 은닉한 불법 무기를 밀고했다가 죽임당한 이들은 조국을 배반한 이들과 마찬가지로 죽어 마땅하다고 말했다.[29] 전형적이게도, 이러한 종류의 살인에는 우파가 만든 신조어가 붙었다. 국가를 좀먹는 자의 이유 있는 죽음, 해로운 인간의 처형을 의미하는 '해충박멸Schädlingmord'이 그것이다.[30] 야만화 도구로서 언어가 맡은 중요한 역할에 대해서는 뒤에서 살펴볼 것이다.

독일에서는 도덕성과 행실에 관한 일반 규범들이 위기에 놓인 듯했다. 그러나 이는 독일만의 일이 아니었고, 많은 귀환병에게 쉽지 않았던 전시에서 평시로의 이행에 따른 결과이기도 했다. 1918년 독일 공화국이 귀향 군인을 위해 발행한 안내서는 그들이 "부르주아적 삶에서 완전히 소외되어" 있었으며 "삶에 반드시 요구되는 것들",[31] 안정된 사회의 규범들과 접촉할 수 없었다고 진지하게 언명했다. 당국은 전쟁중에 이미, 전선에서의 삶이 감당 가능한 선을 벗어날 수도 있으며, 그러므로 도덕성과 행실에 관한 일반 규범과 조화를 이루게 해야만 한다고 느꼈던 것이다.

동원 해제 후, 독일의 범죄 통계에는 전과가 없는 사람이 저지른 중범이 급격히 증가했다. 당대의 한 범죄학자는 살인에 준비된 전시의 태도와 그 시대의 절망적 사회, 경제 상황에서 그 원인을 찾았다.[32] 확실히 일리 있는 분석이다. 예컨대 아르놀트 츠바이크의 소설 『폰트와 안나*Pont und Anna*』(1925년)에서 폰트는 야만적 살인을 저지른다. 우파는 이 범죄에 박수를 쳤고, 작가는 그것을 전쟁의 결과이자 전후 독일에 이어진 호전적 분위기의 결과로 설명했다. 이 살인은 강간중에 저질러졌음에도 전직 장교이자 자유군단의 일원인 폰트는 가벼운 처벌을 받는다. 이 소설의 결말은 전후 독일의 사법적 상황을 상당 부분 정확하게 반영한 것이었다.

살인에 대한 법적 방책을 약화한 것은 바이마르 공화국 자체였다. 공화국의 사법 체계는 이른바 애국적 폭력행위에 관대했다. 이러한 양상은 바이마르 헌법 제48조에 보장된 대통령 비상 권력(종국에 이 직권은 공화국의 막을 내리는 데 쓰였다)의 사용과는 무관했다. 정치적 동기에서 비롯된 물리력 사용에 대한 법적 방책의 약화는 기성 사법 제도가 정상적으로 작동하는 가운데 발생했다. 예컨대 종전 직후 독일 대법원은 살인을 법의 완전한 적용에서 제외하는 '초법적' 비상사태가 있을 수 있다고 판결하면서, 그 예로 자유군단이 상부 슐레지엔에서 폴란드와 싸우는 중에 자행한 살인을 들었다. 이 법정은 후에 태도를 바꾸었지만[33] 선례는 이미 만들어졌다.

공화국 시기에 법 자체가 개별 인명의 가치 절하에 협력한 과정을 보여주는 가장 의미심장한 사례는 공화국 대통령이 승인한 특별 사면이다. 개별 인명에 자행된 범죄가 공화국 초기에는 대개 특사 대상에서 제외되었으나, 1928년에 이르러 정치적 동인에 의한 살인에 내려진 종신형과 사형이 7~23년형으로 감형되었다. 하지만 정치적 암살범의 완전 사면을 요구하던 우파 정당들과 공산당은 그것으로 만족하지 못했고, 1930년이면 사회민주당을 제외한 다른 모든 정당이 이 요구에 동참했다. 1918년 이후의 내전 상태가 법적으로 인정된 그해에는 암살 사건이 가장 많이 일어난 시기인 1924년 이전에 정치적 살인을 저지른 모든 사람이, 그 피해자가 의회 정당의 수장이거나 현 정부의 구성원인 경우 외에는 사면되었다.[34] 1930년의 출옥자 중에는 발터 라테나우 살인 사건의 공범 중 유일하게 살아남은 에른스트 베르너 테호프도 있었다.(사실 그는 그전에 한 차례 감형도 받았다.)[35] 이와 같이, 1933년 특사에 이르는 길을 닦은 것은 다름아닌 공화국이었다. 나치는 권력을 장악한 직후, 권력투쟁 과정에서 이런저런 식으로 법을 어겼던 모든 국가사회주의자를 사면했다.

우익 준군사 집단을 배신했다고 여겨지는 자들을 살해하는 '심판살인자Fehmemörder' 앞에서 법은 사실상 그 의무를 포기하고 폭력을 인정했다. 물론 공화국은 1922년 라테나우 암살 사건 후 공화국 지도자들의 목숨이나 공화국 자체의 생명을 위협한다고 여겨지는 이들에게 무거운 제재를 가하는 법을 통과시켰다. 그러나 이 법은 결코 공평하고 엄격하게 집행되지 않았으며, 1929년 개정 때는 다양한 정당들의 동맹에 의해 아예 무효화되었다. 보호해야 할 권위는 바이마르 헌법의 권위가 아니라 독일이라는 국가의 권위라는 것이 널리 합의되어 있는 듯했다. 1930년부터 1933년까지 독일을 의회 없이 통치한 헌법 제48조의 대통령 비상조치는 의회민주주의가 아니라 국가 자체에 놓인 이러한 초점을 대변한다. 법질서를 수호하는 이 법령은 "국가의 권위를 지키는 법령"으로 불렸으며, 공화국은 더이상 1922년의 법률에서와 같은 식으로 언급되지 않았다.[36] 정치의 야만화는 단순히 공화국을 무너뜨리려 했던 이들이 강제한 것이 아니라, 이처럼 이미 공화국 체제 안에서 그 길을 닦았다.

적의 비인간화는 이 야만화 과정의 불가피한 결과 중 하나였다. 아마도 이 목적에 있어 가장 효과적인 수단은 말과 그림으로 퍼져나가는 스테레오타입이었을 것이다. 이 경우에도 그러한 스테레오타입은 이미 18세기부터 유포되고 있었지만, 1차대전은 사람들의 정신을 그것을 수용하는 방향으로 더 철저하게 준비시켰다. 적의 잔학 행위에 관한 이야기들은 전시의 주식主食이 되어 모든 진영에서 쓰였다. 여기에는 그 어떤 제약도 없었으며, 그전에는 일부 스테레오타입의 도상을 제한하는 역할을 했던 사회적 금기 및 성적 금기가 이제는 폐기되었다. 이러한 스테레오타입화에는 야만적 물리력도 쓰였다. 즉 적은 무방비한 사람들을 학살하고 불구로 만들고 고문하는 자들이었다. 또한 적은 신성한 가치를 전복하는 자들이었다. 가령 프랑스인은 독일군이 전사자의 시신으로 군비에 필요한 글리세린을 만든다고 비난했다. 적은 통상 금지된 각종 성행위를 한다는 식의 외설적 테마도 흔했다.[37] 그러한 스테레오타입에는 시각적 소재가 풍부하게 사용되면서 그 효과를 더더욱 키웠다. 대중에게 이르는 데 있어 시각자료는 인쇄된 글보다 언제나 더 효과적이었다.

19세기는 점점 더 시각적 시대가 되었고, 그와 함께 문맹률이 높은 대중이 사회와 정치에 통합되었다. 1차대전은 그림엽서 시대의 전쟁이었다. 그림엽서는 평소였다면 가정용으로는 도색적이거나 지나치게 잔인해 금지되었을 법한 스케치나 연출 사진을 담을 수 있었다. 도해를 곁들인 신문들에는 군사 행동에 관한 사진과 스케치가 실렸는데, 이 매체 역시 전쟁중에 대중 독자층을 획득했다. 비교적 점잖은 언론 역시, 극적 성격은 덜했다 해도 잔학 행위를 이용한 프로파간다를 실었다. 여기에는 광고도 동원되어, 앞서 살펴본 프랑스 백화점의 광고는 프랑스 어린이가 독일군 제복 차림의 봉제 인형을 짓밟는 모습을 보여주었다.(그림 16. 본문 161쪽)

종전 직후, 독일의 예술비평가이자 시사평론가 페르디난트 아베나리우스는 전쟁중에 목격된 그림의 도착倒錯을 규탄했다. 그러면서 그는 캐리커처가 평시에는 재현의 형식이지만 전시에는 최면 효과를 낸다고 썼다. 아베나리우스는 반독일적 캐리커처의 예로 가학성애와 강간, 비역의 장면을 담은 그림엽서들을 지목했다.[38] 독일 역시 적에 대해 그러한 장면을 이용했으니, 모든 사회적 관습을 저버리는 행동을 적에게 투영하는 것은 필시 경악과 함께 쾌감까지도 불러일으켰을 것이다.

프랑스혁명기에 근대식 교전이 시작된 이래, 적에 대한 증오는 언제나 시와 산문을 통해 표현되었다. 이제 전쟁은 모든 남성 시민을 끌어들였고, 그들은 동인을 찾든가 아니면 참전과 목숨의 위험을 합리화해야만 했다. 그러나 예컨대 1813년 독일 해방전쟁 때 프로이센인은 "우리는 왜 프랑스인을 싫어하는가?" 같은 물음에 대체로 당면한 전쟁에 초점을 맞추는 식으로 설명했지, 프랑스의 역사나 전통을 중상한다거나 아예 프랑스 국민 전체를 비방하지는 않았다. 『새로운 독일*Das Neue Deutschland*』 같은 애국적 잡지도 1813~1814년에 독일을 점령한 프랑스군의 잔혹함을 개탄하면서도, 독일을 억압한 죄는 마땅히 나폴레옹에게 물었지 프랑스인에게 돌리지 않았다.[39] 물론 에른스트 모리츠 아른트 같은 국가적 대의의 선전자들은 때로 프랑스인 전체를 공격했지만 이는 예외에 속했다고 할 수 있고, 아른트도 결국 계몽주의 시대의 인간주의적 이상들을 신봉했다.[40] 이와 달리, 모든 진영이 보편적 사명의 감각에 고취되었던 1차대전에서는 모두가 적을 비인간화하고 적의 무조건 항복을 요구했다. 전시 독일에서는 많은 지도자가 독일을 세계를 재생할 숙명을 짊어진 국가로 여겼다.("독일의 존재로써 세계가 회복하리라.")[41]

적은 반反유형으로 변형되어, 사회가 받드는 모든 가치의 전도를 상징했다. 적의 스테레오타입화는 사회의 규범과 어긋나고 사회의 존재 자체를 위태롭게 하는 듯한 이들(유대인, 집시, 성도착자)의 스테레오타입화와 동일했다. 1차대전은 19세기에 발현한 반유대주의와 인종주의 위에, 또한 그전 전쟁들에서는 아직 정점에 이르지 않았던 사회적, 성적 동조에 대한 갈수록 커져만 가는 열망 위에 성립한 전쟁이었다.

전쟁 전이었다면 그렇게 기꺼이 수용되지 않았을 방식으로 추정상의 적을 비인간화한 것은 전후 독일만의 일이 아니었다. 영국 또한 전쟁 전의 정중하고 점잖은 정치적 담론은 그대로 이어갔어도 비슷한 야만화 과정을 겪었다. 전간기 출판계에서 큰 성공을 거둔 '새퍼Sapper[공병]'(허먼 시릴 맥닐의 필명)와 '사키Saki[원숭이의 일종]'(헥터 휴 먼로의 필명)가 그 일례다. 새퍼의 연작에서 주인공 '불독 드러먼드The Bulldog Drummond'는 회한도 자비도 없이 영국의 적을 살해하고 고문한다. 그보다 약간 더 점잖은 사키의 인물들 또한 꾀죄죄하고 더러운 적(주로 유대인이거나 볼셰비키)을 잔인하게 다룬다. 두 작가는 종전 후 영국의 미덕과 강인함을 지키기 위해 공격적 남성성을 옹호한 부류 중 가장 눈에 띄는 일부일 뿐이다. 그렇지만 레슬리 서서가 보여주듯, 영국에서 파시즘이 쇠퇴한 것은 그 지도자인 오즈월드 모슬리가 고압적 전술을 사용하며 기성의 정치적 관례를 어겼다는 데 어느 정도 이유가 있었다.[42] E. M. 포스터는 맞는 말을 했다. "영국인은 지금도 독재를 비신사적인 것으로, 유대인 학살을 채신없는 것으로, 사병私兵을 익살맞은 인물로 여긴다는 것은 중요한 의미를 가진다."[43] 이와 달리, 전후 독일에서는 야만화 과정이 정치적 삶 전체를 성공적으로 관통했다.

전쟁은 동조를 강제하는 강력한 기제였다. 과연 전쟁은 외부의 적에 관한 스테레오타입만이 아니라, 국가의 안정을 위협하는 것으로 간주되거나 사회가 지향하는 이미지를 어지럽히는 내부의 적에 관한 스테레오타입을 강화했다. 마르부르크 시에 관한 한 연구는 전후에 사람들이 점차 강하게 결속된 사회가 필요하다고 느꼈음을 보여준다. 중간계급은 조직력 있는 사회단체와 정치단체에 대해 새로운 열광을 보였으며[44] 전보다 더 기꺼이 대중 조직을 지지하는 경향도 나타났다. 마르부르크의 사례가 대표성을 가졌든 그렇지 않았든 간에, 전시와 전후에 유대인을 향해 나타난 공격적 태도는 갈수록 강력한 동조를 바라던 그 시기의 욕망을 예증하는 듯하며, 사회와 그 추정상의 적을 엄밀히 구별하는 태도가 그러한 공격성을 일부분 정당화했다. 전시 독일에서 유대인 차별은 불길한 국면에 접어들었다. 프랑스의 경우, 과거부터 그 시점까지만 해도 독일보다 더 호전적인 반유대주의를 보였다는 점에서 그러한 차별이 나타나리라고 예상될 만했다. 그러나 전시 프랑스에서는 인종주의 성향의 우파가 도를 넘지 않았던 반면, 독일의 우파는 전쟁의 진행과 함께 내셔널리즘이 고조되고 좌절이 깊어지는 데 힘입어 자신들의 대의를 밀어붙일 기회를 잡았다. 또한 유대인 차별은 연합국에서보다 독일에서 심화되었는데, 여기에는 전시에 연합국은 생활 수준을 유지했고 오히려 높이기까지 했던 반면 독일의 생활 수준은 급격히 악화되었다는 이유가 있었다. 생활 수준의 저하로 인해 더욱 격화된 사회적 긴장은 그전 어느 때에나 잠재했던 반유대주의를 대거 명시화하는 역할을 했다. 그렇지만 반유대주의는 영국에서도 반프로이센 프로파간다의 일부로 쓰인 바 있었다.[45]

전쟁 초창기에 빌헬름 2세는 계급 간, 종교 간의 모든 차이는 이미 사라졌으며 자신은 오직 독일인만 안다고 선포했다. 그러나 1915년이면 벌써 독일군 내 유대인 장교 수가 전쟁 초창기보다 감소했다. 1916년 10월 11일에는 더욱 문제적 조치가 따랐다. 제국 전쟁장관이 전선에서 복무하는 유대인은 몇 명이고, 후방에서는 몇 명이 복무하며, 어디에서도 복무하지 않는 자는 몇 명인지 알아내는 통계를 지시한 것이다. 참호에서 전우들과 나란히 싸우던 유대인 청년들에게 이것이 어떤 의미였는지는 충분히 짐작할 수 있다. 이 '유대인 통계'는 그 1년 전에 본격적으로 시작된 반유대주의적 선동의 결과였고, 그 집계 결과가 끝까지 공개되지 않으면서 유대인은 병역을 기피한다는 의혹을 그대로 남겼다.[46]

유대인 병사 통계는 전주곡에 불과했다. 전후에 이르러 유대인은 중요한 사회단체와 정치단체에서 더욱 조직적으로 배척당했다. 그 범위는 학생 동아리부터 귀환병 조직까지 다양했다. 특히 가장 자의식 강한 남성 동맹들(우파에 따르면 '미래의 대세')은 이제 유대인에게 문을 닫았다. 전선과 후방에서 싸우는 유대인의 수가 집계되고 있던 그때, 독일청년운동 내에서는 유대인 입회에 관한 논쟁이 불거지면서 그전까지 이 사안을 이면에 가둬두었던 제약들을 전쟁 한복판에서 풀어버렸다. 그렇지만 이 논쟁에서는 반유대주의만이 아니라 친유대주의적 의견도 나왔으며, 전시에 독일청년운동 소속 유대인 수는 도리어 상당히 늘었다.[47]

'유대인 통계'의 동인은 인종주의가 아니었다. 여기서 유대인은 종교 공동체의 구성원으로 정의되었고,[48] 반유대주의자 사이에도 내셔널리즘과 인종주의가 일치하지 않는 경우가 많았다. 그렇긴 해도, 전全독일연맹 같은 영향력 있는 우익 조직은 그들이 전쟁 전부터 내세웠던 인종주의를 전시로 끌어왔다. 그들은 적의 영토를 합병할 것을 요구하는 동시에 독일의 유대인을 팔레스타인으로 보내야 한다고 주장했다. 보다 규모가 작은 여러 우익 조직은 인종주의적 사상을 그들 강령의 일부로 견지했다. 전쟁이 끝나자 인종주의는 단숨에 표면으로 부상했다. 이제 유대인에 대한 공격과 사회·정치 단체의 유대인 배척은 인종적 근거에서 옹호되었다. 그전에는 소위 게르만적으로 생기고 게르만식으로 행동한다고 여겨지는 유대인은 몇몇 민족주의적 내셔널리즘 조직에 가입할 수 있었던 것이, 이제 유대인은 예외 없이 배척당했다. 우리가 지금까지 언급한 사회단체들만이 이 진로를 따른 것이 아니었다. 1929년이면 바이마르 연립정부의 여러 구성원 중 하나였던 독일국가인민당이 공식적으로 유대인에게 문을 닫았다. 프롤레타리아 성향의 나치당을 멸시하던 독일 부유층에게는 인종주의도 품위에 하등 문제가 되지 않았던 것이다. 서유럽이나 중유럽에서는 그 어떤 국가적 귀환병 조직도 옛 전우를 차별하지 않았다는 점에서, 독일의 귀환병 조직 '철모회Stahlhelm'의 유대인 배척은 독자적이었다. 결국 1935년, 전쟁 기념물에 유대인 전사자의 이름을 포함하는 것을 금지하는 법령이 공포되면서 국가사회주의는 이러한 추세에 (불가피하지는 않더라도) 타당한 결말을 지었다.[49]

전후에 다시금 인기를 끈 음모론은 반유대주의와 인종주의를 이끄는 역할을 하며, 국가를 교살할 조짐을 보이는 악덕의 고리를 확증하는 듯했다. 그러한 음모론의 황금기는 19세기의 마지막 20년으로, 당시 가톨릭교회는 유대인과 프리메이슨이 음모를 꾸미고 있음이 확실하다고 선포했고, 프랑스에서는 러시아 비밀경찰의 원조로 유대계의 음모에 관한 문서라는 '시온 장로 의정서'가 위조되었다. 1차대전 시기에 음모론은 전시 프로파간다의 양식糧食이 되었다. 바로 앞에서 언급했듯, 영국인들은 프로이센주의와 유대인의 동맹에 관해 썼다. 그러나 많은 나라에서 '유대인의 숨은 손'을 폭로하는 듯했던 것은 바로 볼셰비키 혁명이었다. 이 음모론 또한 전시 프로파간다로 쓰였고, 그전에는 '의정서'의 거짓말에 영향을 받지 않았던 독일과 영국에서 '의정서'가 무비판적으로 수용될 기반을 닦았다.[50]

하지만 전후의 인종주의 파동은 크게 보아 독일이 전시에서 평시로의 이행 과정에서 겪은 사회적, 경제적, 정치적 위기에 대한 반작용이었다. 그러나 한편으로 그것은 1차대전에서 비롯된 야만화 과정의 분명한 증후였다. 앞서 살펴본 대로, 전시의 전우애는 전후에 이르러 공격적 자세를 취했다. 그것은 폴란드인이나 독일 국내의 혁명가들을 겨냥했을 뿐 아니라 독일 귀환병 조직의 전우관계에서 이른바 인종적 적을 배척했다. 이 전우애는 유대인은 비겁하고 교활하고 신체적 아름다움을 결여했다는 해묵은 스테레오타입을 따라, 시민이며 인간인 유대인에 대한 공격을 반대하지 않았다. 이 점에서 독일국가인민당이 유포한 전단들은 나치의 그것과 다르지 않았다.[51] 여러 중요한 사회단체와 남성 동맹의 유대인 배척은 현실에 대한 신화의 우위를 다시 한번 입증했다. 전쟁중에 유대인이 받은 그 모든 철십자훈장도, 참호의 전우애도 그러한 사태를 바꿀 수 없었다.

이와 같은 인종주의의 급부상에는 언어와 시각적 재현의 점증하는 폭력이 곁따랐으니, 이 역시 우리의 관심사인 야만화 과정을 반영하고 있었다. 이른바 범죄자 관상을 가진 유대인 스테레오타입을 보여주는 포스터들이 시대를 풍미했다. 그러한 스테레오타입화는 우파가 최대한으로 활용했지만 우파만의 일은 아니었다. "유대인이 당신을 보고 있다"라는 나치의 문구에 좌파는 쿠르트 투홀스키*의 "장군들이 당신을 보고 있다"로 짝을 맞추었다. 비록 대의가 달랐고 군국주의는 공화국을 실제로 위협했지만, 좌파와 우파가 공히 인간성을 말살하는 스테레오타입을 이용했다는 것은 다시 한번 정치의 야만화를 가리킨다. 투홀스키는 이마가 낮고 땅딸막한 '독일인의 얼굴'이라는 스케치를 게오르크 그로스†에게 바치며 그가 "우리에게 그러한 얼굴을 알아보는 법을 가르쳐주었다"라고 진지한 헌사를 남겼다. 전쟁 당시, 프리츠 에를러는 전혀 다른 종류의 '독일인의 얼굴'을 그리고는 누구든 철모를 쓰고 빛나는 눈을 가진 그 얼굴을 한번 보면 결코 잊지 못할 것이라고 썼다. 에른스트 윙거는 그가 속한 돌격대의 얼굴과 눈, 몸을 묘사하며 새로운 인종을 선포했다.[52]

이 새로운 인간은 또한 새로운 언어를 구사했다. 그것은 전통적 표현양식들을 날카롭게 다듬어 그것을 적과 아군으로 이루어진 이원론적 세계상에 통합하는 언어였다. 이전의 전쟁에서는 적에게 적용하는 언어에 얄팍하나마 어떤 제약이 발견되었다. 그러나 1차대전 전시에나 특히 전후에는 모든 방책이 무너졌다. 가령 내셔널리즘 우파는 '해로운'이라는 단어의 대상이 식물에서 인간으로 옮겨온 '해충박멸'이라는 단어로 자신들의 정치적 살인을 정당화했다.[53] 전쟁 전에도 이따금 발견되는 '하등인간untermensch'

* Kurt Tucholski (1890~1935). 독일 출신의 유대인 작가, 저널리스트. 일찌감치 나치의 위험성을 경고했으며, 그의 책들은 나치 집권 후 금서가 되었다.
† Georg Grosz(1893~1959). 다다이스트로 활동했던 독일의 화가. 공산당에 가입한 바 있고 신랄한 사회·정치 풍자 드로잉으로 유명하다.

이라는 단어가 전후에는 극우파의 명령에 동조하기를 거부하는 이들에게 적용되었다. 또한 과거에는 부정적 함의를 가졌던 '광적狂的'이라는 단어가 이제는 영웅성과 전의를 나타내는 수식어로 쓰였다.[54] '영웅적'이라는 단어가 '투지'와 함께 쓰이는 경우가 많아졌고, 또 이 '투지'라는 단어는 흔히 합리적 논쟁이나 타협 의지를 대체했다. 1837년의 한 법률에 등장했던 오래된 표현이 새 생명을 얻기도 했다. "도주중 처형", 즉 탈출을 시도하는 수감자의 처형은 원래 조직적 범죄를 저지른 죄수가 장기적이고 지속적으로 탈출을 준비한 경우에만 합법이었다. 이제 수감자는 실제로 그러한 도주가 있었는지에 대한 면밀한 심리도 없이 처형당했다. 공화국 시기에는 심지어 경찰이 이 명목을 이용해 소동을 벌인 노동자 29명을 사살했다. 그러나 사회주의자 카를 리프크네히트를 도주중 사살한 것으로 알려진 것은 자유군단의 암살 담당 특공대였다. 나치가 이 법을 이용한 것은 잘 알려진 사실이다.[55]

전쟁을 통해 크게 가속화된 삶의 전면적 기계화 또한 언어에 자국을 남겼다. 가령 전쟁 전까지만 해도 인간의 정신을 부인하는 것으로 비판받았던 표현인 '인적 재료'[56]가 전시와 전후에는 일반적 어휘로 받아들여졌다. 그리고 그러한 문구는 비인격화의 핵심을 이루는 추상 작용을 촉진했다. 히틀러에게 유대인은 하나의 '원리'였으니, 이러한 비인격화의 언어는 다시 그들에 관한 스테레오타입을 맥락에 두고 바라보아야 한다. 1차대전 후, 피아彼我의 엄밀한 구별은 인간의 지각 작용을 온갖 수준에서 끌어들이며 사람들을 하나의 응집된 무리로 만드는 균질화를 촉진했다.

사회와 국가를 위태롭게 하는 듯한 사람들과 운동들을 특징짓는 기술記述 형용사의 사용은 의혹과 혐오의 대상에 대한 비인격화 과정을 완결했다. 우파는 '유대인적'이나 '볼셰비키적' 같은 단어를 내부의 모든 적에게, 그리고 그들이 경멸하는 모든 운동과 인물에게 적용했다. 그들은 '유대인의' 또는 '볼셰비키의' 계략을 끊임없이 두려워하며 살았고, 그들의 단언에 따르면 그러한 계략은 흔히 '유대인-볼셰비키적' 음모로 결합했다. 이러한 형용사는 슬로건이 발휘하는 것과 똑같은 효과를 내며 대중 정치에 극히 중요하게 작용했다. 이 같은 한 인구 집단의 균질화는 다시 한 번, 피아의 명명백백한 구별을 갈구하던 전시의 이원론적 동향을 가리킨다.

전후에 우파는 권력을 잡기 위해 자신들이 사용하는 수단에 대해서 미덕과 악덕을 가리지 않았다. 우파의 많은 이들에게 전쟁은 끝난 것이 아니었고 아직 승리가 눈앞에 있는 듯했기 때문이다. 1918년, 후에 국가사회주의 계열 상이군인 조직의 수장이 되는 인물은 이렇게 썼다. "독일인에 대한 전쟁은 계속되고 있다. 세계대전은 그 참혹한 시작일 뿐이었다."[57] 끝나지 않은 전쟁이라는 발상은 극우파 이데올로기의 불가결한 요소였으며, 베르사유 조약은 강화조약이기는커녕 전쟁을 이어가는 데 대한 도전이라는 믿음이 그러한 발상을 뒷받침했다. 이전에는 체결된 강화조약은 대체로 수용하는 것이 얼마간 당연한 일이었으나 1918년 이후에는 그러한 조약이 없었고, 이러한 상황은 전쟁이 사람들의 삶에 혼입되는 것을 용이하게 한 요인이었음이 분명하다. 당연하게도 2차대전 후에는 강화조약이 시도조차 되지 않았다. 이러한 조약의 가치 절하가 전쟁과 평화의 인식에 갖는 함의에 대해서는 아직 연구가 필요하다. 그러나 규정하기는 어렵긴 해도 그러한 양상은 1차대전 후의 야만화 과정에 일정한 역할을 맡았던 듯하다.

하지만 극우파의 목표는 항구적 전쟁 수행이 아니었다. 전쟁은 그들의 정치적, 이데올로기적 목적을 달성하기 위한 수단일 뿐이었다. 마찬가지로 인종주의는 오로지 흑인이나 유대인을 겨냥한 무기가 아니었다. 그것은 자유주의나 보수주의, 사회주의처럼 완전한 형식을 갖춘 하나의 이데올로기로, 그 나름의 긍정적 호소력을 가지고 자기 영역을 확보했다. 그러한 운동들의 부정적 측면만 보는 것은 그들의 힘을 대단히 과소평가하는 것이며, 이것이 나치의 권력 장악 전후에 흔히 저질러진 실수다. 그보다 우리는 우파의 주된 기반이 전쟁과 그 공격적 전우애, 남자다움이 촉진한 야만성, 그리고 모든 독일인에게 더 나은 미래를 약속하는 듯했던 이상들 간의 상호작용에 있었음에 주목해야 한다. 우파는 대중정치 시대의 특성을 이용하는 방향으로 잘 설계된 정치적 도구들과 태도들을 취했다. 대중의 국민화는 적절한 동력을 보유하고 신화와 상징의 호소력을 가장 효과적으로 이용한 운동들의 성과였던 것이다. 지금까지 우리가 1차대전과 연결된 야만화 과정의 일부로 살펴본 요인들은 새로운 대중정치 시대의 일부를 이루고 있었다. 우파는 좌파보다 새 시대의 요구를 더 잘 이해한 반면, 공화국은 대중을 통치 체제에 통합하는 데 큰 어려움을 겪었다. 이 전쟁 자체의 결과로 정치가 민주화되었다는 점은 여러 정치적 표현양식 가운데 대중정치가 새로운 우위를 점하는 데 극히 중요하게 작용했다.

1차대전은 새로운 힘을 만든 것이 아니라 있었던 힘들을 풀어놓았다. 전쟁은 그 힘들에 새로운 의미와 동력을 부여하고 그것들의 승리를 도왔다. 우파의 공격성은 1914년과 1918년 사이에 그리 달라지지 않았을 것이다. 그럼에도 전후에 우리는 표현과 행동의 새로운 야만성, 품위에 대한 경시, 그리고 무슨 대가를 치르더라도 승리를 쟁취하겠다는 한층 강렬해진 열망을 마주한다. 표면으로 부상한 인종주의는 그처럼 모든 타협을 거부하는 공격성을 촉진했다. 우파는 갈수록 더욱 심각하게 야만화되는 동시에 그 정치적 고립성을 타개했고, 권력을 장악하기에 한참 앞서 바이마르 공화국 시기에 정치적 논의의 지형을 결정했다.

지금까지 우리는 우파에 초점을 맞추었지만, 야만화 과정이 전후 삶의 전체적 진로에 미친 영향력을 판단하는 것도 마찬가지로 중요하다. 필시 사람들은 전쟁 자체의 야만성만이 아니라 시각적, 언어적 폭력에도 상당히 익숙해졌을 것이다. 바이마르 공화국에서 이성의 공동체는 시대의 혼돈을 고조된 공격성으로 반영한 운동들에 늘 부딪히기만 했다. 바이마르 공화국에서 비롯되어 우파를 특징지은 정치의 야만화는 결국 나치의 권력 장악과 함께 제3제국의 공식적 정치 무대에 등장했다.

야만화 과정의 중심에는 전쟁 경험의 신화가 있었으니, 이 신화는 전쟁의 기억을 변형하고 전쟁을 받아들일 만하게 만들면서 전후 내셔널리즘에 가장 효과적인 몇몇 신화와 상징을 제공했다. 또한 전쟁 경험의 신화는 1차대전을 2차대전으로 이끌면서 국가를 회춘시킬 온전한 연속성을 수립하려고 했다. 그러나 그 모든 것에도 불구하고 1939년에는 전쟁에 대한 열광이 거의 나타나지 않았고, 나치가 아무리 노력했어도 새로운 1914년 세대는 만들어지지 않았다. 그렇지만 이 신화가 표출한 정치와 삶과 죽음에 대한 태도들은 많은 사람을 전쟁의 불가피함을 받아들이는 방향으로 준비시켰다. 전간기는 많은 부분 전쟁 위에 성립한 시기였고, 그 어떤 효과적 평화주의 운동도 전쟁 경험의 신화 옆에 제 자리를 만들 수 없었다.

9

신화의 증축

I

두말할 나위 없이, 1차대전은 전간기 사람들의 기억에 결정적 역할을 했다. 전쟁 미화로 이어졌든, 순전한 무관심과 체념으로 이어졌든, 그러한 기억은 흔히 전쟁이 실은 결코 끝나지 않았다는 기분을 바탕으로 했다. 그러한 분위기는 정상 상태로의 복귀가 더뎠던 나라들에서 가장 강하게 나타났다. 전쟁을 계속하고 있다는 이 감각은 아군과 적이 똑같이, 전쟁을 혐오한 이들과 전쟁 경험의 신화를 받든 이들이 똑같이 느낄 수 있었다. 가령 나치가 권력을 장악한 후인 1934년, 그 무렵 망명한 독일의 연극비평가 알프레트 케어는 자신이 목격하고 있는 것은 또다른 전쟁이 아니라 1차대전의 연장인 정신적 혼란과 보편적 혼돈이라고 썼다.[1] 몇 년 후, 그를 박해했던 나치 중 한 사람은 독일인에 대한 전쟁이 계속되고 있다고 썼다.[2]

이 연속성은 무엇보다도 전쟁 경험의 상속자를 자임한 독일 극우파의 자기표상에 극히 중요했다. 전쟁 경험의 신화를 특징지은 몇몇 테마는 국가사회주의의 승세를 타고 평시에 그 절정에 이르렀다. 가령 나치 운동의 순교자들은 1차대전의 전사자와 동일시되었고, 그들을 기리는 데 동일한 상징물이 쓰였다. 철모, 성화聖火, 기념비 등 그러한 상징은 죽은 나치 당원들을 과거 조국을 위해 싸우다 죽은 병사들의 닮은꼴로 보이게 했다. 예컨대 1932년에 공산주의자들에게 살해당한 게오르게 프라이저는 죽으면서 이렇게 말했다고 알려졌다. "내 아버지는 독일을 위해 복무하다 쓰러졌다. 아들인 내가 그에 못 미칠 리 없다."[3] 그런 이들은 "우리가 잊을 수 없는 세계대전 전사자들과 똑같은 정신으로, 제3제국 최초의 병사인 불멸의 알베르트 레오 슐라게터*와 똑같은 혈기로 싸우다 쓰러졌다. 그들은 호르스트 베셀†과 같은 모든 영웅처럼 죽었다."[4] 이 같은 사례는 얼마든지 찾아볼 수 있겠으나, 이 정도면 전사자 숭배와 나치 순교자 숭배 사이의 연속성을 보여주기에 모자람이 없을 것이다. 그러나 이러한 연속성은 전시 전우애의 모범을 동원하여 국가 공동체의 본질을 규정하려는 시도나 나치가 사용한 언어 등 모든 수준에 존재했다.

언어는 이 연속성의 저장고로 중요한 역할을 했다. 앞 장에서 살펴보았듯, 언어는 전후의 야만화 과정을 반영했다. 이 점에 있어 나치는 무엇보다도 군사적 언어를 그들의 목적에 차용했다. 가령 독일어의 '출동einsatz'이라는 단어가 이제 국가나 당이 요구하는 거의 모든 직무에 쓰였다. 배우나 무용수까지도 이제 당을 위해 '연기'가 아니라 '출동'을 했다. 전쟁과 연관된 단어인 '전선front'이 이제 제3제국의 선봉으로 여겨지는 여러 나치 조직을 지시하는 데 쓰였다. '노동전선'이라는 나치의 노동자 조직이 있었고, 1936년에는 전쟁 경험을 바탕으로 한 참된 민족 공동체를 뜻하는 '전선사회'라는 단어가 만들어졌다. 이보다 앞서 귀환병 조직 철모회는 '전선사회주의'라는 단어로 마르크스주의 계급투쟁에 반대되는

* Albert Leo Schlageter (1894~1923). 1차대전 때 독일 의용군 장교로 복무했다. 이후 나치에 입당했고, 루르 지방에서 프랑스군을 겨냥한 철도 폭파를 시도했다가 체포되어 처형당했다. 사후 나치에 의해 영웅으로 추대되었다.

† Horst Wessel (1907~1930). 독일의 작곡가이자 나치 당원. 나치가 집권하기 전인 1930년에 독일 공산당원에게 살해당했다. 그가 1929년에 작곡한 노래 〈기를 높이 내걸어라Die Fahne Hoch〉(일명 '호르스트 베셀의 노래')는 나치의 당가로 채택되어 2차대전 때 비공식 국가國歌로 불렸다.

전우애를 이야기한 바 있었다.[5] 우리는 두 대전 사이의 연속성이 수립되는 데 있어 언어가 발휘했던 마력을 결코 과소평가해서는 안 된다. 모든 파시즘은 바로 이 연속성을 정책적으로 옹호했다. 그러나 바이마르 공화국에서는 여타 우파 정당과 중도파 정당까지도 전시의 어휘를 사용하는 경향을 보였다. 그러한 언어는 전간기 독일에서 그토록 유행한 민족과 인종이라는 어휘의 요추였다.

나치는 앞 장에서 논한, 1차대전이 만들어냈다고 하는 '새로운 인종'을 대변하는 '새로운 인간'이라는 스테레오타입도 풍부하게 활용했다. 한 국가사회주의 소설에 따르면 이 새로운 인간은 쓰러진 전우들의 유산을 내면화한 이들이요, 발전하는 제3제국의 나팔수였다.[6] 아돌프 히틀러 역시 1차대전과 관련하여 '새로운 인간'을 이야기했다. 가령 1936년 뉘른베르크 전당대회의 연설에서 그는 독일 청년을 향해 용감하고 결연하고 충성스러울 것을, 영원한 제국과 민족을 위해 어떠한 희생이라도 감수할 것을, 전쟁 세대의 모범을 따라 '위대한 인간'이 될 것을 촉구했다.[7] 전형적이게도 히틀러는 새로운 독일인을 언급할 때마다 곧 그 외양을 언급한다. 새로운 인간은 부드럽고 유연해야 하며 게르만적 아름다움의 이상을 나타내야 한다는 것이다.

전후 이탈리아에서도 정상 상태로의 복귀는 더뎠다. 파시즘이 출현할 때까지 심각하게 분열되어 있던 이 나라에는 '자유군단'이 나타나지는 않았지만 준군사 조직인 '행동대squadrista'가 여럿 존재했다. 이탈리아의 파시즘은 폭력과 영구전이라는 테마는 받들었지만 자유군단과 달리 인명을 완전히 경시하지는 않았다. '적들에게 죽음을'이라는 개념은 1930년대에 이르러 무솔리니가 고삐를 당겼을 때에야 등장했다. 무솔리니가 이탈리아인은 완강하고 집요한 태도와 증오로 무장하는 법을 배워야 한다고 말한 것은 그가 또 한번 베를린에 다녀온 뒤의 일이었다. 그때 그는 모든 공직자에게 훈련에 참가하고 제복을 입으라고도 명령했다.[8]

하지만 이탈리아의 내셔널리즘 전통은 북부와 달랐다. 독일제국을 창출한 비스마르크의 철혈 정책 같은 것이 이탈리아의 통일 과정에는 없었다. 그렇긴 해도, 끊임없이 전쟁을 불러내며 조국을 위한 또 한번의 희생을 준비시키는 상황은 필시 이탈리아에서도 그에 따른 야만화 효과를 냈을 것이다. 무솔리니는 파시스트적인 새로운 인간, 즉 '진짜 남자'인 미래의 인간, 파시즘 신앙과 용기와 의지력을 가진 군인다운 인간을 원했다. 그러나 무솔리니의 새로운 인간 또한 독일의 전형과는 달랐다. 그 새로운 인간은 과거의 포로가 아니라, 파시즘 국가의 미래를 창조할 자유로운 인간이었다.[9] 에를러의 병사가 독일 역사와 게르만 인종에 뿌리를 두었듯 독일의 새로운 인간형은 앞을 내다보기 위해 먼저 뒤를 돌아보았다. 그렇지만 남자다움에 대한 파시즘적 정의는 두 나라에서 거의 똑같았다. 비록 한쪽이 다른 쪽보다 더 현대적이고 미래 지향적이긴 했어도, 둘 다 1차대전에서 출현했다고 여겨진 새로운 인간형 위에 수립되었다.

두 나라의 이상이 어떻게 달랐든 간에, 새로운 인간은 언제나 전쟁 경험과 연결되었다. 전사의 이상을 그 극단까지 추구하지는 않았던 이들마저도 군인다운 처신을, 다시 말해 말쑥한 외양과 완강함, 자기규율과 용기를 중요하게 여겼다. 앞서 살펴본 그림들과 묘사들이 예증하듯 이 새로운 인간형은 쉽게 동요하지 않는 냉철한 자세를 특징으로 했으니, 바로 그것이 이 전쟁에서 얻은 한 교훈인 듯했기 때문이다. 그러나 한편으로 내셔널리즘은 강한 정서를 불러일으키는 중요한 역할을 맡았다. 이에 대한 가장 좋은 예도, 새로운 인간의 탐색에 있어 그 정점에 도달한 나치가 제공한다. 이상에 복무하는 '정치군인'이라는 그들의 스테레오타입은 감정과 평정심 사이의, 낭만주의와 사실주의 사이의 긴장을 구체화했으며, 특히 미래의 새로운 인간인 엘리트 청년의 교육에 적용될 때 그러했다. '국민정치학교'라는 나치 엘리트 학교들에서는 혈통과 영토의 낭만주의를 강조하는 동시에, 학생들에게 프로이센의 장교 부대, 스파르타, 예수회, 영국의 사립학교 등을 본보기로 제시하면서 남자다운 이상들에 대한 냉철한 태도를 옹호했다.[10] 이들 미래의 인간은 그 어떤 정서적 관여보다 의무와 규율을 우선시하는 듯한 과거에 의해 형성될 것이었다. 이 학교들은 고취가 아니라 헌신으로 규정되는 광신을 생산할 것이고, 그것이 '국가사회주의자의 군인다운 처신'으로 이어질 것으로 여겨졌다.

이러한 새로운 인간의 육성은 단순히 우파의 이론에 머무르지 않고 실천으로 옮겨졌다. 열다섯 곳의 국민정치학교는 한편으로는 학생들에게 감상성을 거부하고 자기규율 및 죽음에 대한 무관심을 강조하는 교육을 제공하는 듯했고, 또 한편으로는 나치의 낭만적 이데올로기에 정서적으로 헌신할 것도 요구했다. 한 영국인이 목격한 바에 따르면 학생들은 인종적으로 순수해야만 했고 적당히 정직해 보이는 외양을 갖추어야만 했는데, 때로는 "금발과 푸른 눈을 가졌으면 당연히 정직하다고 여겨졌다."[11] 외양은 '새로운 독일인'에게 가장 중요한 요소였다. 무솔리니의 새로운 인간은 그렇지 않았고, 다른 많은 사항과 마찬가지로 외양에 특별한 규정은 없었다. 새로운 독일인은 새롭지도, 실험적이지도 않았다. 그저 오래된 인종적 이상형이 전쟁에 의해 다듬어져 미래로 투사된 것이었다.

시각적 이미지는 두 대전 간의 연속성에 극히 중요한 역할을 담당했다. 어디에나 전쟁 기념물이 있었고, 특히 독일에서는 1차대전 관련 포스터와 그림이 독일인에게 다양한 의무를 촉구하는 데 쓰였다. 프리츠 에를러의 병사는 후에 전투하는 독일인을 묘사하는 회화작품의 전형이 되었으니, 예컨대 엘크 에베르트의 1937년작 〈마지막 수류탄Die letzte Handgranate〉에는 에를러의 병사를 연상하게 하는 병사가 등장한다. 1940년에 간행된 『영원한 독일군*Ewiges Deutsches Soldatentum*』이라는 책의 표지에는 영화 〈1917년의 돌격대Strosstrupp 1917〉에 등장하는 부사관을 그린 삽화가 쓰였다.[12] 또한 나치 친위대의 1938년도 달력에는 밝디밝은 금발에 키 큰 아버지가 아기와 어머니를 팔로 감싸고 있는 1차대전의 전시 공채 홍보 포스터 디자인이 그대로 쓰였다. 그림엽서의 테마들도 같은 방식으로 추적해보면 흥미로울 것이다. 필시 그림엽서 또한 군인다운 이상적 남자라는 1차대전의 이미지를 2차대전으로 전달했을 것이다. 나치가 그것을 남용했다는 점은 제쳐놓더라도, 그러한 시각적 유전은 극히 중요한 역할을 했다. 이미 살펴본 대로, 전사자를 기리는 다양한 의식 또한 그 상징을 통해 1차대전의 이상들과 태도들을 계속 살려냈다.

전간기 독일에서 간행된 전쟁에 관한 여러 사진집은 대부분 전쟁의 긍정적 이미지를 전달했다. 그러한 사진집은 흔히 신중하게 전사戰死의 실상이 드러나지 않게 했고, 그 대신 폐허가 된 풍경과 파괴된 집과 농장을 집중적으로 다루었다. 그로써 얼마간의 사실성이 유지될 수 있었는가 하면, 전사자나 부상자는 빠져 있기에 전쟁이라는 모험에 치러야 했던 대가를 언급하지 않으면서도 전쟁의 영웅성과 대담성을 찬양하는 글이 함께 실릴 수 있었다. 때로 사진집은 제목에 논지를 담았다. 공화국 국가기록보관소의 협력하에 발간된 발터 블룀의 『독일: 위대함과 희망의 책*Deutschland. Ein Buch der Grösse und der Hoffnung*』(1924년)이 그 예다. 이 책은 전쟁을 하나의 성취로, 아무리 슬프더라도 결국 대단한 경험으로, 독일의 영광스러운 운명에 대한 확증으로 강조했다. 그 안에는 잿더미가 된 여러 마을의 사진이 실렸지만, 참호는 비어 있고 병사들은 한가롭게 쉬거나 총을 쏘는 자세로 등장한다. 즉 사상자가 장면을 그르치는 법이 없다. 그러한 사진은 참호 속에서 즐겁게 지내는 병사들을 묘사한 그림엽서와 그리 다르지 않다.(그림 12 참고. 본문 155쪽) 혹시라도 사진에 전사자가 등장하는 경우 흐릿하게 처리된다. 너무 멀리 있어 세부가 보이지 않든가, 아니면 매장 직전에 시신이 온당하게 덮여 있는 식이다.[13] 독자의 기분을 감안하지 않고 전쟁의 공포를 강조한 평화주의 성격의 사진집도 있긴 했으나, 그것들은 어디까지나 소수에 속했다.

가정에 두고 보는 사진집이 전쟁 당시에 나이가 어려 참전하지 않았던 이들에게 끼친 영향은 결코 과소평가될 수 없지만, 두 전쟁 사이의 연속성을 수립하는 데는 전쟁영화가 사진보다 분명히 더 큰 영향을 미쳤다. 우리는 앞서 7장에서 전쟁영화의 사소화 효과를 다루었다. 전쟁을 모험담으로 다룬 영화는 전간기에도 계속 제작되었다. 그러나 1918년 이후에는 비교적 진지한 전쟁영화도 시장에 나왔다. 전쟁 직후에는 영화가 거의 제작되지 않았는데, 이는 전쟁 소설 분야에도 똑같이 나타난 패턴이었다. 즉 종전 후에는 일단 휴지기가 길게 이어지다가, 거의 10년이 지나 작품이 봇물처럼 쏟아져나왔다. 왜 이러한 시차가 발생했는지는 명확하지 않았다. 아마도 탈진해서였거나, 전쟁에 대처하는 데 거리가 필요해서였거나, 전후 세계의 불안에 반응하는 데 시간이 필요해서였을 것이다. 앞서 살펴보았듯 전쟁영화에는 대리물이 있어, 독일의 산악영화나 스포츠 관련 영화는 전투적 남자다움을 국가적 이미지로 미화했다. 그런데 수많은 전쟁영화가 그러한 이미지를 표출했지만, 모든 영화가 그런 것은 아니었다. 우리가 논의해온 새로운 인간이라는 이상형이 등장하긴 해도, 영화라는 매체 전반은 다종다양한 기능을 하는 오락물이었고 선전영화 외에는 그러한 단일한 목표에 집중하기가 불가능했다.

예컨대 이탈리아 영화는, 파시스트적인 새로운 인간에 대한 무솔리니의 관심에도 불구하고, 결코 도식적이지 않았다. 이 나라의 영화에는 건달, 은행가, 귀족에 난봉꾼까지 등장했다.[14] 1930년대 중반 이래 몇몇 영화는 제멋대로인 젊은이가 파시즘과 적절한 남자다움으로 '전향'하는 이야기를 다루었다. 귀도 브리뇨네의 〈붉은 여권Passaporto rosso〉(1935년)은 한 젊은이가 전쟁에 끌려들기를 거부하다가 결국 '전향'하고 입대한다는 이야기다. 이 영화는 그가 사후 무공훈장(1차대전 말에 국가가 수여한 파시스트 메달이었다!)을 받는 것으로 끝난다.[15] 그렇지만 많은 작품 가운데 자의식적 파시즘 영화는 소수에 불과했다. 심지어 제3제국에서도 나치 이데올로기를 중심으로 삼은 영화는 뮤지컬 등 순전한 오락을 제공하는 영화에 비해서도 소수에 속했다.

그러나 눈에 띄는 변화도 있었으니, 전시에는 그토록 신중하게 걸러졌던 전쟁의 공포에 관한 장면이 이제 진지한 성격의 여러 전쟁영화에 나타났다. 1920년대 말 독일에서 제작된 전쟁영화들은 그 뚜렷한 사실성으로 주목을 받아왔다. "병사들이 우리의 눈앞에서 쓰러지고 단말마에 몸부림친다. 치명상을 입은 젊은이들의 얼굴에 고통이 드러난다."[16] 롤랑 도르즐레스의 유명한 소설을 원작으로 한 레몽 베르나르의 영화 〈나무 십자가Les Croix de Bois〉(1932년)는 작품의 4분의 3이 전투 장면이다.[17] 할리우드 영화가 영국 시장을 지배하고 있던 당시, 미국 영화 〈파란Havoc〉(1925년)은 전쟁의 혹독한 야만성을 묘사해 호평받았다.[18] 이러한 영화들은 평화주의적 취지와는 무관했고, 드물게 그러한 의도에서 제작된 〈서부전선 이상 없다〉 같은 영화는 전쟁의 공포를 전쟁의 무의미함에 결부시켰다. 그렇지만 영화가 다른 매체에 비해 더 일반적으로 사실성을 담아냈을 수는 있어도, 그러한 양상을 지나치게 과장해서는 안 된다. 수많은 영화가 전쟁을 건전화하고 전쟁을 오락물로 상품화했고, 전쟁을 사소화하지 않은 작품도 전우애 등 전쟁의 다양한 측면을 진지한 헌신으로 보여주었다. 그러니까 새로운 인간은 프로파간다적 방식으로 표출되지는 않았어도 전선과 후방에서 남성 전우들이 악전고투하는 모습으로 제시되었던 것이다. 가령 프랑스의 전쟁영화 중 가장 고상하고 다층적인 작품에 속하는 〈위대한 환상La Grande Illusion〉(1937년)은 분대장 역의 장 가뱅을 통해 이러한 유형을 표출했다. 전쟁을 미화하려는 욕망이 전혀 없을 때마저도, 전우애나 용기, 희생 등 그 본질상 전쟁에 고귀한 특질을 부여하는 이상들을 표출하지 않기란 불가능한 듯했다.

이 밖에도 많은 경우 전쟁영화는 전쟁 경험의 신화를 반대하기보다는 지지했다. 사진집과 마찬가지로 영화에도 전사자와 부상자의 모습보다 파괴된 풍경과 농장을 담은 장면이 훨씬 더 흔했다. 물론 한편으로는 더 강력한 사실주의를 추구하는 추세가 이어져 2차대전에서 그 절정에 이르렀다. 하지만 전간기에는 현실 은폐를 문제삼는 그 어떤 불편한 목소리도 그 수많은 사람들과 정치적 운동들에 모험과 헌신, 미래에의 희망을 제공한 전쟁의 속행을 방해할 만큼 불편하지는 않았다. 우리가 살펴본 것은 그러한 연속성에 관한 가장 중요한 몇몇 사례에 지나지 않으며, 아직도 밝혀내야 할 것이 많다. 우파는 그러한 연속성에 동력을 공급했고 그것을 국가 정치에 활용하고자 했다.

두 전쟁 사이의 연속성은 1936년에 발발한 에스파냐 내전을 통해 더욱 선명하게 드러나고, 처음으로 우파만이 아니라 좌파까지 흡수하며 그 범위를 넓혔다. 에스파냐 내전은 전간기에 벌어진, 볼셰비키 혁명의 승리 이래 유일하게 유럽인의 상상력을 자극한 무력 충돌이었다. 새롭게 일어난 자원입대의 움직임은 전쟁 경험의 신화에 밀접하게 연결된 전통을 부활시켰다. 즉 이 전쟁에서 싸운 에스파냐 병사들이 자국에 어떤 유산을 남겼든지 간에, 주로 공화국 측인 국제여단에 합류한 의용병들이 바깥세상에서 떠올리는 이 전쟁의 이미지를 결정했다. 에스파냐 내전은 전간기에 의용병이 다시 한번 이데올로기적 역할을 맡을 수 있었던 특별한 사건이었다. 영국 철학자 C. E. M. 조드는 1937년의 한 평화주의 강연중에, 에스파냐에서 프랑코에 맞서 싸우다 부상당했던 젊은 의용병이 청중의 요란한 박수를 받으며 강연장으로 들어오는 순간 1914년을 떠올렸다.[19] 전후 세대의 많은 이들에게, 특히 이 전쟁에서 제작된 신화가 가장 큰 영향력을 행사했던 민주주의 국가들의 전후 세대에게 에스파냐 내전은 결정적인 정치적 사건, 이를테면 정치적 '각성'이었다. 우리는 이 전쟁을 통해, 전쟁 경험의 신화가 우파만이 아니라 좌파에도 (이 경우 그 중요성은 훨씬 작긴 해도) 영향을 끼치게 된 과정을 분명히 확인할 수 있다.

II

이 젊은이들은 그 20년 전에 위 세대가 플랑드르로 갔듯 에스파냐에 가서 국제여단에 합류하고 프랑코에 맞서 싸웠다고 이야기된 바 있다.[20] 이데올로기적 헌신과 모험, 동지애, 사회의 제약을 벗어난 자유 등 그들의 참전 동기와 그 정신은 이전 의용병의 그것과 다르지 않았다. 예컨대 영국의 토머스 크롬웰 여단에 들어간 존 콘포드는 "내가 여기 온 것은 나 자신이 처음으로 자립했다고 느꼈기 때문이기도 하다"라며 1914년 세대 의용병은 물론 그보다 앞선 전쟁들의 의용병까지도 흔히 했던 생각을 되풀이했다.[21] 또 한 미국인은 입대 이유를 묻는 질문에 자신의 남자답지 않은 외양을 괴롭게 의식하면서 "나를 남자로 만들기 위해"라고 대답했다고 한다.[22]

하지만 에스파냐 내전의 의용병 대다수에게 결정적이었던 동기는 이데올로기적 헌신으로, 그중 많은 이들이 에스파냐에서 싸우기 한참 전부터 반파시즘 정치 활동에 관계하고 있었다. 이와 같이 그들은 내셔널리즘적 열의와는 다른, 사회주의와 공산주의, 무정부주의라는 세계주의적 이데올로기에 헌신했다는 점에서 과거의 의용병과는 달랐다. 그들은 자유와 정의를 위해 나란히 싸우는 독일, 프랑스, 영국 및 다른 여러 나라에서 온 병사들 사이에서 자신들이 생각하는 전우 정신을 찾았다. 이 여단에 합류한 총인원은 약 3만 5,000명에 이르렀고, 규모가 가장 컸을 때의 인원은 1만

8,000명 정도였던 듯하다.[23] 세계주의 정신은 이 투쟁의 특징으로 여겨졌다. 실제로는 소련에 충성하는 공산주의자가 여단을 지배하게 되었지만 말이다.

다시 한번 의용병이 전쟁 경험의 신화를 제작했다. 1차대전 때와 마찬가지로, 여단의 80퍼센트가량은 노동계급이었지만 자신의 열정을 시와 산문, 노래로 옮길 수 있는 작가와 예술가도 많았다.[24] 독일 해방전쟁에서 의용병이 주로 학생과 교수였다고 잘못 주장되었던 것과 마찬가지로, 여기에서도 지식인들만이 신화를 맡았다. 자유와 민주주의를 위한 국제여단의 투쟁을 둘러싸고 제작된 신화는 그 시대 사람이라면 누구나 증언할 수 있을 만큼 강력했다. 과거 의용병에게도 노래가 그들이 보유한 강력한 무기였듯 여단의 노래는 신화를 전파하는 데 중심 역할을 했다. 이른바 에스파냐 내전가로 불린 이 노래들은 대개 매우 정치적이었다. 민요에 바탕을 둔 것도 있었고, 한스 아이슬러, 파울 데사우 같은 유명한 좌익 작곡가가 지은 것도 있었다. 〈통일 전선의 노래Das Einheitsfrontlied〉의 가사는 베르톨트 브레히트가 썼다. 개별 여단의 노래도 많았는데, 그중 가장 유명한 것이 독일 공산당의 전 지도자 이름을 딴 텔만 여단의 노래였다.(“고향은 멀어도 우리는 준비되었도다. 우리는 너를 위해 싸우고 승리하리라, 자유여!”) 국제여단의 정치 위원장을 지내다 전사한 한스 바임러를 기리는 노래도 자주 불렸다. 과거의 의용병들은 개별 영웅에 관한 노래를 부르지 않았다. 그러나 국제여단은 훨씬 더 유대가 돈독한 부대였고, 특히 바임러는 다하우의 나치 강제수용소에 수감되었다 탈출했던 거의 유일한 인물이었다.

이러한 노래들은 독일과 영국, 미국에서 인기 있던 정치적 민중가요 전통과 맞아떨어졌다. 미국의 피트 시거, 독일의 에른스트 부슈 같은 가수는 음반과 공연에서 그러한 노래를 불렀다. 이와 함께, 이 전쟁의 메시지는 책과 소책자, 강연으로 퍼져나갔다. 영화도 이에 합류하여 집단적 이미지화로 '인민의 전쟁'을 유지하고자 했다. 예컨대 요리스 이벤스는 그의 영화 〈에스파냐의 땅The Spanish Earth〉(1936)을 전쟁의 사실적 이미지로 채우는 한편으로 이 전쟁의 더욱 근본적 진실을 찾고자 했으니, 그는 그것을 하나되어 자신의 운명을 만들어내려 하는 사람들의 혁명적 낭만주의에서 발견했다. 그러한 영화에는 어느 시기에나 전사를 정당화하는 데 매우 중요한 역할을 했던 그리스도교의 테마들도 나타났다. 앙드레 말로의 『인간의 조건*La Condition Humaine*』을 원작으로 한 영화 〈테루엘의 산맥Sierra de Teruel〉(1939년)*의 주제는 절망과 희망으로 분열된 사람들의 시련인데, 그 절망과 희망 모두가 십자가에 못박힌 그리스도의 이미지로 나타난다.[25] 국제여단의 신화는 의용병이 전쟁에서 맡아온 정치적, 이데올로기적 역할을 다시 한번 활성화했으며, 에스파냐 내전의 현실이 얼마나 억압적이고 내부 갈등이 심했든 간에 그러한 신화가 반파시즘 투쟁의 중심을 이루게 되었다.

유럽의 반파시즘 운동은 국제여단을 통해 제 목소리를 낼 수 있었다. 혹은, 최소한 그 어느 때보다 많은 청중을 얻었다. 지금까지 국제여단의 신화를 파헤친 역사학자가 없다는 사실이 놀랍기만 하다. 물론 국제여단은 고향에 두고 온 연인 생각에 슬퍼하거나 (식량을 빼돌린 자를 고발하는 '보급 장교의 노래'처럼) 처우에 대해 불평하는 내용의 전통적 군가도 불렀다. 그렇긴 해도, 그들은 언제나, 의식적으로 이데올로기를 전경前景에 두었다. 예컨대 알프레트 칸토로비츠는 출간을 목적으로 쓴 『에스파냐 전쟁일기*Spanisches Kriegstagebuch*』에서 국제여단과 독일 자유군단의 차이를 공들여 지적했다. 자유군단이 싸우기 위해 싸운 모험가였다면 국제여단은 자유를 위해 싸운 투사였다. 여기서 칸토로비츠는 우리

*이 영화의 원작인 말로의 소설은 『인간의 조건』이 아니라 『희망*L'Espoir*』이다. 『인간의 조건』의 영어 제목이 'Man's Fate'이고 『희망』의 영어 제목이 'Man's Hope'로 비슷해서 생긴 저자의 오기誤記로 보인다.

가 앞서 논한 자유군단의 신화를 되풀이하고 있으며, 자유군단 신화의 주요 제작자였던 에른스트 폰 잘로몬을 자신의 전거로 인용하기까지 한다.[26] 비록 자유군단이 거부되긴 했어도, 1차대전과의 연속성은 국제여단 의용병들 사이에도 확실히 존재했다. 내용적으로는 아닐지라도 열광과 신화 제작이라는 형식 면에서 말이다.

『에스파냐 전쟁 일기』의 한 독자는 모든 군국주의와 전쟁을 거부한다고 공언하는 좌파 사이에서까지 군복무에 대한 열광이 발견된다는, 얼마간 공정한 비평을 했다. 칸토로비츠는 그 일기를 1차대전에 참전한 병사의 정신으로 쓰면서 국제여단의 전우애를 강조했다고 하며[27] 실제로 그는 1차대전에 1년간 참전한 바 있었다. 나이가 어려 1차대전을 목격하지 못했던 젊은이들은 에스파냐에서 싸우기 위해 평화주의를 포기했다. 그중 한 사람인 줄리언 벨* 역시 입대하기 위해 자신의 평화주의적 견해를 보류했는데, 이는 어떠한 대의도 전쟁을 정당화할 수 없다고 생각한 그의 부모의 바람에 반하는 결정이었다. 부모와 아들이 벌인 이 논쟁은 이성과 낭만주의의 경합으로 설명된 바 있다.[28] 벨의 낭만주의, 즉 그의 명예심, 그리고 결코 실패해서는 안 될 시험이 여기 있다는 믿음은 그를 1914년 세대를 비롯한 옛 의용병들의 전통 안에 오롯이 위치시켰다. 영국과 미국에서 온 많은 의용병이 원래의 평화주의 입장을 폐기했다. 물론 공산주의자는 처음부터 그러한 입장을 취하지 않았다. 전쟁 전에는 전체 의용병 가운데 60퍼센트가 공산주의자였지만, 전쟁이 진행되는 사이에 전체의 20퍼센트가 공산주의로 전향했다고 추정된다.[29]

에스파냐 의용병의 기록에 1차대전이 직접적으로 언급되는

*Julian Bell (1908~1937). 영국의 시인. 그의 아버지는 예술비평가 클라이브 벨, 어머니는 화가이자 버지니아 울프의 동생인 버네서 벨이다. 사회주의와 반파시즘 운동에 참여했고, 부모의 반대를 무릅쓰고 에스파냐 내전에 자원했다가 전사했다.

경우는 드물며 이 전쟁의 신화 제작자들은 지난 전쟁에 대해 침묵으로 일관했다. 1차대전이 하나의 기준점으로 표현되는 경우는 있었다. 가령 에스파냐 내전에 참전한 이들은 시그프리드 서순 같은 1차대전의 반전 시인이나 앙리 바르뷔스 같은 작가를 통해 전쟁이 따분하고 에너지를 빼앗는 일임을 확신하지 못했다고 했다. "하물며, 바로 우리의 전쟁이 우리의 환상을 멸하리라고, 그들이 어떻게 우리를 설득할 수 있었겠는가."[30] 1차대전에 관한 사진이나 그 전쟁을 포괄적으로 다룬 영화 〈카발케이드Cavalcade〉에 나오는 노래, 윌프레드 오언의 온정적 시는 그 많은 것을 경험한 세대에 대해 연민보다는 질투의 감정을 불러일으켰다. 가령 우리가 앞서 다룬 사진집을 다시 논하자면, 그러한 전쟁의 기억은 나이가 어려 참전하지 못했던 이들에게 반감이 아닌 질투를 샀다. 그리고 그러한 감정이 이제 에스파냐에서 벌어지는 '인민의 전쟁'에 투영되었다. 에스파냐 내전의 한 귀환병이 후에 회상한 대로 "우리는 1930년대 초반에 반전 운동을 벌였을 때조차 우리가 소리 높여 반대하던 전쟁의 공포에 반쯤은 매료되어 있었다."[31]

그들은 전쟁 자체를 미화하지는 않았다. 그보다는, 이 특정한 전쟁을 에스파냐와 고국(독일, 이탈리아 및 파시즘이 공세를 취하고 있던 모든 나라) 양쪽에서 파시즘을 타도하기 위해 반드시 필요한 전쟁으로 미화했다. 에스파냐 내전은 유럽에서 파시즘의 영향이 정점에 이르렀던 시기에 벌어졌다. 한스 바임러의 경우처럼, 이 전쟁의 희생자는 전사자로서가 아니라 러시아 혁명의 영웅에 비견되는 혁명 영웅으로 기려졌다.[32] 두 전쟁의 연속성은 내용이 아닌 형식 면에서 좌파에게 영향을 미쳤지만, 내용과 형식이 명확하게 분리된 것은 아니었다. 의용병의 열광, 전쟁에 목숨을 바치겠다는 그들의 의지, 그리고 그들이 느낀 전우애라는 감정은 그러한 구분을 초월한다. 그들 역시 전쟁을 삶의 일부로 받아들였다. 다만 그 방식은 공격적이기보다는 방어적이었다. 그들은 전쟁에 미래를 걸지 않았다. 그렇지만 1차대전은 편재했다. 아직 1차대전의 기억이 생생한 시점에 다시 한번 싸움에 나선 이들은 그 전쟁을 무시할 수 없었다. 또 실제로 국제여단의 많은 장교가 1차대전에 병사로 나선 이들이었다.

자신이 악에 맞서 선을 지키기 위해 싸운다고 생각한 국제여단의 의용병들은 이 전쟁을 이상화하면서 전쟁 경험의 신화를 제작하지 않을 수 없었다. 그들의 대의는 공화국 측 프로파간다가 선포한 '문화 전쟁'에 깊이 새겨져 있었다. 그들의 도구는 노래와 시, 산문, 회화 등 전통적인 것들이었다. (비록 헌신의 성격은 달랐어도) 과거의 의용병이 그러했듯 그들도 삶을 할애하여 전쟁을 치렀다. 여기에는 우리가 주목할 만한 연속성이 존재하는데, 이 연속성은 의용병과 그들이 담당한 전쟁 경험의 신화가 대체로 무대에서 퇴장하기 직전인 2차대전에서 나치 친위대의 국제여단에 다시 나타나게 된다.

프랑코 측의 의용병은 어떠했을까? 그들은 결코 폭넓은 역할을 맡지 못했다. 이는 비단 그들의 적은 수 때문만이 아니라, 프로파간다에 대한, 역동적 신화를 제작하고 선전하는 데 대한 프랑코의 접근법 때문이기도 했다. 어느 진영이나 전쟁의 시작과 함께 프로파간다 위원회를 설치했지만, 공화국은 이 임무를 문화 전쟁의 표출로 폭넓게 이해했던 반면,[33] 프랑코의 프로파간다는 더 좁은 범위에서 다른 방식으로 이루어졌다. 그것은 국제여단의 신화를 성공적으로 전파한 유럽 지식인들에게 호소력을 발휘한 이상들이 아니라, 종교와 광신, "직감적 사고"[34]의 필요를 강조했다. 표현력 있는 여론은 체제파* 측에 섰으며, 여단이 전하는 문화와 흥분은 반파시즘을 보강했다.

정확히 말해 프랑코 측 의용병은 별도의 연대가 아니라 에스

*Loyalists. 에스파냐 내전에서 프랑코 장군의 반란군에 맞서 공화국 정부를 지지했던 공화파를 가리키는 말.

파냐군 장교가 지휘하는 '테르시오Tercio'라는 여단에서 복무했다. 그 수는 많지 않아 프랑스인이 약 250명, 아일랜드인이 약 650명이었고, 그밖에 백계白系 러시아인*및 다른 국적의 의용병도 소수 있었다. 포르투갈에서는 1만 명이 프랑코 군에 합류했는데, 그들은 주로 전직 직업군인, 학생, 일자리 없는 지식인이었다.[35] 그러나 이 부대는 소극적이나마 자국 정부의 지원을 받았으며, 이 전쟁에 참전한 독일인, 이탈리아인과 마찬가지로 통상적 의미의 '의용병'으로 분류할 수 없다. 의용병이라 할 만한 의용병은 대부분 공산주의에 맞선 그리스도교 십자군으로 참전했다. 아일랜드의 파견대는 에메랄드빛 녹색 바탕에 붉은색 십자가가 있는 그들의 깃발에 'in hoc signo vinces(이 상징으로 승리하리라)'라는 라틴어 구절을 새김으로써 근대전이 아니라 중세 십자군과의 연속성을 나타냈다.[36] 하지만 이와 동시에, 예컨대 한때 '남성적 지성'을 찬양하던 영국 시인 로이 캠벨은 근대식 군사 어휘로 그리스도교의 성전을 주조해냈다.[37] 프랑코 측 의용병 중에도 1차대전에 참전한 이들이 많았던 듯했지만, 우리는 그들에 대해 아는 바가 거의 없기에 1차대전이 그들의 헌신에 어떤 역할을 담당했는지 어쨌는지 확실하게 말할 수가 없다. 어쨌든 그와 같은 가톨릭 십자군은 파시즘이라는 시민종교와 함께 작동한, 전쟁 경험의 신화라는 또다른 시민종교는 채택하지 않았던 듯하다.

이탈리아의 에스파냐 내전 개입 역시 이른바 의용병에 의해 수행되었다. 일부는 정규군에서 차출된 병사, 일부는 파시스트당이 모집한 '검은 셔츠단'이었는데, 두 부류의 의용병 모두 이탈리아 정부가 약속한 혜택에 유인된 이들이었다. 이 군대에서는 직업군인이 더 높은 보수와 진급 기회를 누렸다. 검은 셔츠단은 경제

*White Russian. 1917년 러시아혁명 때 국외로 망명한 러시아인. 혁명 당시 볼셰비키 주도의 혁명세력이 붉은색을 내세운 것에 맞서, 보수적 반反혁명파가 백색을 상징색으로 삼은 데서 연유한다.

적 필요나 사회적 부적응 때문에 군에 들어온 이들이었다. 그들은 제대로 싸울 줄 몰랐고, 적을 증오하지도 않았다고 한다.[38] 또한 이 의용병들은 전쟁 양 진영의 의용병보다 평균 연령이 높았다. 이탈리아 부대는 표준적 의미에서의 의용병이 아니라, 파시즘 정권이 모집한 신병일 뿐이었다.

히틀러가 파견한 콘도르 부대는 나치 정권의 연장延長이었으나, 1차대전과의 연속성은 오히려 이들에게 더욱 도드라졌다. 육군과 해군 병력이 지원 부대로 기능하긴 했어도, 이 부대의 핵심은 공군이었다. 이 '의용병'은 (실제로 자원한 경우도 얼마간 있었겠지만) 자국에 배치된 소속 부대에서 선발된 이들이었다. 즉 정확한 의미의 자원입대라고는 그들이 애초에 독일군의 엘리트 부서인 공군에 입대한 것뿐이었다. 콘도르 부대원들은 1차대전에서 싸웠던 비행사의 전통을 잇는다고 자처했다. 이 부대의 공식 기록이나 다름없는 베르너 보이멜부르크의 『에스파냐를 위한 투쟁*Kampf um Spanien*』(1939년)은 1차대전과 에스파냐 내전의 연속성을 그 주제 중 하나로 삼고 있다. "콘도르 부대의 전사자는 세계대전 전사자의, 그리고 새로운 독일을 위해 목숨을 잃은 모든 이들의 일원이다."[39] 에스파냐에서 사망한 비행사들은 국가사회주의의 순교자와 마찬가지로 전사자의 만신전에 들었다. 보이멜부르크의 책 또한 이 부대가 강화해줄 것이라던 전통의 주역인 독일 병사를 미화하고 있었다. 이와 같이 프랑코 측에서 싸운 의용병들은 과거 어느 때에나 전쟁 경험의 신화가 옹호했던 예의 그 내셔널리즘 정신으로 행동했다.

우리가 지금까지 논의해온 연속성들은 전쟁 경험의 신화를 통해 두 차례의 세계대전을 연결한다는 점에서 중요하다. 전쟁의 공포는 초월되었다. 최소한, 그 모든 일 뒤에도 전쟁은 받아들일 만한 것으로 남았다. 이러한 전쟁의 수용 양상은 비단 우리가 주목한 연속성들에만 나타난 것이 아니라, 전후 평화주의의 운명에도 반영되었다. 평화주의는 전쟁 경험의 신화가 가졌던 힘의 거울상을 제공한다. 1차대전의 전례 없는 대학살을 겪은 후였으니, 사람들이 "전쟁은 그만"이라는 외침에 귀를 기울이는 것도 더없이 옳고 자연스러운 일로 여겨질 터였다.

III

1차대전 직후, 독일의 일부 평화주의자에게는 전쟁 그 자체가 최고의 동맹군인 듯했다.[40] 1919년 베를린에서 "니 비더 크리크Nie wieder Krieg(이제 전쟁은 그만)"라는 슬로건 아래 주최된 대중집회에는 약 10만에서 20만 명이 모였다. 이 첫번째 대중집회 후에 조직된 '니 비더 크리크' 운동은 독일 평화주의 세력에 대중적 기반을 마련하고자 했다.[41] 이 운동은 노동조합들과 사회민주당의 지지를 받는 동안은 성공적이었다. 그러나 평화주의자와 공화주의자의 연합은 오래갈 수 없었다. 이 반전 운동은 영국과 프랑스의 평화주의 세력과 긴밀히 협력했고, 그로 인해 베르사유 조약을 지지한다는 혐의를 받았기 때문이다. 더욱이 지도자 간의 경쟁 관계로 인해 1928년 무렵이면 사실상 운동이 종결되었고, 그와 함께 독일의 평화주의에 대중적 기반을 마련하려는 모든 시도가 끝났다. 물론 사회민주당 내에 중요한 평화주의 세력이 남아 있었으나, 그들은 고전중인 바이마르 공화국을 부단히 지원하는 당의 노력에 의해 사실상 무력화되었다. 사회민주당은 우파만이 아니라 혁명적 좌파에도 맞서서 공화국을 수호해야만 했다. 다시 말해 그들은 한편으로는 군대를 동원하여 혁명 기도를 진압하려고 했고, 또 한편으로는 극우파에 맞서는 방어 수단으로 '국기단Reichsbanner'이라는 준군사 조직을 창설했다.

독일에는 '니 비더 크리크' 운동보다 좀더 온건한 평화주의 조직들도 있었지만, 그들은 규모가 작았고 사실상 대중적 기반도 없었다. 가톨릭의 평화주의 운동은 가톨릭 청년 사이에서 성공을 거두었다는 점에서 어느 정도 중요한 의미를 가졌고, 독일에서 가장 오래 이어지고 가장 잘 알려진 평화주의 운동인 독일평화회는 회원 수가 최대 2만 7,000명에 이르기도 했다. 그렇지만 이 단체는 온건파와 급진파 간의 끊임없는 내분에 시달렸으며, 바이마르 공화국 말기인 1932년 무렵이면 5,000명 남짓한 시시한 규모로 쪼그라들었다.[42] 평화주의는 몇몇 좌익 지식인과 그들이 발행하는 잡지를 통해 명맥을 이어갔다. 카를 폰 오시츠키, 쿠르트 투홀스키 같은 인물이 평화주의 운동을 빛내고 정치적 담론 안에 존속케 했다. 그러나 그들의 평화주의는 독일 국방군의 은밀한 재무장을 폭로(그러나 어떠한 결론도 나지 않은 폭로였다)하는 정도로만, 그리고 내셔널리즘 우파의 편리한 공격 목표로서만 정치에 관련될 수 있었다. 독일에서 평화주의가 실패한 이유 가운데 무력한 지도자층, 끊임없는 불화와 분열은 작은 부분이었을 뿐이다. 결국 그러한 요인들은 종파주의의 징후였다. 독일에서 평화주의의 지위는 한 분파를 벗어나지 못했다. 패배하고 굴욕당한 나라에서 모든 정치적 운동은 전범 문제라는 감정적 사안에 대해 입장을 취해야만 했으니, 평화주의는 시작부터 불리한 조건에 처해 있었던 것이다. 그러나 무엇보다도, 우파가 점점 공화국의 정치적 담론을 지배하면서 그 정적을 수세적 역할로 몰아붙였다. 바이마르 공화국 대부분의 시기에 국가적 사안들은 흔히 내셔널리즘 세력의 요구 쪽으로 기울었고, 평화주의는 유의미한 정치적 지지를 얻지 못했다.

평화주의는 이탈리아에서도 약했다. 이탈리아 사회당은 우파의 공격을 받으면서도 평화주의적 견해를 견지하고 있었으나, 결국 파시즘 정부가 권력을 잡으면서 평화주의는 급격히 위축되었다. 이와 달리, 프랑스의 평화주의는 사회당의 거대 당파 내에서 정치적 기반을 유지해나갔다. 프랑스에는 전간기 내내 유력한 평화주의 및 반전 세력이 존립했다. 그러나 전간기에 가장 강력한 평화 운동이 전개된 곳은 영국이었다. 이 나라는 경제적 위기가 있긴 했어도 평시로의 이행이 비교적 순조로웠다. 또한 영국의 복음주의 전통은 종교와 평화주의가 연결되지 않았던 나라에는 찾아볼 수 없는 견고한 기반을 평화주의에 제공했다. 예컨대 독일의 프로테스탄티즘에는 그러한 전통이 없었던 반면, 영국에서는 평화주의가 신앙 행위의 하나로 실천되기도 했다. 영국 최대의 평화주의 단체인 평화서약조합은 전성기인 1936년에 13만 6,000명의 회원을 보유했다.[43] 더욱이 독일의 사회민주당과 달리 영국 노동당은 평화주의를 지지했다. 영국에서는 국제연맹 참여도 반전 운동에 중요한 지원이 되었던 반면, 국제연맹은 전승국들의 도구라는 인식이 일반적이었던 독일에서는 이 요인이 그리 중요하게 작용하지 않았다. 성공회 신부 H. R. 셰퍼드는 다른 어느 곳에서도 찾아볼 수 없는 효과적 통솔로 평화서약조합을 이끌었다. 그렇긴 해도, 1934년 그가 '명분이 무엇이든 모든 종류의 전쟁은 범죄'라는 성명에 지지를 표하는 엽서를 요청했을 때 그가 받은 답장은 약 5만 장에 불과했다.[44]

좌파에 기반을 둔 평화주의 운동에 가장 큰 장애물이 된 것은 에스파냐 내전으로 대변되는 반파시즘 투쟁이었다. 파시스트에게 또 한쪽 뺨을 내미는 것이, 전쟁을 포함한 어떠한 수단을 사용해서라도 파시즘의 전진을 막는 것보다 적절한가? 이것은 우선순위의 문제였다. 가령 C. E. M. 조드는 프랑코 장군의 반란에 직면하여 이렇게 물었다. "만일 당신이 현 정부를 충성스럽게 지지하는 에스파냐의 사회주의자라면, 장군들이 당신의 저항하지 않는 몸 위에 파시즘을 수립하는 것을 허용했을 것인가?" 그러나 '순결한 평화'라는 입장을 취했던 조드는 다음과 같은 결론을 내렸다. "장기적 구원 방식을 단기적으로 적용하기에는 상황이 불리하다는 이유만으로 그 방식을 옹호하기를 단념하는 것은 결코 옳다고 할 수 없다."[45]

'전쟁과 파시즘에 반대한다'는 자기모순적 슬로건이 분명히 보여주는 대로, 조드는 자신의 입장 안에 고립되었다. 그 슬로건을 채택한 많은 이들이 에스파냐 내전에 참전했다. 분명하게도, 정치적 현실은 독일 평화주의자들의 발목을 잡았던 것과 마찬가지로, 그러나 다른 방식으로, 영국 평화주의자들의 발목을 잡았다. 그렇지만 무엇이 어찌되었든, 당시 유럽에서 가장 규모가 컸다는 평화주의 운동은 실제로 그렇게 인상적이었을까? 분명히 그들에게는 대중적 기반이 있었지만, 인구 4,000만 명의 국가에서 13만 6,000명은 그리 많은 수가 아니다. 물론 영국의 평화주의 운동은 다른 나라의 운동보다 더 큰 정치적 영향력을, 비단 (사실 1930년 내내 의회에서 가망 없는 소수를 벗어나지 못한) 노동당을 통해서만이 아니라 지배 엘리트 계층 내 대학생에게 영향을 미침으로써 행사했다. 그러나 이 운동은 그 한계를 뚫고 나가 중간계급 및 하류층 신념의 일부가 되는 데는 결코 성공하지 못했다. 평화주의는 전간기의 어느 한 시점에서도 유력한 정치세력이 될 수 없었고, 이렇다 할 규모의 인구로부터 적극적 지지를 끌어내지도 못했다.

전간기의 평화주의 문학은 여느 평화주의 정치 운동에 못지않은, 어쩌면 그보다 더 큰 영향력을 행사했다. 레마르크의 『서부전선 이상 없다』(1929년)는 독일의 역대 베스트셀러 중 하나가 되었고, 그 영향력은 주전파의 두려움을 샀다. '치욕스럽고 파괴적인 전쟁에 휘말린 일군의 젊은 병사'라는 단순하고도 강력한 주제는 독일인은 물론 전 세계인에게 호소력을 발휘했다. 언어는 거칠고 이미지는 섬뜩하다. 하지만 좌익 평화주의 잡지 『세계극장 *Die Weltbühne*』은 이 책을 "평화주의자의 전쟁 프로파간다"라고 일컬었다.[46] 레마르크는 『서부전선 이상 없다』가 모험담이라는 해석을 명시적으로 부정한 바 있었지만[47] 『세계무대』는 바로 그렇게 주장하면서, 갓 학교를 나온 젊은 병사들이 장교들에게 거는 장난이라든가, 나이가 어려 참전하지 못한 이들이 가지지 못하는 전쟁 경험을 자신들은 가졌다는 데서 오는 자부심을 근거로 들었다.[48] 실로 이 책은 그러한 방향으로 읽힐 수 있었으며, 그것이 이 작품이 누린 인기를 어느 정도 설명하는 듯도 하다. 그러나 한편으로, 이 책은 한 세대 전체를 파괴한 전쟁에 대한 논평이며, 작가는 그 어떠한 대안도 제시하지 않는다고 한 모드리스 엑스타인스의 견해는 두말할 것 없이 옳다.[49] 보통 그처럼 황량한 기술은 그 정도 규모의 베스트셀러가 되지 못한다.(물론 이 점에 있어, 독일에서 가장 노련한 출판사였을 울슈타인 사의 막대한 자원을 평가절하해서는 안 된다.) 즉 모험이든, 우리가 지금까지 전쟁 경험의 신화와 관련하여 그토록 자주 언급했던 전쟁의 고귀한 측면들이든, 독자들은 분명히 이 책에서 애착할 만한 긍정적인 면들을 발견했던 것이다. 하지만 이 책을 원작으로 한 영화는 1930년에 개봉했다가 곧 우익의 압력하에, 내부 질서 및 독일의 대외 이미지를 위협한다는 이유로 상영이 금지되었다. 다름아닌 바이마르 공화국에 의한 일이었다.

루트비히 렌 역시, 1차대전에 관한 그의 자전적 기록이자 가장 유명한 반전 소설의 하나로 꼽히는 『전쟁*Der Krieg*』(1929년)에서 전쟁의 두려움과 학살, 공허함을 그리고 있다. 그러면서도 그는 자신이 한때 전쟁에 열광했음을 인정한다. 렌 자신은 전쟁 막판인 1918년에야 환상을 버렸고, 그때까지 그는 자신의 의무를 다하고, 용맹하게 싸우고, 용기를 높이 샀고, 철십자훈장을 받고 기뻐했다. 이 책이 어느 정도까지 1차대전을 정면에서 반대한다고 볼 수 있을지는 확실하지 않다.[50] 우리는 프리츠 폰 운루 등 독자가 훨씬 적었던 독일 작가들의 소설과 희곡에서 명료하고 직설적인 전쟁 규탄을 발견할 수 있으나, 대중소설 분야에서는 독자에게 얼마간 여지를 주지 않고 전쟁을 규탄하기는 어려운 듯했다. 그 예외 가운데 가장 유명한 작품은 앙리 바르뷔스의 『포화*Le feu*』(1916년)였다. 이 소설은 참호에 배치된 한 분대를 사실적으로 묘사함으로써 양가적 해석의 여지를 거의 남기지 않고 전쟁을 규탄한다. 바르뷔스 본인은 결코 평화주의자가 아니었다. 그는 이른바 제국주의 전쟁만을 혐오했지, 소비에트 연방을 위한 전쟁, 억압당하는 이들을 위한 전쟁에 대해서는 태도가 달랐다.

그렇지만 독일의 전후 문학은 대체로, 누군가는 그 안에서도 환멸을 분간해낼 수 있겠지만, 전쟁 경험의 신화를 이루는 저 이상들, 즉 전사자 숭배, 전우애, 군인다운 처신, 그리고 필요한 통솔력을 제공하는 '새로운 인간'의 영웅성 등을 강조했다. 그러한 소설 속의 '새로운 인간'은 독일의 역사를 돌아보고 미래를 내다본다. 요제프 마그누스 베너가 참호전을 묘사한 소설『베르됭 앞의 일곱 사람*Sieben vor Verdun*』(1930년)에서 그렇게 했듯. "우리는 흉벽을 넘어 영원으로 돌진했다."[51] 한 평자는 이 책의 영웅들이 "모든 진리보다도 더 진실한 인물들"이라고 했다.[52]

1차대전의 지난한 경험 뒤에, 평화주의는 우파만이 아니라 좌파로부터도 수세에 몰렸다. 내셔널리즘 운동들은 전쟁을 잃어버린 영토를 수복하고 국가를 갱생하기 위한 수단으로 보았고, 좌파의 운동들은 에스파냐 내전에서 체제파에 합류하여 파시즘에 맞서 싸울 기회를 얻었다. 평화주의는 전쟁 경험의 신화의 영향력에 별다른 장애물이 되지 못했다.

2차대전은 서유럽과 중유럽에서 전쟁의 기억에 결정적 변화를 불러일으키면서, 프랑스 혁명전쟁과 독일 해방전쟁 이래 줄곧 수많은 사람과 국가가 전쟁을 인식해온 방식들에 종지부를 찍는 듯했다. 2차대전은, 국가 숭배를 고취하던 신화와 상징물의 유효성, 나아가 군인다운 새로운 인간이라는 스테레오타입의 효용을 약화시켰다.

10

2차대전, 신화 그리고 전후 세대

I

지금까지 우리는 1차대전을 중심으로 '전쟁 경험의 신화'의 기원과 진화를 분석했다. 2차대전은 1차대전과는 다른 종류의 전쟁이었다. 최전선과 후방의 구별이 희미해졌고, (전쟁 경험의 신화가 진화하는 데 극히 중요했던) 참호전이 없었으며, 승패가 무조건 갈릴 수밖에 없는 전쟁이었다.

확실히, 1차대전에서 이상화되었던 이른바 남자다운 특질 중 일부는 두번째 대전에서도, 전진하는 군대가 서로 맞닥뜨리는 경우 그대로 요구되었다. 하지만 도시와 마을의 대량 파괴, 교전의 일부로 저질러진 민간인 대량학살, 그리고 신기술의 사용은 2차대전에 새로운 차원들을 부여했다. 루시타니아호 침몰이 보여주듯 1차대전에서도 민간인이 군사 행동으로부터 완전히 안전한 것은 아니었지만, 이제는 민간인의 연루 규모가 전혀 다른 차원에 들어섰다.[1] 유대인과 동유럽 주민, 때로는 전쟁 포로에게까지 저질러진 잔학행위와 대량살상은 국가사회주의의 이름으로, 국가사회주의 이데올로기와 그 목표의 귀결로서 자행되었다. 그 결과, 이제 패배는 (가령 1918년 황제의 퇴위처럼) 독일을 패전으로 이끈 체제의 몰락만이 아니라, 국민의 전쟁 협력에 대한 전적인 불신임을 뜻했다. 수많은 독일인이, 심지어 전쟁에 나가 싸운 이들마저도 철저한 파멸 한가운데에서는 명예도, 영광도 거의 구할 수 없었다. 2차대전이 시작되면서부터 독일의 프로파간다는 이 전쟁을 1차대전에서 시작된 사슬의 마지막 고리로 바라보아야 한다는 클리셰를 썼으나, 사실 2차대전은 바로 그 사슬의 결정적 단절을 의미했다.

일단 2차대전은 이전 대전보다 덜 감추어졌다. 이제 전쟁은 유럽인들 앞에 실상을 드러냈다. 폭격과 침공이라는 암울한 현실 아래에서는 그 어떤 겉치레도 무너져내렸을 것이라는 점에서 더더욱 그러했다. 전에는 막을 수 있었던 자리에 전쟁의 공포가 들어섰으며, 전쟁 프로파간다는 그러한 양상을 고려해야만 했다. 우리는 다시 한번 독일을 중심에 둘 것이다. 전쟁 경험의 신화가 가장 깊이 뿌리내리고 가장 중요한 정치적 결과를 가져왔던 이 나라야말로 전쟁의 전체적 이미지와 전사戰死의 특정한 이미지 간의 차이를 가장 잘 설명해주기 때문이다. 애초에 요제프 괴벨스*는 보여줄 수 있는 전쟁의 공포와 공개하기에는 지나치게 강렬한 전쟁의 공포 사이에서 절충점을 찾으려고 했다. 그가 1940년에 발표한 지침은 전쟁의 가혹성과 규모, 희생은 반드시 보여야 하지만, 전쟁의 공포를 부추길 뿐인 과장된 묘사는 일절 피해야 한다고 언명했다.[2] 그렇지만 괴벨스는 1차대전 때 대중에게 불쾌한 뉴스를 차단한 것은 실수였으며, 후방을 최전선의 일부인 것처럼 다루어야 한다고도 주장했다.[3] 괴벨스가 시도한 절충은 전쟁 은폐보다는 사실주의 쪽으로 기울었다. 우선 전장에서의 직접 보도와 전투를 담은 컬러 영상이 허용되면서, 연출된 영상과 사진으로 참호를 묘사했던 것과는 전혀 다른 방식으로 전쟁을 보여주게 된 것이다. 이 같은 전쟁 보도의 사실성은 전쟁의 실상이 널리 경험되는 변화된

* Paul Joseph Goebbels (1897~1945). 독일 나치 정권의 선전부 장관. 히틀러의 최측근으로 1930년대 나치당의 당세 확장에 크게 기여했고, 2차대전 시기 전쟁 선동을 주도했다. TV와 라디오 등의 새로운 매체를 정치 선전 수단으로 적극 활용했다.

상황과 함께, 전쟁 경험의 신화의 쇠퇴에 중요한 역할을 했다. 이 신화의 기반인 자기기만을 유지하기란 훨씬 어려운 일이 되었다.

이 전쟁에는 '1914년 세대'가 나타나지 않았다는 것도 중요했다. 2차대전 초창기의 냉철한 분위기는 전쟁 인식의 현실화와 맞물려 있었다. 독일만이 아니라 다른 모든 참전국에서 그러했다. 1차대전에서는 성전에 나선다는 식의 이상화가 이루어졌던 반면, 2차대전에서 미국인들은 "무섭도록 냉철한" 태도로 전쟁에 돌입하는 듯했다.[4] 파시즘 국가들은 특별한 문제에 직면했다. 이 나라들은 자국 청년을 전쟁을 위해 준비시켜왔고 이제 그 노력의 결실을 수확할 때였던 것이다. 그러나 결국 전쟁의 참된 기억은 그리 쉽게 제쳐놓을 수 있는 것이 아니었고, 전쟁 경험의 신화를 최대한으로 이용했던 독일에도 전쟁의 공포는 생생하게 남아 있었다. 나치는 인구 전체에 영향을 미친 공습 훈련 등 전시 비상사태에 대한 빈번한 예행연습으로 뜻하지 않게 그러한 전쟁의 공포를 부추겼는지도 모른다.[5] 종국에는 나치도 그들이 지켜내려 했던 전쟁에의 열광이 가진 한계들을 충분히 인식하기에 이르렀다. 1939년 9월, 폴란드와의 전쟁을 시작했을 때, 히틀러는 나치의 프로파간다에서처럼 모든 병사가 역사적 의무를 맡는 "달콤한 꿈"이라는 식으로 국민에게 전쟁을 제시하지 않았다.[6] 대신 그는 폴란드의 독일 공격을 가장한 정교한 자작극*을 연출함으로써 독일인의 영토와 인종적 승리를 위한 전쟁을 방어전으로 제시했다.

*'글라이비츠Gleiwitz 사건'. 1939년 8월 31일, 폴란드 침공의 명분을 만들기 위해 독일군이 폴란드군으로 가장하여 국경지대에 위치한 도시 글라이비츠(당시 독일령)의 방송국을 공격한 사건이다. 작전 계획은 나치 친위대를 이끌던 하인리히 힘러가 수립했다. 방송국을 점령한 폴란드군(변장한 독일군)은 방송으로 독일에 대한 선전포고를 했고, 이어 독일군이 반격하자 방송국을 빠져나가면서 폴란드군 군복을 입힌 시체들(실상은 독살된 죄수들)을 남겨놨다. 이 사건을 빌미로 히틀러는 9월 1일 폴란드 침공을 지시했고 이것이 2차대전의 시작이었다. 전후 글라이비츠는 얄타 밀약에 따라 폴란드령이 되었다.

1914년 세대의 부재를 합리적으로 설명하려는 시도도 있었으니, 여기서 강조된 것은 거칠고 거의 무질서했던 8월의 열광을 대체한, 전쟁에서의 희생을 사실적으로 바라보는 새로운 태도였다. 예컨대 1940년에 발간된 한 책은 1914년과 1934년의 군복무를 비교하면서, 1차대전의 의용병을 남자다움에 대한 자부심에 가득차, 투사의 본능으로, 맹렬하게 싸운 이들로 특징지었다. 그때 전쟁에의 열광은 그 자체로 가치가 있었다. 반면, 1939년에 전쟁에 나선 이들은 그러한 과잉들을 배제했고, 강렬한 색깔로 죽음을 영웅적으로 채색하지 않았다고 한다. 그 대신 그들은 "위험하게 살라"라는 히틀러와 무솔리니의 경구에 따라 다소 느긋한 방식으로 전쟁을 마주했다. 그들은 신중하고 진지한 남자들이라고 설명되었다. 어쨌든 개전은 그 어떤 갑작스러운 변화를 의미하지도 않았다. 국민은 오랜 시간 행군을 해오고 있었던 것이다.[7] 그렇긴 해도, 나치는 전쟁 내내 한껏 부풀린 언어를 사용했고, 흔히 발터 플렉스의 『두 세계 사이의 방랑자』를 장식적으로 인용하여 젊은이의 희생을 묘사했다. 나치의 어휘는 전투를 비교적 사실적으로 다룬 보도들과 모순되는 경향이 있었다. 나치의 수사학과 예식, 그리고 그들이 처한 현실 간의 차이는 분명하기만 했다. 그들은 계속해서 허풍 섞인 언어를 사용하며 1차대전과 2차대전을 애써 연결했다. 1945년 4월 30일, 독일 국영 라디오는 히틀러의 사망을 보도하면서 베토벤의 〈장송행진곡〉을 곁들이고 (발터 플렉스의 유명한 책에 나오는) 부르헤 중위의 전사를 묘사하는 대목을 낭독했다. "그는 살았도다. 싸웠도다. 그리고 우리를 위해 죽임당해 쓰러졌도다."[8] 뒤에서 살펴보겠지만, 히틀러가 전사자의 만신전에 들었을 시점에 전사자 숭배는 점점 시들해지고 있었다. 발터 플렉스와 그의 친구 부르헤는 곧 극소수만이 기억할 것이었다.

물론 우리는 현실과 신화 사이의 간극을 과장해서는 안 된다. 하인리히 힘러의 비밀경찰인 보안대Sicherheitsdienst의 보고서에 적

시된 이들을 제외하면, 우리는 당시 사람들이 실제로 느낀 바에 대해 아는 것이 많지 않다. 예컨대 그러한 보고서에 따르면, 개전 후 약 한 달이 지난 1939년 10월, 영국 정부가 무너지고 영국 왕이 퇴위했기에 휴전이 가까워졌다는 소문이 퍼지면서 축하 집회들이 열렸다고 한다.[9] 그러나 이 보고서들에 대한 체계적이고 통계적인 분석이 존재하지 않는 현재, 우리는 독일 여러 지역의 다양한 반응에 관해서는 알 수가 없다. 다만 각 진영에서 보고된 대로 인구 태반에 냉철한 분위기가 조성되었다는 것은 1939년 시점에는 전쟁 경험의 신화가 이미 그 광휘를 많이 잃었음을 보여주기에 충분한 증거다. 하지만 이데올로기적 헌신은 여전히 전쟁에의 열광으로 이어졌고, 특히 청년 나치 대원 사이에서 그러했다. 한 히틀러 유겐트 출신은 자신의 회고록에서, 지난 전쟁을 기억하지 못하는 이들은 이 새로운 전쟁을 열광적으로 반겼다고 썼다.[10] 물론 이는 지나친 단순화였다. 전쟁의 기억 자체 역시 전쟁에 대한 열광을 다시 새롭게 불러일으킬 수 있었다.

전쟁 경험의 신화를 유지하고 그것을 전후 세계에 전파한 것은 이렇다 할 규모의 인구 집단이 아니라, 일부 청년 나치 대원과 나치 친위대(엘리트 '검은 군단'), 그리고 무엇보다 2차대전에서 의용병으로 나서 싸운 이들이었다. 우리는 먼저 이들을 중심으로 삼아야 한다. 100년도 더 전에 처음으로 전쟁 경험의 신화를 발전시켰던 이들[독일 해방전쟁의 의용병]과 동일한 집단이 이제 그 신화를 구하러 나섰다. 1939년에는 자원입대의 물결 같은 것은 없었다. 일단 신체 건장한 남성은 전부 그 즉시 징집되었던 것이다. 의용병은 후에 나치의 유럽 정복과 함께 등장했으며, 히틀러의 군대에서 싸우기 위해 유럽 전역에서 왔다. 물론 이때의 '의용병'이라는 용어에는 조건을 달아야 할 것이다. 2차대전의 의용병들은 열광이라는 면에서 과거의 의용병만큼 단일하지 않았고, 그들이 입대한 이유는 더 복잡했다. 그들은 한 국가가 아니라 유럽 전체의 성전에 나섰고, 개인과 국가의 재생을 추구하기보다는 대부분 볼셰비즘에 맞서 싸웠다. 그렇긴 해도, 앞으로 살펴보겠지만 그들의 입대에는 조국에 대한 헌신이 분명한 역할을 했고, 그와 함께 모종의 파시즘 이데올로기에 대한 헌신도 분명한 역할을 했다. 그들 중 다수가 입대 전부터 국가사회주의에 호의적이었던 것이다. 상황이 이러했기에, 의용병 사이에서는 전쟁 경험의 신화가 계속해서 영향력을 미칠 수 있었다.

1941년부터 1944년에 걸쳐, 나치 친위대의 하부 군사기관인 무장친위대Waffen SS에는 서유럽에서 약 12만 5,000명이, 동유럽, 발트 연안, 러시아에서 약 20만 명이 자원했다.[11] 그들은 다양한 단위로 편성되었다. 국적이 단일한 부대도 있었고(프랑스인 부대인 샤를마뉴 사단의 경우), 국적이 섞여 있는 부대도 있었다.(북유럽 국가 병사들로 이루어진 바이킹 사단의 경우) 무장친위대는 유럽을 아우르는 군대였고, 합류 인원으로 알려진 수치가 아무리 신빙성이 부족하다 해도 1차대전 이래 가장 큰 의용병 군대였다. 처음에는 규모가 작았다. 1942년까지는 고작 약 5,000명이 합류했다.[12] 그러던 것이 1943년, 무장친위대가 러시아에서 심각한 피해를 입은 뒤 더욱 적극적인 모병 정책이 세워지면서 그 수가 점점 늘었다. 그리하여 그해, 무려 10만 명의 우크라이나인이 입대를 자원했고(그중 일부만이 정식으로 입대할 수 있었다) 전쟁 막바지에는 프랑스에서도 많은 이들이 합류했다. 최종적으로 이 의용병들의 출신 국가는 37개국이었다.[13] 옛 적국에서 온 이들을 결코 신뢰할 수 없었던 히틀러는 늘 이 의용군을 미심쩍어 했다. 하지만 1943~1944년, 그중 다수가 자신들의 전투 기술을 입증했다. 나아가 전쟁 막바지에 이 부대들이 러시아의 전진에 저항하며 보인 사나운 기세는 독보적인 것이었다.

그들이 자원입대한 이유는 흔히 자국의 상황 및 그들의 정치적, 이념적 성향과 밀접하게 관계될 수밖에 없었다. 나치 협력 정부들은 입대를 장려했는가 하면, 비교적 규모가 컸던(가령 라트비아인만 약 8만 명이었던) 발트 연안국 파견대[14]의 일부는 조국을 정복한 소비에트군으로부터 독립하기 위해 참전했다. 또 히틀러가 유럽의 새로운 질서 속에서 조국에 명예로운 자리를 보장해주리라고 기대한 의용병도 많았다. 이들 중 높은 비율이 전쟁 전부터 파시즘 정당 소속이었거나, 그들의 점령에 협조한 당에 소속되어 있었다. 가령 1943년 당시 프랑스인 의용병의 62퍼센트가 이런저런 파시즘 정당의 당원이었으며, 네덜란드인 의용병의 상당수(전체의 약 40퍼센트)가 국가사회주의운동당 소속이었다.[15] 자원입대 이전 정치적 헌신의 강도는 나라마다 달랐다. 네덜란드와 벨기에는 비교적 강했던 반면, 전쟁 전에는 유의미한 파시즘 정당이 존재하지 않았던 발트해 연안국에서는 그리 강하지 않았다. 어쨌든 이들 의용병 가운데 많은 수가 과거의 의용병과는 달리 에스파냐 내전 때 체제파에서 싸운 이들만큼 정치화되어 있었으니, 확실히 이는 전간기 정치화 추세의 한 증후였다.

패배한 국가의 해산된 국군 출신도 의용병 중 일정 규모의 집단을 이루었다. 그들에게는 흔히 정치적 입대 동기와 개인적 입대 동기가 구별되지 않았다. 국가의 재생이 개인의 재생으로 이어지리라는 믿음이 한 역할을 했는가 하면, 직계 가족 내의 갈등 때문에 입대한 경우도 있었다. 가령 N. K. C. A. 인트펠트에 따르면, 일부 네덜란드인 의용병은 친영국 성향의 아버지에 대한 반항의 표현으로 친위대에 합류했다고 한다.[16] 친위대 의용병은 결속력이 약했고 각자 복잡한 상황에 처했다는 점에서, 그들이 과거의 의용병에 비해 훨씬 다양한 동인을 가졌다는 것은 충분히 예상할 수 있는 일이었다.

모험심, 지위, 영광, 보수 등 통상적 동인들 역시 한 역할을 했다. 그중 보수라는 요인은 고향에 남아 경찰이나 민병에 들어가는 편이 더 많이 벌 수 있었다는 점에서 그리 중요하지 않았을 것이나, 전쟁 말기에는 급격히 악화된 식량 부족 사태로 인해 자원 입대가 늘었다. 적어도 무장친위대는 넉넉한 음식과 잠자리를 보장했으니 말이다. 과거 1914년 세대나 에스파냐 내전의 의용병에게는 거의 작용하지 않았던 그러한 물질적 유인이 총력전의 한복판에서는 상당한 효과를 가질 수밖에 없었다. 전쟁의 마지막 국면에서 나치의 협력자들은 구체적인 이유에서 입대를 자원했다. 독일이 거의 확실한 패배로 접어들던 그때, 전선 복무는 각 나라에서 그들이 마주한 개인적 위험을 피할 수 있는 도피처로 여겨졌다. 또한 전쟁 말기에 이르면 피점령국들에서 훨씬 강도 높은 모병이 이루어져, 의용병과 반강제적으로 입대한 이들을 구분하기가 어려워진다.[17]

입대의 동인들은 전쟁 경험의 신화가 이어지는 데 중요하게 작용했다. 다시 한번 의용병 내에 교양과 표현력을 갖춘 이들이 합류하여 신화를 보전할 준비를 갖추었다. 그들은 서유럽, 그중에서도 프랑스에서 온 이들로, 자원입대를 개인과 국가를 재생하는 행위로 여겼다. 하지만 과거의 의용병들이 시와 산문, 노래를 통해 각 전쟁의 공적 이미지를 그토록 크게 결정했던 것과 달리, 이 전쟁의 의용병들은 더이상, 전쟁 와중에도 신화 보급에 있어 중요한 역할을 맡지 못했다. 이제 그 모든 예술적이고 문학적인 표현은 파시즘 국가에 의해 엄격하게 통제되었고, 그밖에 여러 민주주의 국가에서까지 그러했다. 그전까지 언제나 최고의 전쟁 프로파간다였던, 당국의 손길이 닿지 않은 개인적 열광의 표현이 바깥세상을 감동시킬 여지가 이제는 거의 없었다. 더욱이 독일 외인부대의 의용병들은 먼저 전투에서 자신의 능력을 입증해야만 했다는 점에서도 그들의 목소리는 이 전쟁에서 큰 역할을 담당하지 못했으며, 괴벨스 역시 그들을 프로파간다의 도구로 널리 이용하지 않았다.

전쟁 후, 의용병들은 그들이 적국의 시민이면서도 친위대의 제복을 입었던 이유를 설명해야만 했다. 그들은 볼셰비즘에 맞서 싸웠거나(이는 설명할 필요가 거의 없는 이유였고, 특히 냉전 시기에는 더욱 그러했다), 독일이 지배하는 새로운 유럽을 위해 싸웠다.(이에 대해서는 훨씬 더 철저하게 설명해야만 했다.) 그렇게 해명하는 과정에서 의용병들은 전쟁 경험의 신화의 여러 측면을 부활시켰다. 2차대전의 의용병과 그들의 이상에 관해 쓴 사람들이 모두 직접 행동에 나섰던 의용병은 아니었다. 친위대 의용병이라는 존재와 운명 자체가, 직접 체험한 지식이 없었던 이들까지도 전후에 전쟁 경험의 신화를 구성하고 대중화하도록 부추겼던 것이다.

친위대의 제복을 입었던 이들을 정당화하는 데 의용병의 전사前史가 동원되었다. 의용병 사단을 지휘한 독일인 장교들은 그러한 연속성을 분명하게 의식하고 있었다. 한 사단은 과거 신화에서 매우 중요한 역할을 담당했던 1차대전의 전투를 기념하여 '랑게마르크'라는 이름을 받았다. 친위대의 여러 의용병 사단을 이끌었던 장군 펠릭스 슈타이너는 전후에 독일 해방전쟁의 의용병 및 그리스 독립전쟁에서 바이런을 뒤따른 의용병의 전통에 호소하며 병사들의 명예회복을 시도했다.[18] 정확히 전쟁 경험의 신화를 제작하는 데 결정적 역할을 담당한 그 의용병 집단들이 불려나온 것이다. 슈타이너는 그 전통에 가리발디와 자신의 병사들을 넉넉하게 추가했다. 프랑스인 의용병을 위해 쓰인 한 신문 기사는 '볼셰비즘에 맞선 프랑스 의용대'(프랑스 나치 친위대로 공식 승인된 조직)의 선구로 의용병이 활약했던 프랑코의 여단 테르시오를 이야기했다.[19]

과거와의 전반적 연속성과 함께, 1차대전 후에 그 효용이 검증된 바 있는 전통적 테마들도 친위대의 군사기관에 합류한 이유를 정당화하는 데 일조했다. 새로운 인간의 탐색, 젊음과 정력의 탐색 등이 전부 제 역할을 한 것이다. 이 점에서 가장 중요한 신화 제작자는 프랑스 나치 친위대의 귀환병들이었는데, 이는 2차대전 전부터도 파시즘의 젊음과 역동이 노쇠한 이들이 통치하는 공화국 프랑스에 비해 매혹적으로 여겨졌기 때문이었을 것이다.[20] 정력적인 파시즘과 박약한 공화국 프랑스를 대조하고자 하는 충동은 패배 후 더더욱 커졌으며, 그러한 양상은 프랑스 나치 친위대에 관한 신화에 반영되었다. 가령 아카데미프랑세즈 회원이자 나치에 협력한 비시 정부의 교육부 장관이었던 아벨 보나르는 전쟁 중에, 강인하고 자연스럽고 과감한 젊음과 부르주아의 퇴당을 대조하는 글을 썼다. 청년은 프랑스를 쇄신했고, 또 부지중에 전통을 영속화했다. 그야말로 "망자의 귀환"이었다.[21] 이 새로운 인간의 이미지는 역사야말로 프랑스의 쇄신에 필요한 본질적 요소라는 비시 시기의 이상에 밀착되어 있었다.

그보다 젊은 세대였던 장 마비르는 1973년이라는 늦은 시점에도 자신이 그대로 가져다 쓸 수 있는 신화를 발견하고 받들었다. 그는 프랑스 청년들이 친위대의 모범을 통해 새로운 남자가 되고자 자원입대했다고 쓰면서, 친위대를 독일의 원시림에서 나타난 늑대에 비유했다. 즉 그들은 '자유군단'의 후예였다. 나아가, 마비르는 가장 열광적인 의용병들이 자유군단에 관한 에른스트 폰 잘로몬의 책 중 하나인 『무법자*Die Geächteten*』를 즐겨 읽었다고 썼다. 이처럼 하나의 신화를 자양분 삼아 또다른 신화가 발전했다. 그리하여 마비르가 쓰기를, 친위대의 의용병은 부르주아의 견해에 절대적으로 무관심했던 "길 잃은 부대"의 후예가 되었다.[22] 그러한 남자들은 매우 젊고, 광적이고, 두려움도 연민도 없으며, 총통이 임명한 지휘관에게 복종하겠다고 한 자신의 맹세 외에는 어떠한 법에도 복종하지 않았다고 했다.[23] 신체적 외양 또한 강조되었다. 그 자신이 의용병이었으며 전후에 생루Saint-Loup[늑대 성자]라는 필명으로 프랑스 의용병의 주요 변호자로 활동한 마르크 오지에에게 친위대는 육화肉化한 북유럽 신화였다. 하얀 몸에 까만 바지를 입은 그들은 남자답지 못한 성인聖人들과는 정반대인 영웅이요,

개인의 헌신을 믿는 남자들이었다.[24] 1차대전 당시 독일의 프로파간다에 자주 쓰였던 '영웅 대 상인'이라는 클리셰도 부활했다. 상인의 손에 장악된 세계는 절망을 의미하는 반면, "오직 우리 프랑스 외인부대만이 자신의 정력을 바탕으로 행동에 나섰다."[25] 마비르는, 순전한 강인함의 아름다움에 감동하는 이들에게 있어 친위대 가입은 성배를 발견한 사건과도 같았다고 썼다.[26] 그들은 퇴폐적이고 방종한 중간계급의 세계와는 전혀 다른 세계를 만난 것이다. 이와 함께, 1차대전 후의 전우애 숭배를 연상시키는 전우애의 이상도 되살아났다.

친위대 전체의 신화를 거울처럼 반영했던 친위대 의용병의 신화는 전간기 세대에 상당한 호소력을 발휘했던 정치적 구상을 되찾고자 했다. 그들은 스스로를 최전선의 병사로 여겼으며, 그것은 비단 전쟁에서만이 아니라 파시즘적 세계를 창도하는 새로운 인간이라는 의미였다. 그러나 민간인 피해를 수반하고 참호전은 없었던 2차대전 후에는 최전선 병사라는 엘리트가 존재하지 않았고, 그 누구도 철저하게 불신임당한 정치적 구상을 요구하지 않았다. 무엇보다도 그들은 나치 정권의 병사였으므로 과거의 의용병이 귀환하여 누렸던 선망을 받지 못했으며, 독일에 점령당했던 국가에서는 오히려 반역자로 간주되었다. 의용병을 자국 군대에 통합했던 독일 자체에서는 과거에 대한 수치와, 되도록 빨리 과거를 잊고 새로운 독일을 건설하는 임무를 맡고자 하는 바람이 짝을 이루었다. 상황이 이러했기에, 2차대전의 의용병이 전후에 미친 영향력은 이전에 비하면 대단하지 않았고 정치적으로도 중요하지 않았다. 그러나 또다른 차원에서 그들은 이 복잡하고 제한적인 사회에 지속적으로 호소력을 발휘해온 이상들을 상징했으니, 마르크 오지에는 다시 한번 그들을 다음과 같이 공식화했다. "친위대는 이 세계를 새롭게 바라보았다. 그들은 니체적 사고와 그 창조적 고통의 한계까지 도달했던 것이다."[27]

의용병이 발전시킨 신화는 친위대 전체의 신화였다. 물론 그것은 흔히 전후에 자기변호를 모색하는 와중에 주목받아 의용병 입장에서 표현된 것이었지만 말이다. 가령 독일 자체에서 이루어진 친위대의 명예 회복 시도는 외인 의용병이 시도한 것과 같은 경로로, 즉 전쟁 경험의 신화를 이용하는 방식으로 전개되었다. 한때 자유군단의 신화화에 매진했던 에른스트 폰 잘로몬은 2차대전 후에는 미군 수용소에 억류된 몇몇 독일인 친위대를 전과 똑같은 방식으로 시각화했다. 그들은 몸이 유연하고 키가 크며 머리는 금발이었다. 흰 반바지만 입은 차림으로 수용소를 활보했고, 의심할 수 없는 권위를 가졌다. 명석하고, 냉철하며, 몸에도 두뇌에도 기름기 하나 없는 최고의 모습을 자랑했다.[28]

친위대의 이러한 이미지는 전후 독일의 대중문학에 침투했다. 예컨대 1960년대에 서독에서 가장 널리 읽힌 베스트셀러 중 하나인 하인츠 G. 콘잘리크의 『스탈린그라드의 의사*Der Arzt von Stalingrad*』(1958년)에도 그러한 이미지가 등장한다. 이 책은 전후 러시아의 포로수용소에 수감된 독일인 의사들의 영웅성을 묘사한 것이다. 여기서 친위대의 내과의였던 그들은 자신들이 인간을 대상으로 의학 실험을 수행했음을 솔직하게 시인하고도, 겸손하고 강인하고 청렴한 인물로 모두에게 존경받는다. 그들은 다시 한 번 하나의 집단으로 그려지면서, 전후의 파편화된 사회에서 사람들을 매혹했던 듯한 전우애가 어떤 것이었는지 보여준다.

친위대의 신화는 무장친위대의 귀환병들이 발행한 잡지와 책을 주요 통로로 삼아 전후 독일에 전해졌다. 그렇지만 그러한 신화는 더이상 전후 독일의 내셔널리즘과 관계되지 않았다. 또한 그때나 지금이나 이 신화에 관한 책이 더 풍부하게, 더 집요하게 쓰이고 있는 프랑스에서도 그 효과는 그리 크지 않은 듯하다. 그래도 1980년대 프랑스의 이른바 신우익은 때때로, 1차대전 시기에 에른스트 윙거가 자신의 새로운 인종 안에 구체화했던 이상들에 기초한 것과 그리 다르지 않은 새로운 인간형을 내세웠다.[29] 의용병 신화의 중심 가까이에 있었던 반부르주아적, 니체적 자세 또한, 애초에 1차대전 전후로 니체라는 인물이 유럽 각국에 그토록 널리 알려지게 된 이유인 그 심층의 감정을 바탕으로 작용하면서 지속적인 효과를 발휘했을 수도 있다. 과거 어느 때에나 자원입대는 사회의 족쇄를 부수고자 하는 시도였다고도 할 수 있다. 나아가, 오직 병사만이 자유로운 것은 그가 안정된 삶을 떠나 죽음의 눈동자를 들여다볼 수 있기 때문이라는 프리드리히 실러의 노래[30]는 친위대의 외인부대에, 또한 여러 독일인 친위대원에까지 적용할 수 있었다. 그렇지만 의용병과 그 지지자의 그 어떤 자기변호도 전쟁 경험의 신화를 쇄신할 수는 없었다. 의용병은 다시 한번 전례대로 행동했다. 그러나 의용병의 시대는 이미 지나갔다.

전쟁 경험의 신화는 2차대전 개전 당시에 이미 전보다 냉철하고 전보다 덜 열광적인 분위기에 잠식당했으며, 이 전쟁의 의용병은 신화의 몇몇 주제를 전후 세계로 이어가긴 했어도 신화 자체를 되살릴 수는 없었다. 신나치 문학을 통해 이어진 것이라고는 순전히 종파주의적 내용이거나, 아니면 우리가 이제까지 언급한 종류의 저서에 쓰인 정도였다. 새로운 인간, 전우애 등 그 몇몇 주제는 얼마간 호소력을 유지했던 듯하지만, 전쟁 겸험의 신화 자체는 차츰 희미해지다가 사라졌다.

II

지금까지 우리의 분석에서 전사자 숭배는 언제나 중요한 자리를 차지했다. 2차대전 후 그 운명은 전쟁 경험의 신화의 쇠퇴를 더욱 상세하게 보여주는 표지다. 독일의 전사자 숭배는 1차대전 전과 후, 그리고 제3제국 시기에 절정을 이루었다. 2차대전 후 이 나라에서 일어난 일을 보면 전쟁에 대한 태도에 있어 변화와 연속성 양자를 확실하게 알 수 있을 것이다. 1945년 독일은 다시 한번 패배했다. 이번의 패배는 절망적이고도 절대적이었다. 그것은 곧, 불패하리라 여겨졌던 군대를 바탕으로는 '모략을 당했다'는 식의 전설이 생겨날 수 없었음을 의미했다. 전쟁을 시작했다가 결국 독일을 폐허로 내몬 이들은 불신임당했다. 또한 이 신화의 동력에 있어 매우 중요하게 작용하는 전시에서 평시로의 이행 과정을 보면, 이번에는 당국이나 혁명에 대한 저항이 수반되지 않았다. 우리가 살펴본 대로 1차대전 후, 우파 가운데에는 전쟁은 결코 끝나지 않았으며 아직 승리의 기회가 있다고 믿었던 이들이 많았다. 반면, 두번째 전쟁은 그와 같은 정치적 힘으로 이어지지 않았다. 2차대전 후, 평화에 대한 갈망은 실로 보편적이었다.

그렇긴 해도 연합국은 패배가 다시 한번 복수의 감정을 자극할지도 모른다고 염려했다. 1차대전의 경우 독일은 1918년의 패배 직후에 전쟁 기념물 건축을 허가받았다. 그러나 이번에는 1952년에야 연합국의 허가를 받을 수 있었다.[31] 1946년, 연합국은 나치가 건축한 모든 기념물과 박물관은 물론, 군사적 전통이나 군사적 사건을 미화할 소지가 있는 모든 기념물을 파괴하도록 지시했다.[32] 이 명령이 일관되게 지켜지지 않았다는 것은 분명하다. 1차대전의 전사자를 기리는 지역 기념물은 대체로 철거되지 않았다. 다만 호전적인 것으로 여겨지는 명문이 제거되는 경우는 종종 있었다.[33] 가령 랑게마르크 군사 묘지에서는 "우리가 죽더라도 독일은 살아야 한다"라는 명문이 사라졌다.[34] 연합국이 점령한 서독 지역에서는 독일인들 스스로가 새로운 전쟁 기념물은 더이상 국가의 순교자를 기리는 명문을 포함해서는 안 되며, 단순히 '우리의 망자'에 바쳐져야 한다고 제안했다. 나아가, 그러한 기념물은 전쟁의 영광보다는 그 절망적 귀결을 되새기게 하는 것이어야 했다. 전쟁의 폐허는 전쟁의 공포를 기억하게 하는 '경고의 증거'로 그대로 남겨졌다. 그중 가장 유명한 것이 베를린 중심에 폐허로 남겨져 있는 (빌헬름 1세를 기념한 교회인) 카이저 빌헬름 기념 교회다. 또한 종국에 전사자에게 바치는 새로운 기념물이 건설되었을 때, 이제 영웅적 자세는 쓰이지 않았고 대신 망자를 애도하는 사람들이 등장했다.[35] 2차대전 후에 세워진 그러한 기념물에 관한 가장 폭넓은 조사에 따르면, 희생자로서의 전사자라는 개념이 과거의 영웅적 이상을 대체했다. 싸우는 병사들을 묘사한 장면도 몇몇 있었지만, 그 묘사는 사실적이지 않고 추상적이었다. 그들은 로봇 같은 자세에다 부상을 당한 모습이었다.[36]

유럽 전역의 여러 도시와 마을에서는 전통적 전쟁 기념물을 세우느냐, 아니면 시대에 어울리는 것을 세우느냐를 두고 고민하다가 단순히 1차대전 전사자의 이름에 2차대전 전사자의 이름을 추가하거나 일부 폐허를 그대로 남겨두는 방식을 선택했다. 독일민주공화국[동독]은 전사자에 대한 전통적 영전 일체를 기각했다. 무명용사의 기념물이었던 신위병소는 1960년에 헌정의 대상이 바뀌었다. 그곳의 제단에 새겨진 명문은 더이상 전쟁 영웅을 기리지 않았고, 대신 파시즘과 군국주의의 피해자를 기념하게 되었다. 이제는 특별한 공적이 있는 공산주의자나 파시즘에 맞서 싸운 이들을 위한 기념물이 세워졌다.

동독의 이러한 정책은 그 보호국이었던 소련의 정책과 현격한 대비를 이룬다. 2차대전 후 소련에 세워진 전사자 기념물은 1차대전 후 유럽에 건설된 기념물을 그대로 옮겨온 듯한 것이었다. 흔히 영웅적 형상을 높이 세운 거대한 기념물을 정규군이나 청년 의장병이 밤낮으로 경호했다.[37] 소련의 전쟁 기념물이나 군사 묘지에 관해서는 입수할 수 있는 분석 자료가 전혀 없지만, 현존하는 증거들을 볼 때 그것들은 여전히 전통적 기능을 충족했던 듯하다. 소련은 볼셰비키가 반대했던 1차대전은 인정할 수 없었다. 그리하여 2차대전이 그 자리를 차지하게 되었다. 소련은 제 영토를 지키기 위해 '위대한 애국 전쟁'을 치렀고 극심한 고난을 견뎌낸 것이었다. 마찬가지로 고난을 겪었던 독일에서는 전쟁 경험의 신화가 부활하지 않았다. 반면, 소련에서는 이 신화가 유럽 어디에서도 찾아볼 수 없을 만큼 뚜렷하게 그 명맥을 이어가고 있다.

러시아 내에 세워진 전쟁 기념물과 전쟁 묘지는 1차대전을 강하게 상기시켰지만, 전쟁 직후 베를린 함락 과정에서 전사한 이들을 추모하기 위해 소련이 동베를린에 세운 기념물과 묘지는 성격이 달랐다. 넓은 대지에 우뚝 서 있는 중심 형상은 한 팔에 아이를 안은 병사다. 이 기념물은 공식적으로는 애도와 사랑, 남자다운 강인함의 분위기를 표출하는 것으로 설명되고 있다.[38] 확실히 중심 기념물인 탑의 측면에 포진한 남성 형상들의 자세나, 전투에서의 영웅성에 대한 언급은 남자다운 강인함을 나타내고 있지만, 그것이 강조하는 것은 공격성이나 필요 이상의 자부심이 아니다. 이 기념물은 평화로운 미래를 가리키고 있다. 어쨌든 이 기념물은 전후의 전사자 추모에 나타났던 새로운 양상을 얼마간 반영하고 있다.

전사자를 추모하는 문제에 있어서 동독은 전사자 대신 국가사회주의의 희생자를 기리게 되었다. 또한 국가는 군사 묘지의 관리나 조성에 어떠한 역할도 하지 않았고, 교회가 그 일을 할 수밖에 없었다. 하지만 독일연방공화국[서독]의 경우, 영웅적 상징물이 거부되었음에도 과거와의 연속성은 얼마간 그대로 남았다. 전쟁이 끝나고 거의 즉시, 독일의 전쟁 묘지 위원회인 '독일전쟁묘지관리민족동맹'이 군사 묘지를 관리하는 자원 봉사단으로서 재건되었으니, 우리는 바로 여기서 독일의 전사자 숭배에 나타난 연속성과 변화 사이의 상호작용을 가장 잘 추적할 수 있다.

민족동맹은 실제로 나치와 긴밀히 협력했고, 전쟁이 끝나고도 얼마간 구성원이 바뀌지도 않았다. 1926년 이래 수석 건축가를 맡은 로베르트 티슐러부터가 나치와 가까운 인물로(일례로 그는 히틀러 유겐트의 한 순교자를 위한 게르만풍 신전을 설계했다)[39] 그는 나치 시대에 특히 많이 지어진 저 요새 같은 기념물과 대형 매장지를 계속 설계했다.(그림 9 '망자의 요새' 참고. 본문 103쪽) 그렇지만 그러한 장소의 명문은 이제 옛 적과의 우의와 평화를 찬양하고 있었다. 민족동맹이 하는 일은 독일인의 명예와 영혼을 수호하는 것이 아니라[40] 평화를 위해 노력하는 것으로 설명되었다. 실제로 독일을 포함한 여러 나라의 청년이 자국 영토에 있는 적의 전쟁 무덤을 돌보기까지 했으니[41] 이는 1차대전 후에는 산발적으로만 이루어졌던 일이다. 가령 민족동맹이 프랑스의 한 독일군 묘지에서 연 기념 예배는 '평화를 위한 국제 철야 예배'의 일환이었다.[42] 1차대전 후에는 전사자를 기념하는 데 있어 '전쟁 철폐'라는 이상을 동원한 것은 일부 특수하고도 문제적인 경우에 지나지 않았던 것이 이제는 상당히 달라졌다. 2차대전에서의 영웅적 희생의 기억을 버리지 못하던 무장친위대 귀환병들의 회보 『의용병 *Freiwillige*』까지도 그러한 변화를 호의적으로 보도했다.

이번에도 민족동맹이 일체의 전후 군사 묘지를 계획했다. '망자의 요새'는 말할 것도 없고, 전사자는 여전히 집단적으로 매장되고 민간 묘지로의 이장도 다시 한번 금지되었다.[43] 독일인의 타고난 강인함과 자연과의 친밀성을 상징한 거의 다듬지 않은 바위를 '제단'으로 쓰는 등 일부 독일적 모티프는 계속 나타났지만, 이제는 그리스도교 모티프가 과거 어느 때보다도 압도적으로 우세했다. 예컨대 아이펠 산맥에 있는 독일 최대의 군사 묘지 입구에 이르는 길은 양 옆으로 '십자가의 길'이 조성되어 있다. 그리스도의 수난은 그대로 전사자들의 무덤으로 이어진다. 그렇지만 이제 그리스도의 희생은 내셔널리즘이라는 시민종교에 통합되지 않았고, 애도와 위안을 상징했다. 그리스도교가 강조되고 애국적 테마들이 후퇴했다는 사실은 영웅적인 것과 국가적인 것을 경시하는 전반적 시도와도 일맥상통했다. 실제로 2차대전 후에 세워진 전체 기념물의 90퍼센트는 그리스도교적 도상이 지배했던 것으로 추정되고, 군사 묘지도 마찬가지였다고 할 수 있다.[44]

자연의 중요성은 줄어들지 않았다. 자연은 묘지를 바깥세상으로부터 보호하고, '성스러운 숲'을 만들어내며, 그 치유력으로 위안을 주었다.[45] 과거 전사자에게 바쳐졌던 영웅의 숲이라는 상징적 기념물이 다시 만들어지지는 않았다. 티슐러가 설계한 묘지는 (금작화나 블랙베리 덤불 같은 투박한 식물, 히스 류의 튼튼한 꽃 등 군인다운 거친 성격을 반영할 것으로 여겨지는) 자연이 획일적인 무덤들을 지배했다.[46] 그러한 무덤의 중앙에는 일군의 키 큰 십자가가 서 있었고, 명시적인 국가적 상징물은 쓰이지 않았다. 전통적 형식들도 남았으나 그 상징성은 달라졌다. 1차대전과 2차대전 사이의 이러한 변화들은 독일 전쟁 기념물에 관한 아돌프 리트의 견해로 요약될 수 있다. 즉 1차대전의 전사자 기념물은 전쟁 경험 자체를 언급했던 반면, 2차대전 후의 '경고의 증거'는 전쟁의 귀결을 상징화했다.[47]

1차대전 후 그토록 강력한 힘을 발휘했던 전우애라는 이상은 더이상 유력한 정치적 힘이 되지는 못했어도 여전히 존재했다. 군사 묘지는 무덤의 배치를 통해, 그리고 이름과 소속 연대 외의 개인적 명문을 배제함으로써 이 전우애를 상징화했다. 이러한 독일군 묘지의 중심 기념물은 통상 십자가 하나 또는 일군의 십자가였는데, 이번에도 그러한 모든 장식물과 상징물은 장인들이 만들어야만 했다. 이는 묘지를 하나의 예술작품으로 변형하려는 목적을 가졌을 수도 있지만[48] 그와 함께 전우들의 국가라는 산업화 이전의 이미지를 연상시킨다. 앞서 살펴보았듯 일일이 깍아 만든 묘비와 대량생산된 묘비에 관한 논란에서 그 핵심은 국가적 상징물이 가져야 할 성격에 있었다. 전사자의 전우애는 그리스도교 및 산업화 이전의 상징물에 새겨졌으니, 이는 지속된 전통이었다. 그러나 여기에는 전쟁의 영웅성을 미화하려는 어떠한 명시적 의도도 없었다.

2차대전 군사 묘지의 외양은 1차대전 때와 비슷했지만, 전후의 자유주의와 맥을 맞추어 전사자 개개인을 강조하는 새로운 시도가 이루어졌다. 티슐러는 어떠한 개별성도 허용되지 않는 전우애와 국민 통합이라는 개념에 입각했지만, 그 모든 것을 자기만의 방식으로 해결하지는 않았다. 가령 뮌헨 미술대학의 학생들은 "죽음의 불가결한 요소인 개인성을 강조하기 위해"[49] 발트프리트호프의 묘비들에 전사자의 이름과 생몰년을 새겨넣었다. 이제는 흔히 개별 무덤을 잘 관리하는 것이 무덤을 에워싼 그리스도교와 자연의 상징성보다 중요하다고 여겨졌다. 예를 하나 더 들면, 대통령 테오도어 호이스가 서문을 쓰고 민족동맹이 발행한 한 추모집은 무엇보다도 각 병사의 죽음을 강조하고자 했다.[50] 그러나 2차대전 후의 개별화 경향은 1차대전 후에 비하면 강했을 수 있지만, 전우애라는 이상의 힘은 그때에 결코 뒤지지 않았다.

독일에서 전우애의 이상은 더이상 정치적 대안이 되지 못했던 대신 부당한 전쟁에 나가 싸웠던 이들을 정당화하는 데 쓰였다. 우리가 수많은 간행물에서 읽는 대로라면, 그들은 아돌프 히틀러가 그들의 대의를 저버렸음에도 스스로 전우를 버릴 수는 없다고 생각하며 쓰라린 최후까지 싸움을 이어나갔다.[51] 독일 병사는 더이상 영웅적이지 않았다. 그래도 그들은 기품 있는 사람이었다. 이러한 생각은 전쟁 직후부터 우익 잡지는 물론 대중적 문학 안에서도 흔히 반복되었다. 가장 인기 있는 2차대전 회고록 중 하나로 반나치적 성격이 강한 『보이지 않는 깃발*Die Unsichtbare Flagge*』(1952년)에서 작가 페터 바움은 이 전쟁에도 '전우애의 낭만'은 있었으며, 그것은 소수의 기품 있는 남자들이 군에 들어오면 그들의 개인적 성격상 훌륭한 전우가 될 수밖에 없었기 때문이라고 썼다.[52] 이와 똑같이, 〈악마의 장군Des Teufels General〉(1954년) 같은 영화는 독일 병사, 특히 장교들을 히틀러의 범죄나 전쟁 패배를 두고 비난할 수 없는 기품 있는 신사로 그렸다. 이제 전우애 이상의 중심을 이루게 된 기품이라는 덕목은 부정한 대의하에 싸웠던 전쟁에 대해 균형추 역할을 했고, 전쟁 기계에 반대되는 것으로서 인간적 요인을 강조했다. 이와 같이 연대라는 감정에서 기인하는 자기희생 개념이 전경으로 이동했다. 그 어떤 최우선적 목적이 아닌 개별 동료 병사에 대한 충성이 강조된 것이다.[53]

전우애는 '세계에 맞서는 전우의 무리'로 표현되는 그 공격적 함의를 잃었다. 그렇지만 그보다 더 오래된 이상은 얼마간 남아 있었고, 그것은 아마도 전쟁 경험의 신화가 부활하기를 잠자코 기다리고 있었을 것이다. 과거 전우애 이상의 중심 가까이에는 이른바 새로운 인간의 구상이 있었다. 2차대전 후 독일에서도 이 군인다운 이상을 지키려는 노력이 나타났다. 그 가장 분명한 시도는 친위대를 새로운 인간으로, 또 전우애의 원형으로 계속해서 미화한 것이다. 타당하게도 친위대의 귀환병들은 전사자들이 아직도 철이나 청동으로 된 기념물을 받지 못했다는 점과 1차대전의 '영웅의 숲'이 이제는 단순히 지친 도시인을 위한 소풍 장소로 기능하고 있다는 점을 개탄했다.[54] 그런데 이보다 중요한 것은 친위대에 대한 언급 없이 군인다운 이미지를 구해내려는 시도였다. 전후 독일에서 가장 인기 있었던 군대 소설인 『08/15 *Null-Acht Fünfzehn*』(1954년)에서 작가 한스 헬무트 키르스트는 그러한 노력을 다음과 같이 요약했다. "군인이란…… 악한 대의를 위해 싸우면 부정해질 수밖에 없다. 히틀러가 자신이 무슨 일을 벌이는지 의식하고 전쟁을 시작했다고 가정해보자. ……그렇다면 가장 훌륭한 병사들도 살인을 자행하는 악도의 일원이 된다. 그러나 군인다움 자체는 전혀 다른 문제다."[55] 전후의 수많은 책과 잡지가 특히 전투를 묘사하는 데 있어 영웅적이고 남성적인 용기라는 전사다운 이상들을 계속해서 지지하리라는 것은 얼마든지 예상 가능한 일이었다. 그중 다수는 반나치적인 키르스트의 소설과 달리 국가사회주의나 히틀러를 언급하지 않는다. 그러나 『08/15』마저도 군생활의 제약을 비판하고 반나치적 발언을 하면서도, 전쟁과 패배에서 기인한 구체적 사안들을 마주하려고 하지는 않는다.

전쟁을 이러한 방향에서 다시 포착하려는 노력을 전형적으로 보여주는 것이 1950년대 후반부터 부정기적으로 발표되어 말 그대로 수백만 부가 팔린 『보병 일지*Der Landserhefte*』라는 소책자다. 심지어 아직도 어느 신문 판매소에서나 구입할 수 있다. '2차대전 경험의 기록'이라는 부제가 말해주듯, 이 간행물은 전투와 영웅적 공훈을 다룬 이야기를 담고 있다. 적의 뼈를 바스러뜨리고 머리통을 날리고 총검으로 몸을 꿰뚫었다는 식의 야만적 이야기들이다. "티토 사냥", "스탈린그라드를 집어삼킨 불꽃"과 같은 제목을 단 『보병 일지』는 호전적 반볼셰비즘을 드러내지만, 이탈리아인("마카로니 같은 놈들")이나 슬라브인이라고 열외는 아니다. 옛 전쟁 영웅에게 바쳐진 권 외에는, 거친 보병이 전경에 서 있고(그래서 '보병' 일지다) 1960년대 말까지도 그 역사적 배경은 불충분하기만 했지만, 그 후로는 더 많은 역사 연구가 동원되었던 듯하다. 10년이 지나서는 전쟁에 반대하는 언명이 더해지기도 했다. "지난 전쟁에서 5,500만 명이 목숨을 잃었다. 결코 잊어서는 안 될 일이다. 그것이 『보병 일지』가 존재하는 이유다." 이러한 입장은 본문에서 분리하여 특별 항목으로, 때로는 마지막 쪽에 처리되었고, 지금도 전과 크게 다르지 않다.[56] 『보병 일지』는 그런 장르의 한 예일 뿐이다. 1960년대 초, 서독의 청소년유해문학검열국은 몇몇 가장 야만적이고 국수주의적인 책과 잡지 일부를 금서로 지정했다.[57] 그러한 글이 주변부에 속했다고 한다면 그것은 부정확한 진술이다. 그렇다기에는 너무 많은 사람이 읽었다. 그래도 수많은 독자는 그러한 작품을 남성적 전사 이미지에 대한 예찬이 아니라 모험담으로 읽었던 것도 같다. 『보병 일지』에 나타난 야만성은 전후의 많은 대중 소설, 특히 추리물이나 그와 비슷한 정도로 폭력적인 만화책에도 나타난 성격이었다.

그러나 전후 대중문화의 한 부분으로 남은(이어 텔레비전의 출현과 함께 증대된) 폭력성도 전쟁 경험의 신화를 소생시키지는 않았다. 이 폭력성은 늘 전쟁과 연관되는 것은 아니었고, 그보다는 범죄나 패거리 싸움과 관계되었다. 또한 지금까지 우리가 이야기한 문학작품은 1차대전이 끝나고 10년 후에 쏟아져나온 전쟁문학에 비할 수도 없다. 거기에는 전쟁 자체에 대한 미화도 전혀 없고, 국수주의는 대세가 아니라 예외이며, 전사자 숭배는 존재했다 해도 그리 도드라지지 않았다. 1차대전 후에는 전쟁 경험의 신화가 야만화 과정을 촉진했다면, 2차대전 후에는 공공 매체를 통해 일종의 야만화 과정이 계속되었다. 그러나 그것은 2차대전은 영웅적 과업이었다는 식으로 변용된 기억과는 결코 직접적으로 연결되지 않았다.

이전까지는 조국을 위한 영광스러운 희생으로 여겨진 전사戰死가 이제는 전시의 야만성에 희생된 모든 이에게 해당한다고 이야기되었다. 뮌헨 발트프리트호프의 2차대전 묘역을 설계한 건축가 헬무트 쇠너는 자신의 일기에 죽음은 더 넓은 맥락에서 이해되어야만 하며, 공습으로 죽임당한 사람도 전쟁에서 죽임당한 병사만큼이나 중요하다고 썼다. 실제로 이 묘지에는 독일군 전사자 외에도 러시아 병사 및 폭격으로 죽은 민간인 100명이 묻혀 있다.[58] 이는 특이한 경우가 아니었다. 1차대전 후에는 전사자를 자국의 전사자와 옛 적국의 전사자로 면밀하게 구분했다면(독일군과 프랑스군은 결코 함께 매장되지 않았다) 이제 그런 구별은 중요하지 않게 되었다.

당연히도 친위대의 귀환병들은 전통적 신화들이 평가절하되는 전후의 분위기에 양가적 태도를 보였다. 사실 이전의 전쟁 숭배 가운데 살아남은 것도 새로운 세대의 독일인에게 거의 관심을 끌지 못했다. 전쟁 묘지를 순례하는 이도 거의 없었고, 전쟁 기념물은 '경고의 증거'까지도 주목받지 못했다. 오직 우리가 언급해온 문학, 그리고 전쟁에 관한 좀더 오래된 정신의 일부를 영속화한 몇몇 영화만이 독일 사회의 한 단면에 영향을 미쳤다.

1970년대 초반 일부 청년이 국가사회주의와 그 메달, 제복, 깃발 등의 유물에 보인 관심은 과거에 대한 의식적 미화라기보다는 잠깐의 유행이라고 보아야 할 것이다.[59] 그러나 당시 청년이 실제로 얼마나 엇나간 파국적 관념을 가졌든 간에, 그것은 (곧 활발한 시장을 형성한) 기념품 취미를 통해 2차대전과 제3제국을 사소화할 조짐을 보였다. 그래도 1차대전 후의 사소화 과정과 달리, 그러한 관심은 그 어떤 폭넓은 정치적, 이데올로기적 운동과도 연결되지 않은 특수한 현상이었던 듯하다. 물론 그 야만화 효과를 무시해서는 안 되겠지만, 실제 그 유행은 전쟁 경험의 신화보다는 스킨헤드나 폭주족 같은 현상에 더 밀접하게 연결된 듯했다.

전사자 숭배의 쇠퇴라는 증후는 전쟁 경험의 신화가 전간기에 결정적 영향력을 획득했던 나라에서 끝내 그 힘을 되찾는 데 실패했음을 보여준다. 1차대전 후 이 신화가 파시즘 정권하에서 중요한 정치적 영향력을 행사했던 또 한 나라, 이탈리아에서도 이 신화는 부활하지 못했다. 전후 이탈리아의 정치는 파시즘 시기에도 존재했던 반파시즘 운동을 기반으로 삼았다. 이탈리아인은 2차대전을 파시즘 전쟁 이외의 것으로 기억할 이유가 전혀 없었다. 이 나라에도 전후 내셔널리즘 운동은 존재했고 군주주의자나 네오파시스트 같은 과거의 잔재도 있었으나, 그들은 전쟁 경험의 신화를 소생시키기를 원했다 해도 그렇게 할 수 없었을 것이다. 그들은 또 그들만의 정치적 목적에 쓰기 위해 전사자 숭배의 어휘를 일부 간직했을 수도 있겠지만,[60] 이탈리아에는 자유주의 내셔널리즘의 역사가 있기도 하고, 독일에서는 1914년 이전에도 국민 정서를 고취했던 전사戰士의 전통이 이탈리아에는 그리 깊지 않았다. 전쟁 경험의 신화는 지난날 영광을 누렸던 국가들에서 소멸했다.

III

우리가 두 세계대전에서 전사자 숭배에 나타난 차이를 가장 잘 확인할 수 있는 곳은 전사자를 기리는 방법을 두고 논쟁다운 논쟁이 벌어진 적이 없었던 독일이 아니라, 2차대전 말 무렵 이 문제에 대한 광범위한 논쟁이 이루어진 영국이다. 영국에서 논쟁의 중심이 된 것은 추모가 전통적 형식을 취해야 하느냐, 아니면 실용적 목적을 가져야 하느냐의 문제였다. 다시 말해, 전쟁 기념물이 예전과 같이 국가적 숭배의 신전이라는 순전히 전례적 기능만을 해야 하는가, 또는 도서관, 공원, 정원 등 "전쟁 이후를 살아가는 이들에게 도움이 되거나 즐거움을 줄 수 있는" 형태를 취해야 하는가가 논의되었다.[61] 이는 사소화 과정이나 묘비 및 기념물의 대량생산 문제 등 지금까지 우리의 논의에서 매우 중요한 부분을 차지한, 성과 속의 오래된 갈등이었다. 2차대전 전까지 영국전쟁묘지위원회의 구성원들은 변화의 압력에 저항하고자 했다. 1차대전의 기념물을 많이 설계했던 에드윈 루티엔스는 "건축은 기능이 끝나는 지점에서 애정과 열정이 시작된다"라고 주장했다.[62] 나아가 그는 100년 후면 1914년과 1939년이 한 전쟁의 일부로 여겨질 것이라고 예측하기도 했다.

처음에는 루티엔스가 논쟁에서 이긴 것도 같았다. 전쟁묘지위원회가 고용한 건축가들은 선례를 기준으로 설계를 결정하는 전통주의자들이었기 때문이다.[63] 하지만 이 위원회의 고루한 신사들 사이에서마저, 전쟁 기념물은 집단보다는 개인을 기념해야 하며 모든 전쟁에 대한 경고를 담아야 한다는 의견을 반영한 기조의 변화가 나타났다.[64] 또한 전사자를 기리는 실용적 접근법에 대한 공감도 커지고 있었으니, 1944년 인구의 다수가 전쟁이 끝나고 오랜 뒤에도 즐길 수 있는 공원이나 정원 형태의 기념물을 선호한다는 한 조사 결과가 그러한 경향을 뒷받침했다.[65] 전쟁기념물자문

위원회의 회장 챌폰트 경은 그러한 대중의 선호에서 비롯된 딜레마를 다음과 같이 요약했다. "우리는 전쟁 기념물이 기념물이 아닌 것과 완전히 똑같아지지 않도록 신중을 기해야 한다."[66] 그가 마련한 이 절충안은 1946년 영국의 주요한 전쟁 기념사업인 국토기금이 설립되면서 실현되었다. 국토기금은 대규모의 귀족 저택들과 자연 경관이 아름다운 지역을 획득할 터였다.[67] 이러한 기념물은 영국 전원의 유산을 만인에게 접근 가능하게 함으로써 전사자 기념을 '민주화'했다. 그것은 더이상 특정 위치 한 곳에 제한된 추상적 상징물이 아니었다.(물론 1차대전 후에 세워진 세노타프는 계속해서 그러한 기능을 수행했지만 말이다.) 그렇긴 해도, 국가와 자연 간의 전통적 연결은 그대로 남았고, 대규모 저택은 명예로운 과거의 구체적 상징물로 기능했다.

이와 달리, 전쟁 묘지의 설계에는 그러한 타협이 나타나지 않았다. 묘지 설계에는 큰 변화가 없었다. 아마도 선택의 폭이 좁았을 것이다. 1967년에 에드먼드 블런든이 썼듯, 사람들은 영국식 정원에 가듯 전쟁 묘지에 갔다.[68] 질서 있는 아름다움이라는 묘지 설계의 전통은 민간 묘지와 전쟁 묘지 모두에서 발견된바, 죽음을 마주하는 방법은 그리 쉽게 달라지거나 수정되지 않았다. 전쟁 묘지의 특정한 상징들, 즉 죽음과 부활, 전우애, 희생의 평등함 등은 시대를 뛰어넘는 듯했고, 대부분의 전통적 전쟁 기념물과는 달리 꼭 전쟁이나 국가를 미화하지도 않았다. 블런든은 한창때에 죽음을 맞은 청년들을 기억하게 하는 전쟁 묘지는 그 자체로 전쟁에 반대하는 설교라고 주장했다.[69] 두말할 것 없이, 전쟁 묘지에 관한 2차대전 이전의 공식적 인식은 이와 달랐다. 영국의 모든 전쟁 묘지는 2차대전 전에는 물론 그 후에도 전원의 교회 묘지로 간주되었고[70] 새로운 국가적 전쟁 기념물은 그 원칙을 애초에 그러한 묘지에 영감이 되었던 영국 향토의 아름다움으로 확장했을 뿐이다.

독일은 일군의 십자가를 세우는 전쟁 묘지의 오래된 설계를 유지했던 한편, 1차대전 후에 흔히 쓰였던 'invictis victi victori(끝내 승리하게 될 패배하지 않은 자들)'라는 명문은 이제 부적절한 것으로 거부되었다.[71] 그렇긴 해도, 전사자의 약력에 쓰이던 전통적 관용구는 바꾸기가 어려웠다. 그래서 일단 1945년 이후, 실종 상태였다가 사망이 확인된 독일인의 부고는 계속해서 "아무개 소령은 영웅적 죽음을 맞이했다"라는 구절을 담았다. 그러나 거의 즉각적으로, 아마도 점령국의 은근한 압력하에, 전사자는 단순히 '죽었다'고 표현되기 시작했다.[72]

1차대전 후 전사자 숭배의 한 요소였던 웅장하고 비극적인 것에 대한 애호가 2차대전 후에는 대부분 사라졌다. 전사자 숭배는 국가 숭배에 있어 더이상 대단한 중요성을 갖지 못했다. 나아가 이제 내셔널리즘과 전쟁 상징물의 긴밀한 연관성은 혐오스러운 것으로까지 여겨졌다. 모든 나라에서 그러했던 것은 아니다. 예컨대 프랑스에서 샤를 드골은 2차대전 와중의 패배 및 알제리전쟁의 패배 후, 국민의 자부심을 회복하기 위해 국가와 군사적 영광의 연관성을 되살려내고자 했다. 그러나 그렇다 해도, 국가적 과거의 기억이 언제나 현재에 살아 있는(오늘날까지도 국가의 '위인'을 팡테옹에 매장하는 등의 국가적 볼거리로 그것을 자극한다) 프랑스에서 그러한 기억은 공격성을 강화하거나 '새로운 인간'의 호전적 남성성을 숭배하는 결과로 이어지지 않았다. 전사자 숭배를 남자다움과 국가의 영광으로 잇는 공식적 연결고리는 끊어졌다. 그 전경에는 망자를 위한 애도가 있었으며, 국가의 소생을 자극하는 목적을 가졌던 전사자의 부활은 위안이라는 목적에 길을 내주었다.

그러한 변화에는 죽음의 공포가 한 역할을 담당했다. 2차대전은 아마겟돈*이라는 환시를 불러냈던 것이다. 그러나 이 공포는 쉽게 지워지지 않는 1차대전의 기억에서 비롯된 것이기도 했다. 앞서 살펴보았듯, 1939년에는 1차대전의 기억 때문에 1914년 세

* Armageddon. 『신약성경』의 「요한계시록」에 나오는 선과 악의 최후의 전장.

대의 열광이 재현되지 않았다. 그렇긴 해도, 대량살상의 기억을 초월해야 하는 필요, 과거를 매듭지어야 하는 필요는 그대로 존재했을 것이다. 우리가 두 전쟁의 여파에서 확인한 대로, 두 전쟁의 어떤 연속성들은 바로 그러한 요구를 (2차대전 후에는 주로 우익 정치운동이나 귀환병 조직에서) 좀더 전통적 방식으로 해결하려 한 시도에서 비롯되었다. 그렇지만 2차대전 후의 노력은 이 책의 관심사인 대량살상의 초월 수단들에 새로운 생명을 불어넣을 만큼 강하지 않았다. 이제는 전쟁에 관한 신화를 제작할 의용병이 없었고, 전사자 숭배는 죽음에 대한 새로운 태도를 반영하며 변화하고 있었다. 전쟁이 그 영광을 박탈당하면서, 전사는 좀더 사실적으로 인식되고 국민 정서와는 거리가 멀어졌다. 전쟁 경험의 신화는 더 이상 여기에 뿌리를 내릴 수 없었다.

전쟁을 사실적으로 마주한다고 해서 받아들이기 어려운 과거를 받아들일 만한 과거로 변형해야 하는 필요, 즉 2차대전 후의 그 모든 변화에도 불구하고 완전히 사라질 수 없었던 그 필요가 채워지지는 않는다. 여기에는 핵폭탄이 처음으로 사용되고 그것이 통상적 무기로 통합되었다는 사실이 주목할 만한 중요성을 가지는 듯하다. 두 차례의 대전으로 이미 대단히 커졌던 전쟁의 공포가 이제 전멸이라는 환시에 의해 더욱 거대해졌다. 2차대전 후 10년간은 정치인만이 아니라 일반 시민도 핵폭탄을 억제할 방법을 논했으며, '현재형 위험'에 대처하는 조직들이 급증했다. 그러나 그러한 관심은 오래지 않아 훨씬 더 파괴적인 새로운 핵무기가 발명되어 언제라도 쓸 수 있게 되면서 사그라들었다. 이제 세계는 공포의 균형에 지배당했다. 이해하기에는 너무도 거대한 위협 앞에서 사람들은 그것에 무뎌졌을 것이다. 차라리 자기 일에 몰두하며 공포를 승화했을 것이다. 자신의 공포를 달래기 위해 사람들은 각자의 문제에 몰두하는 것을 선호하게 되었다. 무력감도 일반적 감정으로 자리잡았다. 이러한 마비 작용은 한층 더 국가와 전쟁의 영광을 멀리 떼어놓았다. 이와 동시에, '새로운 인간', 전사라는 이상적 남성의 이미지는 (매체를 통해 일부 존속하긴 했어도) 공격의 대상이 되었다.

신화 전체가 어떠한 운명을 맞았든, 그것을 이루던 다양한 성분 중 일부는 지금도 현대사회의 압력을 완화하는 데 쓰일 수 있을 것이다. 전우애라는 이상은 참호와의 연관성이 제거된 뒤에도, 사람들이 갈망하는 종류의 공동체를 나타낸다. 지금도 많은 이들이 1차대전에서 우파 정치를 통해 조장되었던 남자다움의 이상을 신봉하고 있다. 한때 전쟁 경험의 신화의 핵심을 이루었던 전사자 숭배는 이후 내셔널리즘의 진로에 따라 그 타당성이 가장 작아진 듯하다. 결국 '전쟁 경험의 신화'는 국가 숭배와 연결되어 있다. 그러므로 국가 숭배가 2차대전 후 서유럽과 중유럽에서처럼 실효를 잃은 상태에서는 전쟁 경험의 신화도 치명적으로 약화된다. 반대로 내셔널리즘이 시민종교로서 다시 한번 부흥한다면 전쟁 경험의 신화 또한 그와 함께할 것이다. 미래는 알 수 없지만, 2차대전 후에 나타난 변화의 증거는 아직 굳건하다. 현재 전쟁 경험의 신화 전체가 유럽의 지난 역사로 남은 듯하다.

이 변화의 최종 결과를 가장 잘 보여주는 것이 서양 국가 전체에서 유일하게 생명력을 유지하고 있는 워싱턴의 베트남전쟁 기념물이다. 여기에는 애국적 명문은 전혀 없고, 나지막한 검은 벽에 길디긴 전사자 명단이 새겨져 있을 뿐이다. 사람들은 그 이름들을 공적으로가 아니라 사적으로 슬퍼하며 만지고 기린다. 이 전쟁 기념물에 반발이 없었던 것은 아니다. 그 근처에는 일부 보수적 성향의 귀환병들이 요청하여 미국 정부가 세운 관습적 전쟁 기념물이 있다. 거기에는 각 군 병사들이 제복을 입고 한데 무리지은 모습으로 국가의 의무를 상징하고 있다. 그러나 베트남전 귀환병을 포함한 방문객들은 낡고 전통적인 기념물보다 전사자를 새롭게 기리는 방식을 선호하는 듯하다. 애도의 벽은 늘 붐비는 반면, 근처의 조형물을 찾는 사람은 훨씬 적다. 그러한 오래된 상징물이 힘을 잃었다는 것은 단순히 변화하는 취향을 나타내는 것이 아니다. 그것은 전쟁에 대한 태도의 표현이다. 워싱턴의 베트남전 기념물은 단순히 그 전쟁에서 쓰러진 이들에게 바쳐진 기념물이 아니다. 아무리 임시적이라 할지라도, 패배로부터 승리를 일궈냄으로써 전쟁 경험의 신화의 죽음을 기리는 기념물이다.

주

1 서론: 새로운 종류의 전쟁

1 Walter Consuelo Langsam, *The World Since 1919* (New York, 1954), 3쪽.

2 Gaston Bodard, *Losses of Life in Modern Wars: Austria-Hungary, France* (Oxford, 1916), 133, 148, 151쪽.

3 Tony Ashworth, *Trench Warfare 1914-1918* (London, 1980), 3쪽.

4 같은 책, 4쪽.

5 Horst Grabenhorst, *Fahnenjunker Volkenborn* (Leipzig, 1928), 123쪽 참조.

6 Tony Ashworth, 같은 책, 2쪽. 1차대전과 이 주제에 관한 소개로는 J. M. Winter, *The Experience of World War I* (London, 1988)의 글과 특히 사진이 가장 유용하다.

7 Lord Moran, *The Anatomy of Courage* (Boston, 1967; first published 1945), 149쪽.

8 Bill Gammage, *The Broken Years. Australian Soldiers in the Great War* (Harmondsworth, Middlesex, 1975), 270쪽.

2 의용병

1 George Armstrong Kelly, *Mortal Politics in Eighteenth Century France, Historical Reflections / Reflections Historiques* (Waterloo, Canada, 1986), 136, 157쪽.

2 같은 책, 152쪽.

3 John A. Lynn, *The Bayonets of the Republic* (Urbana and Chicago, 1984), 50~52쪽.

4 같은 책, 56쪽.

5 Jean Vidalenc, "Le Premier Batallion des Volontaires Nationaux du Department de la Manche," *Cahiers Léopold Delisle*, 15 (1966), 38, 42쪽.

6 Rudolf Ibbeken, *Preussen 1807-1813. Staat und Volk als Idee und in Wirklichkeit* (Cologne, 1970), 405, 447쪽.

7 Geoffrey Best, *War and Society in Revolutionary Europe, 1770-1870* (London, 1982), 30쪽.

8 이와 같은 군사적, 남성적 미덕의 미화를 잘 보여주는 자크루이 다비드의 작품은

〈호라티우스의 맹세〉(1784년)이다. Elmar Stolpe, *Klassizismus und Krieg, Uber den Historien-Maler Jacques-Louis David* (Frankfurt/Main, 1985), 3장.

9 John A. Lynn, 같은 책, 33, 66쪽. Klaus Latzel, *Vom Sterben im Krieg* (Warendorf, 1988), 29쪽도 참조.

10 Albert Soboul, *Les Soldats de l'An II* (Paris, 1959), 74쪽.

11 John A. Lynn, 같은 책, 65쪽.

12 J. Cambry, *Rapports sur les sépultures, présenté à l'Administration Centrale du Départment de la Seine* (Paris, 1799), 66쪽.

13 Rudolf Ibbeken, 같은 책, 336쪽.

14 Meinhold Lurz, *Kriegerdenkmäler in Deutschland*, vol. 1, *Die Befreiungskriege* (Heidelberg, 1985), 346~347쪽.

15 Wilhelm Prutz, *Kleine Schriften*, vol. 2 (1847), 254쪽.

16 Meinhold Lurz, *Kriegerdenkmäler in Deutschland*, vol. 2, *Einigungskrieg* (Heidelberg, 1985), 48쪽.

17 체육인들의 애국가에 관해서는 Dieter Duding, *Organisierter gesellschaftlicher Nationalismus in Deutschland (1800–1848)* (München, 1984), 94쪽 이하 참조.

18 George L. Mosse, "National Anthems: The Nation Militant," in *From Ode to Anthem, Problems of Lyric Poetry*, ed. R. Grimm and J. Hermand (Madison, Wisconsin, 1989) 참조.

19 Albert Soboul, *Les Sans-culottes* (Paris, 1968), 143쪽.

20 John A. Lynn, 같은 책, 164쪽 이하.

21 J. H. Rosny Ainé, *Confidences sur l'amitié des tranchées* (Paris, 1919) 참조.

22 Karl Litzmann, *Freiwilliger bei den Totenkopfhusaren* (Berlin, 1909), 17, 49, 115쪽.

23 Karl August Varnhagen von Ense, *Denkwürdigkeiten des eigenen Lebens*, vol. 3 (Leipzig, 1843), 18~19쪽.

24 Adolf Hitler, *Monologe im Führer Hauptquartier, 1941–1944*, Aufzeichnungen Heinrich Heims, ed. Werner Jochmann (Hamburg, 1980), 339쪽.

25 Karl Prümm, *Die Literatur des soldatischen Nationalismus der 20er Jahre*, vol. 1 (Kronberg/Taunus, 1974), 131쪽.

26 Eric J. Leed, *No Man's Land: Combat and Identity in World War I* (Cambridge, 1979), 88쪽.

27 Werner Schwipps, *Die Garnisonkirchen von Berlin und Potsdam* (Berlin, 1964), 92쪽; Theodor Körner an seinen Vater, 10. März, 1813, *Kampf um Freiheit, Dokumente zur Zeit der Nationalen Erhebung*, ed. Friedrich Donath and Walter Markow (Berlin, 1954), 283쪽.

28 Friedrich Donath and Walter Markow, ed., 같은 곳.

29 George L. Mosse, *Nationalism and Sexuality* (New York, 1985), 6~7쪽.

30 Rudolf Ibbeken, 같은 책, 408쪽.

31 쾨르너의 시 「호소Aufruf」(1813)에 나오는 구절이다.

32 Ernst Moritz Arndt, "Die Leipziger Schlacht" (1813), *Sämtliche Werke*, vol. 4 (Leipzig, 연도 미상), 83쪽.

33 Eric J. Leed, "La legge della violenza e il linguaggio della guerra," *La Grande guerra*, ed. Diego Leoni and Camillo Zadra (Bologna, 1986), 41쪽에서 재인용.

34 Christoph Prignitz, *Vaterlandsliebe und Freiheit* (Wiesbaden, 1981), 94, 138쪽.

35 Hugh Cunningham, *The Volunteer Force* (Hamden, Connecticut, 1975), 113쪽.

36 같은 책, 117쪽.

37 Regine Quack-Eustathiades, *Der deutsche Philhellenismus während des griechischen Freiheitskampfes 1821–1827* (München, 1984), 122~123쪽.

38 William St. Clair, *That Greece Might Still be Free. The Philhellenes in the War of Independence* (London, 1972), 54쪽.

39 Christopher Montague Woodhouse, *The Philhellenes* (London, 1969), 52쪽.

40 Louis Crompton, *Byron and Greek Love* (Berkeley, 1985), 317쪽.

41 *Byron's Political and Cultural Influence in Nineteenth-Century Europe*, ed. Paul Graham Trueblood (London, 1981), 196쪽.

42 Peter Quennell, *Byron, The Years of Fame* (New York, 1935), 174쪽.

43 Louis Crompton, 같은 책, 324쪽.

3 신화 제작: 죽음의 구체적 상징들

1 Max von Schenkendorf in Tim Klein, ed., *Die Befreiung 1812–1815* (Ebenhausen bei München, 1913), 144쪽.

2 Max von Schenkendorf, *Gedichte*, ed. *Edgar Gross* (Berlin, 연도 미상), 22쪽.

3 Dieter Duding, *Organisierter gesellschaftlicher Nationalismus in Deutschland* (München, 1984), 107쪽.

4 같은 책, 93쪽.

5 Mona Ozouf, *La Fête révolutionnaire* (Paris, 1976), 96~97쪽.

6 Jean Starobinski, *1789. The Emblems of Reason* (Charlottesville, 1982), 117쪽.

7 Wilhelm Messerer, "Zu extremen gedanken über Bestattung und Grabmal um 1800," *Probleme der Kunstwissenschaft*, vol. 1, *Kunstgeschichte und Kunsttheorie im 19. Jahrhundert* (Berlin, 1963), 174, 176, 182쪽.

8 같은 글, 182쪽.

9 Pascal Hintermeyer, *Politiques de la mort* (Paris, 1981), 60, 87, 95쪽.

10 J. Cambry, *Rapports sur les sépultures, présenté à l'Administration Centrale du Département de la Seine* (Paris, 1799), 66쪽.

11 Meinhold Lurz, *Kriegerdenkmäler in Deutschland*, vol. 1, *Die Befreiungskriege* (Heidelberg, 1985), 275쪽.

12 Michel Vovelle, *La Mort et l'occident de 1300 à nos jours* (Paris, 1983), 632쪽.

13 Frederick Brown, *Père Lachaise, Elysium or Real Estate?* (New York, 1973), 10~11쪽.

14 Alain Corbin, *Pesthauch und Blutenduft. Eine Geschichte des Geruchs* (Berlin, 1984), 299쪽.

15 Richard A. Etlin, *The Architecture of Death* (Cambridge, Massachusetts, 1984), 5장.

16 같은 책, 4장.

17 같은 책, 204쪽 이하.

18 George Armstrong Kelly, *Mortal Politics in Eighteenth Century France, Historical Reflections / Reflections Historique* (Waterloo, Canada, 1986), 181쪽.

19 같은 글, 290쪽; Hans-W. van Helsdingen, *Politiek van de Dood* (Amsterdam, 1986?), 27쪽 등.

20 Michel Ragon, *The Space of Death* (Charlottesville, Virginia, 1983), 97쪽.

21 *The Gentleman's Magazine*, vol. 52, part 2 (September 1832), 245~246쪽; Michel Vovelle, 같은 책, 633쪽.

22 Johannes Schweizer, *Kirchhof und Friedhof. Eine Darstellung der beiden Haupttypen europäischer Begräbnisstätten* (Linz an der Donau, 1953), 177쪽.

23 Richard A. Etlin, 같은 책, 340쪽.

24 Thomas Bender, "The 'Rural' Cemetery Movement: Urban Travail and the Appeal of Nature," *The New England Quarterly*, vol. 47 (June 1974), 201쪽.

25 Stanley French, "The Cemetery as Cultural Institution: The Establishment of Mount Auburn and the 'Rural Cemetery' Movement," *The American Quarterly*, no. 1 (March 1974), 48쪽.

26 Richard A. Etlin, 같은 책, 367쪽.

27 J. C. Loudon, *The Laying Out, Planting, and Managing of Cemeteries and on the Improvement of Churchyards* (London, 1843) 참조.

28 *Hauptfriedhof Ohlsdorf im Wandel der Zeit* (Hamburg, 1977), 18쪽 등.

29 Hans Grässel, "Grabmalkunst," *Deutsche Bau-Zeitung*, vol. 41 (1907), 371~374쪽.

30 John Morley, *Death, Heaven and the Victorians* (Pittsburgh, 1971), 49~50쪽에서 재인용.

31 Meinhold Lurz, 같은 책, 343쪽.

32 *The Letters of Sir Walter Scott*, ed. H. J. C. Grierson (London, 1933), 79쪽.

33 같은 책, 80쪽.

34 Victor Hugo, *Les Misérables* (Paris, 1967), 380쪽.

35 *Die Totenfeier auf der Wahlstadt von Leipzig*, 18. Oktober, 1863 (Hamburg, 1863), 14쪽.

36 Meinhold Lurz, *Kriegerdenkmäler in Deutschland*, vol. 2, *Einigungskriege* (Heidelberg, 1985), 134쪽.

37 Edward Steere, "Evolution of the National Cemetery," *The Quartermaster Review*, vol. 32, no. 4 (1953), 22쪽; Erna Risch and Chester L. Kieffer, *The Quartermaster Corps: Organisation, Supply and Services*, vol. 2, *United States Army in World War II* (Washington, D. C., 1955), 361~362쪽.

38 Theodor Fontane, *Der deutsche Krieg von 1866*, vol. 2 (Berlin, 1871), 부록 "Die Denkmäler," 23쪽.

39 Adolf Hüppi, *Kunst und Kult der Grabstätten* (Freiburg im Breisgau, 1968), 431, 436쪽.

40 Meinhold Lurz, *Kriegerdenkmäler in Deutschland*, vol. 1, 345쪽.

41 Meinhold Lurz, *Kriegerdenkmäler in Deutschland*, vol. 2, 367, 373쪽.

42 Jost Hermand, "Dashed Hopes: On the Painting of the Wars of Liberation," *Political Symbolism in Modern Europe*, ed. Seymour Drescher, David Sabean, and Allan Sharlin (New Brunswick, 1982), 221~222쪽.

43 Meinhold Lurz, 같은 책, 375쪽.

44 같은 책, 26쪽.

45 같은 책, 115쪽.

46 같은 책, 370쪽 이하.

47 Paul Graf, *Geschichte der Auflösung der alten gottesdienstlichen Formen in der evangelischen Kirche Deutschlands*, vol. 2, *Die Zeit der Aufklärung und des Rationalismus* (Göttingen, 1939), 82~83, 85쪽.

48 같은 책, 86쪽.

49 같은 책, 87쪽.

4 청년과 전쟁 경험

1 Stephen Kern, *The Culture of Space and Time, 1880-1918* (Cambridge, Massachusetts, 1983), 151쪽.

2 Wolfgang Schivelbusch, *Geschichte der Eisenbahnreise* (München, 1977), 54~55쪽.

3 Rosa Trillo Clough, *Futurism* (New York, 1961), 3쪽.

4 Jose Pierre, *Futurism and Dadaism* (London, 1969), 11쪽.

5 Lewis D. Wurgaft, *The Activists: Kurt Hiller and the Politics of Action on the German Left 1914-1933* (Philadelphia, 1977), 15쪽.

6 Kasimir Edschmid, *Das Rasende Leben* (Leipzig, 1915), 24쪽.

7 Wolf-Dietrich Dube, *The Expressionists* (London, 1972), 38쪽.

8 Hermann Bahr, *Expressionismus* (München, 1918), 80쪽.

9 Richard Samuel and Hinton Thomas, *Expressionism in German Life, Literature and the Theatre* (Philadelphia, 1971), 90쪽.

10 Georg Heym, *Dichtungen und Schriften, ed. Karl Ludwig Schneider*, vol. 3, *Tagebücher, Träume, Briefe* (Hamburg and München, 1960), 89, 139쪽.

11 Benjamin Daniel Webb, *The Demise of the "New Man." An Analysis of Ten Plays from Late German Expressionism* (Göppingen, 1973) 참조.

12 Walter Flex, *Der Wanderer Zwischen Beiden Welten* (München, 연도 미상), 36쪽.

13 George L. Mosse, *Nationalism and Sexuality* (New York, 1985), 6장 참조.

14 Paul Fussell, *The Great War and Modern Memory* (Oxford, 1975), 61쪽 이하; Bernard Bergonzi, *Heroes' Twilight* (London, 1965), 224쪽.

15 Carl Boesch, "Vom deutschen Mannesideal," *Der Vortrupp*, vol. 2, no. 1 (January 1, 1913), 3쪽.

16 패러R. Farrar의 1904년 글. David Newsome, *Godliness and Good Learning* (London, 1961), 35쪽에서 재인용; *Manliness and Modern Morality: Middle-Class Masculinity in Britain and America, 1800-1940*, ed. J. A. Mangan and James Walvin (New York, 1987)도 참조.

17 Paul Fussell, *The Great War*, 26쪽에서 재인용.

18 Jeffrey Herf, *Reactionary Modernism* (Cambridge, 1984), 93쪽에서 재인용.

19 Otto Braun, *Aus Nachgelassenen Schriften eines Frühvollendeten*, ed. Julie Vogelstein (Berlin-Grünewald, 1921), 110쪽.

20 Eckart Koester, *Literatur und Weltkriegsideologie* (Kronberg/Taunus, 1977), 135쪽.

21 같은 책, 127쪽.

22 Piero Jahier, *Con me e con gli Alpini* (Firenze, 1967; 초판 1919), 128쪽.

23 Emil Lederer, "Zur Soziologie des Weltkrieges," *Archiv für Sozialwissenschaft und Politik*, vol. 39 (1915), 350쪽.

24 Georg Simmel, *Der Krieg und die Geistigen Entscheidungen* (München and Leipzig, 1917), 10, 15쪽.

25 Jean-Jacques Becker, *1914: Comment les Français sont entrés dans la guerre* (Paris, 1977), 31쪽.

26 같은 책, 574쪽 이하.

27 Lyn Macdonald, *Somme* (London, 1983), 181쪽.

28 *The Encyclopedia Britannica*, vol. 22 (New York, 1911), 576쪽.

29 Peter Parker, *The Old Lie. The Great War and the Public School Ethos* (London, 1987), 284쪽. 여기서 파커는 '8월'의 열정보다는 사립학교의 기풍에 고취된 영국의 젊은 장교들에 관해 쓰고 있다. 이 세대 전체에 관해서는 Robert Wohl, *The Generation of 1914* (Cambridge, Mass., 1979) 참조.

5 전사자 숭배

1 Karl Unruh, *Langemarck. Legende und Wirklichkeit* (Koblenz, 1986), 10쪽.

2 Theodor Körner, *Bundeslied vor der Schlacht* (May 12, 1813).

3 Karl Unruh, 같은 책, 61쪽.

4 같은 책, 63쪽.

5 같은 책, 10쪽.

6 같은 책, 156쪽; Jay W. Baird, "Langemarck," in *To Die for Germany. Heroes in the Nazi Pantheon* (Bloomington, Indiana, 1990)도 참조.

7 하인리히 체르카울렌의 희곡 『랑게마르크』에 나오는 표현. Theodor Maus, "Langemarck, Geschichte und Dichtung," *Zeitschrift für Deutsche Bildung*, Heft 11, vol. 13 (November 1937), 503쪽에서 재인용.

8 Adolf Hitler, *Mein Kampf* (München, 1934), 180쪽.

9 같은 책, 181쪽; Bernd Hüppauf, "Langemarck, Verdun and the Myth of a New Man in Germany after the First World War," *War and Society*, vol. 6, no. 2 (September 1988), 70쪽 이하도 참조. 휘파우프는 랑게마르크 신화와 베르됭 전투의 신화를 흥미로운 방식으로 대비한다.

10 Josef Magnus Wehner, *Langemarck, Ein Vermächtnis* (München, 1932), 6쪽.

11 Albert Maennchen, *Das Reichsehrenmahl der Eisenholz am Rhein* (Boppard-Bad Salzig, Camp am Rhein, 1927) 참조.

12 Willy Lange, *Deutsche Heldenhaine* (Leipzig, 1915), 27쪽.

13 Maurice Rieuneau, *Guerre et révolution dans le roman français* (Klinsieck, 1974), 16쪽.

14 Jay M. Winter, *The Great War and the British People* (Cambridge, Massachusetts, 1986), 295쪽에서 재인용.

15 Meinhold Lurz, *Kriegerdenkmäler in Deutschland*, vol. 3, *Der 1. Weltkrieg* (Heidelberg, 1985), 89쪽.

16 Walter Flex, *Vom grossen Abendmahl: Verse und Gedanken aus dem Feld* (München, 연도 미상), 15, 43쪽.

17 D. E. Dryander, *Weihnachtsgedanken in der Kriegszeit* (Leipzig, 1914), 21쪽; Die Fledgrauen, *Kriegszeitschrift aus dem Schhützengraben* (February 1916), 30~31쪽.

18 Walter Flex, *Das Weihnachtsmärchen des Fünfzigsten Regiments* (München, 연도 미상), 서문.

19 Walter Flex, *Vom grossen Abendmahl*, 15쪽.

20 Ludwig Ganghofer, *Reise zur deutschen Front 1915* (Berlin, 1915), 74쪽.

21 Albert Schinz, *French Literature and the Great War* (New York and London, 1920), 265쪽.

22 Paul Scherrer, "Kriegsweihnachten 1914/1944," *Schweizer Monatshefte* (1944/1945), 599쪽.

23 *Kriegs-Weihnachten 1915*. Waldorf Astoria Heftchen (Stuttgart, 1915), 12쪽.

24 Karl Hammer, *Deutsche Kriegstheologie (1870-1918)* (München, 1971), 167쪽.

25 *Ehrendenkmal der deutschen Armee und Marine* (Berlin, 1926), 654쪽.

26 *Deutscher Ehrenhain für die Helden 1914-1918* (Leipzig, 1931) 참조.

27 Erich Elster, "Ein Spiel der Deutschen Seele," *Deutscher Volkstrauertag 1926*, Berichte des Volksbundes Deutscher Kriegsgräberfürsorge (Oldenburg, 1926), 13쪽.

28 Hermann Oncken, "Gedächtnisrede auf die Gefallenen des grossen Krieges (1919)," *Nation und Geschichte. Reden und Aufsätze 1919-1935* (Berlin, 1935), 11쪽.

29 *Westfälsicher Feuerwehrverband: Gedenkbuch und Ehrentafel etc.* (Olpe, 연도 미상), 97쪽.

30 Heldenkränze, *Gedächtnisbuch für die Gefallenen* (Berlin, 1915), 8쪽.

31 33쪽 참조.

32 René Puaux, *Le Pélerinage du Roi d'Angleterre aux Cimetières du Front* (Paris, 1922), 19쪽.

33 Adolf Hüppi, *Kunst und Kultur der Grabstätten* (Freiburg im Breisgau, 1968), 431쪽.

34 Meinhold Lurz, 같은 책, 111쪽.

35 Fabian Ware, *The Immortal Heritage. An Account of the Work and Policy of the Imperial War Graves Commission during Twenty Years, 1917-1937* (Cambridge, 1937), 11쪽.

36 Antoine Prost, "Les Monuments aux morts," *Les Lieux de mémoire*, vol. 1, *La République*, ed. Pierre Nora (Paris, 1984), 199쪽.

37 *Kriegsgräberfürsorge*, Heft 3, vol. 56 (May 1980), 18쪽.

38 *The Fifth Annual Report of the Imperial War Graves Commission, 1923-1924* (London, 1925), 2~3쪽.

39 Sir Fredric Kenyon, *War Graves. How the Cemeteries Abroad Will Be Designed* (London, 1918), 11쪽.

40 Eric Homberger, "The Story of the Cenotaph," *The Times Literary Supplement*, no. 3896 (12 November 1976), 1430쪽.

41 Sir Fredric Kenyon, 같은 책, 13쪽.

42 George L. Mosse, "L'Autoreppresentazione nazionale negli anni Trenta negli Stati Uniti e in Europa," in *L'Estetica della politica Europa e America negli anni trenta* (Bari and Rome, 1989), 3~23쪽 참조.

43 Meinhold Lurz, 같은 책, 39쪽.

44 같은 책, 19쪽.

45 Franz Hallbaum, "Die deutsche Kriegsgräberstätte, ihr Wesen und ihre Form," *Kriegsgräberfürsorge*, no. 10 (October 1932), 147쪽.

46 George L. Mosse, "Culture, Civilization and German Antisemitism," *Germans and Jews* (Detroit, 1987), 34~60쪽 참조.

47 Meinhold Lurz, "……ein Stück Heimat in Fremder Erde," *Archt, Zeitschrift für*

Architekten, Stadtplanern Sozialarbeiter und kommunal-politische Gruppen, no. 71 (October 1983), 66~67쪽.

48 *Deutsche Bau-Zeitung*, vol. 63 (1928), 112쪽.

49 *Heldenhaine, Heldenbäume*, ed. Stephan Ankenbrand (München, 1928), 28쪽; Willy Lange, *Deutsche Heldenhaine* (Leipzig, 1915), 109쪽; Meinhold Lurz, *Kriegerdenkmäler*, vol. 3, 100~101쪽.

50 Meinhold Lurz, 같은 책, 99쪽.

51 Karl Kuhner-Waldkirch, *Mehr Sinn für die Stätten unserer Toten* (Stuttgart, 1923), 9~11쪽 참조.

52 Hans Strobel, "Gedanken über Friedhofsgestaltung," *Deutsche Bau-Zeitung*, vol. 53 (1920), 159쪽에서 재인용.

53 R. A. Linhof, "Die Kultur der Münchner Friedhofs-Anlagen von Hans Grässel," *Wachsmuths Monatshefte für Baukunst*, vol. 3 (1918/19), 218쪽.

54 *Ehrenbuch der Gefallenen Stuttgarts 1914–1918* (Stuttgart, 1925), ix쪽.

55 *Deutsche Bau-Zeitung*, vol. 53 (1919), 330쪽 참조.

56 *Das deutsche Grabmal* (December 1925) 참조.

57 *Das deutsche Grabmal* (August 1925) 참조.

58 *Deutsche Bau-Zeitung*, vol. 62 (1928), 321~322, 774쪽; Wolfgang Ribbe, "Flaggenstreit und Heiliger Hain," in *Aus Theorie und Praxis der Geschichtswissenschaft. Festschrift für Hans Herzfeld zum 80. Geburtstag*, ed. Dietrich Kruze (Berlin, 1972), 66쪽.

59 Meinhold Lurz, 같은 책, 106쪽.

60 그러나 장례 정원은 소도시의 중심에 위치하며, 오래된 나무와 함께 꽃이 심어지는 공간이었다. Jean Ajalbert, *Comment glorifier les morts pour la patrie?* (Paris, 1916), 50~51쪽.

61 귀스타브 가세Gustave Gasser의 대답. "Le Monument aux Morts. Sur l'Enquête concernant L'Hommage aux Héros de la Guerre," *Études* (July-August-September 1917), 314쪽.

62 Renato Monteleone and Pino Sarasini, "I monumenti Italiani ai caduti della Grande Guerra," in *La Grande Guerra*, ed. Diego Leoni and Camillo Zadra (Bologna, 1986), 644쪽.

63 Meinhold Lurz, "Der Mannheimer Hauptfriedhof. Grabmalgestaltung zwischen 1890 und 1940," *Mannheimer Hefte*, no. 1 (1986), 33~34쪽.

64 같은 글, 38쪽.

65 7장 참조.

66 *Deutsche Bau-Zeitung*, vol. 49 (1915), 192, 448쪽.

67 Karl von Seeger, *Das Denkmal des Weltkrieges* (Stuttgart, 1930), 30쪽.

68 십자가를 고향으로 배송하기 위한 신청 기한은 1922년 10월이었고, 그후에는 전사자의 친족이 알아서 십자가를 회수해야 했다. 수십만 명에 달하는 전사자의 친족 가운데 신청자는 겨우 1만 1,325명이었다. *Annual Report of the War Graves Commission 1922/23* (London, 1923), 6~7쪽.

69 *Kentish Gazette*, November 15, 1934, Australian War Memorial, Clipping Collection; photograph of the ceremony at Liverpool, Australian War Memorial.

70 사우스오스트레일리아 주 애들레이드의 전쟁기념관 등 아직도 그러한 십자가를 볼 수 있는 곳들이 있다.

71 *Daily Sketch*, November 30, 1926, Australian War Memorial, Clipping Collection.

72 Karl Stieler, *Durch Krieg zum Frieden, Stimmungsbilder aus den Jahren 1870-1871* (Stuttgart, 1895), 208~209쪽.

73 *Kriegsgräber im Felde und Daheim* (München, 1917), 21쪽.

74 *Deutsche Bau-Zeitung*, vol. 51 (1917), 415쪽.

75 Emil Ludwig, *Goethe: Geschichte eines Menschen*, vol. 3 (Stuttgart, 1922), 458쪽.

76 *Lutyens*, Hayward Gallery, 18 November-31 January, 1982, Arts Council of Great Britain (London, 1982), 152쪽.

77 German Werth, *Verdun* (Bergisch Gladbach, 1979), 396쪽.

78 Alistair Horne, *The Price of Glory, Verdun 1916* (Harmondsworth, 1964), 328쪽. German Werth, *Verdun*, 387쪽은 이 수치가 부풀려진 것이라고 주장하고 있다.

79 Antoine Prost, "Verdun," in *Les Lieux de mémoire*, vol. 2, *La Nation*, ed. Pierre Nora (Paris, 1986), 123~124, 129쪽.

80 General Weygand, *L'Arc de Triomphe de l'Etoile* (Paris), 93쪽.

81 이는 이미 1870년에 시작된 양상이다. Charles Vilain, *Le Soldat Inconnu. Histoire et culte* (Paris, 1933), 51쪽.

82 같은 책, 35쪽.

83 같은 책, 82쪽.

84 같은 책, 58쪽.

85 제안자로는 전선을 경험한 성직자인 데이비드 레일턴David Railton과 『데일리 익스프레스*Daily Express*』 지의 뉴스 편집자가 거론된다. *The Unknow Warrior. A Symposium of Articles on How the Unknown Warrior Was Chosen*, Imperial War Museum, London, 333 (41) K. 60791.

86 Major P. F. Anderson, "The British Unknown Warrior," 3쪽; *The Unknown Warrior. A Symposium of Articles*, 2쪽; Charles Vilain, 같은 책, 53쪽.

87 Eric Homberger, 같은 글, 1427쪽.

88 Alan Wilkinson, *The Church of England and the First World War* (London, 1978), 299쪽.

89 Francesco Sapori, *Il Vittoriano* (Rome, 1946), 61쪽.

90 106쪽 참조.

91 신위병소의 무명용사 기념지로의 변형은 Meinhold Lurz, *Kriegerdenkmäler*, vol. 4, *Weimarer Republik* (Heidelberg, 1985), 85~100쪽에 자세하게 설명되어 있다.

92 Kathrin Hoffman-Curtius, "Das Kreuz als Nationaldenkmal 1814 und 1931," *Zeitschrift für Kunstgeschichte*, vol. 48 (1985), 94~95쪽.

93 Annette Vidal, *Henri Barbusse: Soldat de la paix* (Paris, 1926), 26쪽 이하.

94 George L. Mosse, *The Nationalization of the Masses* (New York, 1975), 65쪽.

95 Laurence Baron, "Noise and Degeneration: Theodor Lessing's Crusade for Quiet," *Journal of Contemporary History*, vol. 17 (1982), 169쪽.

96 Albert S. Baird, "What Sort of a War Memorial?" *Community Buildings as War Memorials*, Bulletin 1 (1919), 1~16쪽 그리고 표지 안쪽 글.(이 출전은 리처드 커버그Richard Kehrberg에게 도움을 받았다.); 독일의 사례는 George L. Mosse, 같은 책, 71쪽 참조; 영국의 사례는 이 책 258쪽 참조.

97 Jeffrey Herf, *Reactionary Modernism* (Cambridge, 1984) 참조.

98 같은 책, 77쪽.

99 Meinhold Lurz, 같은 책, 246쪽 이하.

100 같은 책, 247쪽.

101 같은 책, 289쪽.

102 베르타흐에 있는 마을 기념물을 말한다. *Das deutsche Grabmahl*, no. 2 (February 1925), 12쪽; Meinhold Lurz, 같은 책, 231쪽.

103 "Kriegerdenkmäler in Baden und Elsass," *TAZ*, February 3, 1983, 9쪽.

104 *Krigergräber im Felde und Daheim* (München, 1917), 7쪽.

105 Meinhold Lurz, 같은 책, 174쪽.

106 *Deutsche Bau-Zeitung*, vol. 61 (1927), 277쪽.

107 Meinhold Lurz, 같은 책, 149쪽.

108 *Das deutsche Grabmahl* (December 1925), 12쪽.

109 George L. Mosse, 같은 책, 71쪽.

110 Meinhold Lurz, 같은 책, 215쪽 이하.

111 "Konservatives Denken in Sachen Kriegerdenkmal," *Süddeutsche Zeitung*, January 18, 1983.

112 *Der Spiegel*, no. 35 (1988), 209쪽.

113 Monteleone and Sarasini, "I monumenti Italiani," 640, 647, 651쪽.

114 Alan Wilkinson, 같은 책, 297쪽.

115 Antoine Prost, 같은 글, 201~202쪽; Jean-Claude Bologne, *Histoire de la Pudeur* (Paris, 1986), 219쪽.

116 Antoine Prost, *Les Anciens combattants et la Société Française*, vol. 3, *Mentalités et idéologies* (Paris, 1977), 49쪽.

117 Cesare Caravaglio, *L'Anima religiosa della guerra* (Milan, 1935), 37쪽.

6 자연의 전용

1 Paul Fussell, *The Great War and Modern Memory* (Oxford, 1975), 303쪽.

2 H. O. Rehlke, "Der gemordete Wald," *Die Feldgraue Illustrierte, Kriegszeitschrift der 50. J.-D.* (June 1916), 12쪽.

3 H. Gillardone, *Der Hias* (Berlin and München, 1917), 85쪽.

4 105쪽 참조.

5 Stephan Ankenbrand, ed., *Heldenhaine, Heldenbäume* (München, 1918), 54쪽.

6 H. Gillardone, 같은 책, 33쪽.

7 George L. Mosse, *Crisis of German Ideology* (New York, 1964), 26쪽에서 재인용.

8 Sir Frederic Kenyon, *War Graves. How the Cemeteries Abroad Will Be Designed* (London, 1918), 7쪽.

9 Paul Fussell, 같은 책, 249쪽.

10 Rose E. B. Coombs, *Before Endeavours Fade* (London, 1976), 6쪽 참조.

11 *Kriegsgräberfürsorge*, no. 3 (March 1930), 42쪽.

12 *Kriegsgräberfürsorge*, no. 10 (October 1932), 146~147쪽.

13 Victor Hugo, *Les Misérables* (Paris, 1967), 2권 16장.

14 Ralph Hale Mottram, *Journey to the Western Front. Twenty Years After* (London, 1936), 1, 44쪽.

15 Paul Berry and Alan Bishop, eds., *Testament of a Generation: The Journalism of Vera Brittain and Winifred Holtby* (London, 1985), 210쪽.

16 H. Williamson, *The Wet Flanders Plain* (London, 1929), 33, 59쪽.

17 *Morning Herald*, Sydney, November 25, 1927, Australian War Memorial, Clipping Collection.

18 *Kriegsgräberfürsorge*, no. 3 (March 1926), 42쪽.

19 *Der Bergsteiger, Deutscher Alpenverein* (October 1938 ~ September 1939), 583쪽.

20 Karl Erhardt, *Der Alpine Gedanke in Deutschland. Werdegang und Leitung, 1869-1949* (München, 1950), 54쪽.

21 Luis Trenker, *Alles Gut Gegangen* (Hamburg, 1959), 77쪽.

22 S. Prada, *Alpinismo romantico* (Bologna, 1972), 8쪽.

23 같은 책, 94쪽.

24 Oskar Erich Meyer, *Tat und Traum: Ein Buch Alpinen Erlebens* (München, 연도 미상), 206~207쪽.

25 Herbert Cysarz, *Berge über uns* (München, 1935), 53, 79쪽 등.

26 *Der deutsche Film*, no. 41, 14 October 1921, 4쪽; *Film und Presse*, nos. 33~34 (1921), 311쪽.

27 Leni Riefenstahl, *Kampf in Schnee und Eis* (Leipzig, 1933), 25쪽.

28 같은 책, 113쪽.

29 Luis Trenker, *Berge in Flammen* (Berlin, 1931), 267쪽.

30 Luis Trenker, *Kampf in den Bergen. Das unvergängliche Denkmal an der Alpenfront* (Berlin, 1931) 참조.

31 Rolf Italiander, *Italo Balbo* (München, 1942), 127쪽에서 재인용.

32 Luis Trenker, *Im Kampf um Gipfel und Gletscher* (Berlin, 1942), 55쪽.(Trenker-Feldpost-Ausgabe Helden der Berge)

33 Luis Trenker, *Berge in Flammen* (Berlin, 1931), 267쪽.

34 Marie Luise Christadler, *Kriegserziehung im Jugendbuch* (Frankfurt a. Main, 1978), 193쪽.

35 Max Nordau, *Degeneration* (New York, 1968), 39, 41쪽.

36 Peter Supf, *Das Buch der deutschen Fluggeschichte* (Stuttgart, 1958), vol. 2, 339쪽. 주

37 Marie Luise Christadler, 같은 책, 191쪽.

38 Herbert George Wells, "The War in the Air and Other War Forebodings," *Works* (New York, 1926), vol. 20, 23쪽.

39 Stephen Graham, *The Challenge of the Dead* (London, 1921), 121쪽.

40 120쪽 참조.

41 Ernst Schaffer, *Pour le mérite: Flieger im Feuer* (Berlin, 1931), 19쪽.

42 이러한 관습에 대한 자세한 설명은 Bennett Arthur Molter, *Knights of the Air* (New York and London, 1918) 참조; 독일의 사례는 "Die letzten Ritter: Ein Vorwort," in Ernst Schaffer, 같은 책 참조.

43 *Flieger am Feind* (Gütersloh, 1934), 40~41쪽.

44 Eric J. Leed, *No Man's Land: Combat and Identity in World War I* (Cambridge, Eng., 1979), 137쪽.

45 M. E. Kühnert, *Jagdstaffel 356* (London, 연도 미상), 13쪽.

46 Joseph Werner, *Boelcke* (Leipzig, 1932), 10쪽.

47 188쪽 참조.

48 Manfred von Richthofen, *Der rote Kampfflieger* (Berlin, 1917) 참조.

49 Antoine de Saint-Exupéry, "Terre des hommes," *Oeuvres* (Paris, 1959), 169쪽 및 154쪽.

50 전간기 비행의 신비에 대한 더 자세한 내용은 George L. Mosse, *Masses and Man* (New York, 1980), 230~232쪽 참조.

51 L. Mosley, *Lindbergh* (New York, 1977), 93쪽; '새로운 인간'으로서 전후 분위기를 포착한 린드버그에 관한 훌륭한 논의인 Modris Eksteins, *Rites of Spring. The Great War and the Birth of the Modern Age* (Boston, 1989), 242쪽 이하 참조.

52 Rolf Italiander, 같은 책, 137쪽에서 재인용.

53 Walter Flex, *Der Wanderer Zwischen Beiden Welten* (München, 연도 미상), 47쪽.

54 Paul Berry and Alan Bishop, eds., 같은 책, 235쪽.

7 전쟁 경험의 사소화

1 K. Mittenzweig, "Die Lehre des Hurrakitsches," *Innendekoration*, Jahrg. 27 (1916), 402쪽.

2 *Krieg, Volk und Kunst*, Ausstellung Veranstaltet von der Verwundeten Bücherei des Roten Kreuzes (München, 1916), 46~50쪽.

3 107쪽 참조.

4 Henry-René d'Allemagne, *Le Noble jeu de l'oie en France de 1640 à 1950* (Paris, 1950), 33, 45, 215쪽 참조.

5 직소 퍼즐에 관해서는 Musée de l'Éducation, Institut Pedagogique National, Paris 참조.

6 Lambert Pignotti, *Figure d'Assalto* (Rovereto, 1985), 7쪽.

7 Andrea Rapisarda, *Il Mondo Cartolina 1898-1918* (Milan, 1983), 9쪽.

8 Barbara Jones and Bill Howell, *Popular Arts of the First World War* (New York, 1972), 11쪽.

9 Lambert Pignotti, 같은 책, 13쪽.

10 From *La Domenica illustrata* (January 10, 1915), reproduced in Carlo de Biase and Mario Tedeschi, *Fu l'Esercito* (Rome, 1976), 28쪽.

11 *Ein Krieg wird ausgestellt*, Die Weltkriegssammlung des Historischen Museums (Frankfurt a. Main, 1976), 336쪽.

12 Nicola della Volpe, *Cartoline Militari* (Rome, 1983), 97쪽.

13 *Ein Krieg wird ausgestellt*, 13쪽.

14 Rudyard Kipling, *France at War* (New York, 1916), 99쪽.

15 Ludwig Ganghofer, *Reise zur deutschen Front 1915* (Berlin, 1915), 151쪽.

16 Carlo de Biase and Mario Tedeschi, 같은 책, 31쪽.

17 192, 206쪽 참조.

18 Lambert Pignotti, 같은 책, 그림 151과 154 참조.

19 같은 책, 그림 90~92.

20 *Ein Krieg wird ausgestellt*, 95쪽.

21 이를 비롯한 더 많은 사례는 R. K. Neumann, "Die Erotik in der Kriegsliteratur," *Zeitschrift für Sexualwissenschaft* (April 1914~March 1915), 390쪽 이하 참조.

22 *Ein Krieg wird ausgestellt*, 156쪽.

23 같은 글, 172쪽; 이 책 120쪽 이하도 참조.

24 Marie Luise Christadler, *Kriegserziehung im Jugendbuch* (Frankfurt, 1978), 95쪽.

25 Marie-Monique Huss, "Virilité et religion dans la France de 1914~1918: Le

Catechisme du Poilu," presented at the annual conference of the A.S.M.C.F., "Belief in Modern France," University of Loughborough, 1988, 3쪽. 이 출전은 케임브리지 대학 펨브루크 칼리지의 J. M. 윈터 박사에게 도움을 받았다.

26 Marie Luise Christadler, 같은 책, 67쪽.

27 Karl Rosenhaupt, *The Nürnberger-Fürther Metallspielwarenindustrie* (Stuttgart and Berlin, 1907), 24, 47쪽.

28 *Antique Toy World*, vol. 3 (July 1973), 3쪽.

29 Theodor Hampe, *Der Zinnsoldat, ein Deutsches Spielzeug* (Berlin, 1924), 29~30쪽; *Spielzeug*, von einem Autorenkollektiv (Leipzig, 1958), 34쪽.

30 *Antique Toy World*, vol. 4 (November 1, 1974), 8쪽.

31 Theodor Hampe, 같은 책, 19쪽.

32 *Der deutsche Zinnsoldat*, Ausstellung im Thaulow Museum (Kiel, 1934) 참조.

33 Gebruder Bing, *Spielzeuge zur Vorkriegszeit 1912–1915*, ed. Claude Jeanmaire (Villingen, 1977), 141, 432쪽.

34 Kurt Floericke, *Strategie und Taktik des Spieles mit Bleisoldaten* (Stuttgart, 1917), 4쪽.

35 같은 책, 71쪽.

36 같은 책, 4쪽.

37 Mary Cadogan and Patricia Craig, *Women and Children First. The Fiction of Two World Wars* (London, 1978), 95쪽.

38 같은 책, 71쪽.

39 J. C. Lion, *J. C. F. Gutsmuths Spiele zur Übung und Erholung* (Hof, 1893), 304쪽.

40 1930년에서 1933년 사이에 독일 Schloss-schule Salem am Bodensee의 Schloss Herrmansberg 유치원에서 저자가 했던 전쟁놀이의 기억을 바탕으로 한 내용이다.

41 J. C. Lion, 같은 책, 315쪽 이하.

42 *Des lieben Gottes kleine Soldaten*, von einer Ordensschwester (München, 1916), 11, 14~15쪽.

43 Oskar Klaubus, *Vom werden deutscher Filmkunst*, 1. Teil (Cigaretten-Bilderdienst Altona-Bahrenfeld, 1935), 63쪽.

44 *Der deutsche Zinnsoldat* 참조.

45 Caron Cadle, "Market of the Tin Soldiers," *Princeton Alumni Weekly* (January 29, 1979), 34쪽.

46 *Der Kinematograph*, no. 399 (19 August 1914) 참조.

47 Hans Barkhausen, *Film Propaganda für Deutschland im Ersten und Zweiten Weltkrieg* (New York, 1982), 14쪽.

48 Heinz Schlotermann, *Das deutsche Weltkriegsdrama 1919–1937* (Würzburg, 1944), 19쪽.

49 Roswitha Flatz, *Krieg im Frieden. Das aktuelle Militärsttück auf dem Theater des Kaiserreichs* (Frankfurt a. Main, 1976), 24~25쪽.

50 같은 책, 26쪽.

51 같은 책, 36쪽.

52 같은 책, 206~207쪽.

53 같은 책, 211쪽.

54 Hans Traub, *Die UFA* (Berlin, 1943), 22쪽.

55 Heinz Schlotermann, 같은 책, 19쪽.

56 Roswitha Flatz, 같은 책, 27쪽.

57 Archiv des Historischen Museums, Frankfurt a. Main, no. 3/12.

58 M. J. Moynet, *L'Envers du Théâtre: Machines et decorations* (Paris, 1873), 151~152쪽; poster for performance of Verdun in Bowman-Grey collection, University of North Carolina.

59 M. J. Moynet, 같은 책, 246쪽.

60 Hans Stosch-Sarrasani, *Durch die Welt im Zirkuszelt* (Berlin, 1940), 149쪽.

61 Barbara Jones and Bill Howell, 같은 책, 18쪽.

62 Clyde Jeavons, *A Pictorial History of War Films* (Secaucus, 1974), 22쪽.

63 같은 책, 23쪽.

64 Gertraude Bub, "Der deutsche Film im Weltkrieg und sein publizistischer Einsatz," Inaugural Dissertation, Friedrich-Wihelms-Universität Berlin (Berlin, 1938), 74쪽.

65 같은 글, 77쪽.

66 Clyde Jeavons, 같은 책, 31쪽; Cedric Larson, *Words that Won the War: The Story of the Committee on Public Information* (Princeton, 1939), 140쪽.

67 같은 책, 26쪽.

68 Oskar Messter, *Mein Weg mit dem Film* (Berlin, 1936), 129쪽.

69 같은 책, 133쪽.

70 같은 책, 그림 154.

71 Kevin Brownlow, *The West, the War and the Wildmen* (New York, 1978), 83~84쪽.

72 Hans Traub, 같은 책, 21쪽; *Film und Gesellschaft in Deutschland*, ed. Wilfred von Bredow and Rolf Zurek (Hamburg, 1975), 97쪽.

73 Hans Barkhausen, 같은 책, 75쪽.

74 Hans Traub, 같은 책, 21쪽.

75 Geoffrey H. Malins, *How I Filmed the War* (London, 1920), 181쪽.

76 같은 책, 177, 183쪽.

77 Dolf Sternberger, *Panorama of the Nineteenth Century* (New York, 1977), 72쪽.

78 William A. Frassanito, *Gettysburg. A Journey in Time* (New York, 1975), 191~192쪽.

79 *Illustrierte Weltkriegschronik der Leipziger Illustrierten Zeitung* (49) 참조. 이 잡지에서는 화가 오토 폰 데어 벨Otto von der Wehl이 전투 장면을 담당했다.

80 *Les Champs de Bataille de la Marne* (Paris, 1915) 참조.

81 *The War's Best Photographs* (London, 연도 미상) 참조.

82 René Predal, *La Société Française* (1914~1945) *à travers le cinéma* (Paris, 1972), 28쪽; 이와 달리 2차대전에서는 종전 직후에 영화가 제작되기 시작했다. 이에 관해서는 Nicholas Pronay, "The British Post-bellum Cinema: A Survey of the Films Relating to World War II Made in Britain between 1945 and 1960," *Historical Journal of Film, Radio and Television*, vol. 8, no. 1 (1988), 39~54쪽 참조.

83 Eugen Weber, *France: Fin de Siècle* (Cambridge, Massachusetts, 1986), 192쪽.

84 *Film und Presse*, no. 23/24 (1921), 201쪽.

85 *Wege zur Kraft und Schönheit*, first shown, 16 March 1925 in Berlin, English version 1925.

86 *St. Barnabas Pilgrimages. Ypres, The Somme. 1923* (출판지, 출판연도 미상), 4쪽.

87 Louis Reynes, *Recueil officielle des sépultures* (Paris, 1929), 83쪽.

88 *Gallipoli, Salonika, St. Barnabas, 1926* (출판지, 출판연도 미상), 7쪽.

89 *St. Barnabas Pilgrimages. Ypres, The Somme. 1923* (출판지, 출판연도 미상), 4쪽.

90 *A Souvenir of the Battlefield Pilgrimage, 1928*, organized by the British Legion in cooperation with the British Empire Service League (출판지, 출판연도 미상), 40, 45쪽.

91 René Duchet, *Le Tourisme à travers les ages: Sa Place dans la vie moderne* (Paris, 1949), 13쪽.

92 Michael Marrus, "Pilger auf dem Weg. Wallfahrten im Frankreich des 19. Jahrhunderts," *Geschichte und Gesellschaft*, Heft 3, vol. 3 (1977), 333쪽.

93 Eugen Weber, 같은 책, 189쪽.

94 René Duchet, 같은 책, 160쪽.

95 *Annual Report of the Imperial War Graves Commission 1929/30* (London, 1931), 6쪽.

96 Ernst-Glaeser, "Kriegsschauplatz 1928," in *Fazit, ein Querschnitt durch die deutsche Publizistik*, ed. Ernst Glaeser (1929); rev. ed. H. Kreuzer, Kronberg/Ts. 1977, 56쪽.

97 Thomas Cook & Son, *The Travellers Handbook for Belgium and the Ardennes* (London, 1924), 235쪽.

98 Stephen Graham, *The Challenge of the Dead* (London, 1921), 33쪽.

99 *A Souvenir of the Battlefield Pilgrimage*, 1928, 43쪽.

100 "The Final Task of St. Barnabas," *Menin Gate Pilgrimage*, 1927 참조.

101 Ralph Hale Mottram, *Journey to the Western Front. Twenty Years After* (London, 1936), 1, 44쪽. 이 책 132쪽도 참조.

8 독일 정치의 야만화

1 *Die Judenpogrome in Russland*, ed. Zionistischer Hilfsfund in London zur Erforschung der Pogrome eingesetzten Kommision, vol. I (Leipzig, 1910), 194쪽; Zosa Szajkowski, *Kolchak, Jews and the American Intervention in Northern Russia and Siberia, 1918–1920* (New York, 1977), 77, 142쪽; *Statistiks in Macht und Gewalt in der Politik und Literature des 20. Jahrhunderts*, ed. Norbert Leser (Wien, 1985), 32쪽.

2 Kevork B. Bardakjian, *Hitler and the Armenian Massacre*, The Zoryan Institute (Cambridge, Massachusetts, 1985), 1/2, 43쪽.

3 George L. Mosse, *The Crisis of German Ideology* (New York, 1965), 237쪽 이하 참조.

4 Hans Dietrich Bracher, *Geschichte und Gewalt. Zur Politik im 20. Jahrhundert* (Berlin, 1981), 21쪽.

5 Ernst Jünger, *Der Kampf als inneres Erlebnis* (Berlin, 1933), 33쪽.

6 Henri Massis, *Impressions de guerre (1914–1915)* (Paris, 1916), 61쪽.

7 Karl Heinz Bohrer, *Die Ästhetik des Schreckens* (München, 1978), 315쪽.

8 Ernst Jünger, *The Storm of Steel* (New York, 1975), 255, 263쪽.

9 Herman Löns, *Der Wehrwolf* (Jena, 1917), 14쪽; Frederick Manning, *The Middle Part of Fortune*, 다음에서 재인용. Trevor Wilson, *The Myriad Faces of War. Britain and the Great War 1914–1918* (Cambridge, 1986), 681쪽.

10 Otto Binswanger, *Die Seelischen Wirkungen des Krieges* (Stuttgart and Berlin, 1914), 27쪽; Simone Weil, *Seventy Letters* (London, 1965), 108쪽.

11 David P. Jordan, *The King's Trial. The French Revolution vs. Louis XVI* (Berkeley and Los Angeles, 1979), 220~221쪽.

12 George L. Mosse, *Germans and Jews* (New York, 1970), 38쪽; 이 책 110쪽 참조.

13 Meinhold Lurz, *Kriegerdenkmäler in Deutschland*, vol. 2, *Einigungskriege* (Heidelberg, 1985), 126~130쪽.

14 Meinhold Lurz, *Kriegerdenkmäler in Deutschland*, vol. 4, 423쪽.

15 "Mit uns zieht die neue Zeit," *Der Mythos der Jugend*, ed. Thomas Koebner, Rolf-Peter Janz, and Frank Trommler (Frankfurt a. Main, 1985), 220쪽에서 재인용; 남자다움 관념의 역사에 관해서는 George L. Mosse, *Nationalism and Sexuality* (New York, 1985) 참조.

16 Arnold Zweig, *Pont und Anna* (Berlin, 1925), 95쪽.

17 Christopher Isherwood, *Lions and Shadows* (London, 1938), 74쪽.

18 Walter Flex, *Der Wanderer Zwischen Beiden Welten* (München, 연도 미상), 47쪽 참조.

19 Heinrich Zerkaulen, "Jugend von Langemarck. Geschichte und Dichtung," *Zeitschrift für Deutsche Bildung*, Heft 2, vol. 13 (November 1937), 503쪽.

20 Kurt Sontheimer, *Antidemokratisches Denken in der Weimarer Republik* (München, 1962), 138쪽에서 재인용; 에른스트 윙거의 말은 Karl Heinz Bohrer, 같은 책, 286쪽에서 재인용.

21 Meinhold Lurz, *Kriegerdenkmäler in Deutschland*, vol. 3, *I. Weltkrieg* (Heidelberg, 1985), 140쪽.

22 George L. Mosse, "Nationalism, Fascism and the Radical Right," in *Community as a Social Ideal*, ed. Eugene Kamenka (London, 1982), 34쪽 이하.

23 Ludwig Scholz, *Das Seelenleben des Soldaten an der Front* (Tübingen, 1930), 48쪽 참조.

24 Robert G. L. Waite, *Vanguard of Nazism* (Cambridge, Massachusetts, 1970), 108쪽에서 재인용; Richard Bessel, "The Great War in German Memory: The Soldiers of the First World War, Demobilization and Weimar Political Culture," *German History*, no. 1, vol. 6 (1988), 28쪽도 참조.

25 Francis L. Carsten, *Reichswehr und Politik* (Cologne, 1964), 171쪽 이하; 자유군단의 신화와 대비되는 실상에 관해서는 Hannsjoachim W. Koch, *Der deutsche Bürgerkrieg* (Frankfurt a. Main, 1978) 참조.

26 Ernst von Salomon, "Der verlorene Haufen," in *Krieg und Krieger*, ed. Ernst Jünger (Berlin, 1930), 111쪽.

27 Gabriel Krüger, *Die Brigade Ehrhardt* (Hamburg, 1971), 128쪽.

28 Anneliese Thimme, *Flucht in den Mythos. Die Deutschnationale Volkspartei und die Niederlage von 1918* (Göttingen, 1969), 132쪽; E. J. Gumbel, *Vier Jahre Politischer Mord* (Berlin-Fichtenau, 1922), 13쪽 등.

29 Emil Julius Gumbel, *Vom Fememord zur Reichskanzelei* (Heidelberg, 1962), 58쪽; Hans Kilian, *Der Politische Mord* (Zurich, 1936), 24쪽.

30 Hans Kilian, 같은 곳.

31 *An was hat der heimkehrende Kriegsteilnehmer zu denken? Praktische Wegweise*, ed. J. Jehle (München, 1918), 3쪽.

32 Moritz Liepmann, *Krieg und Kriminalität in Deutschland* (Stuttgart, 1930), 37쪽.

33 Hugo Sinzheimer, "Die legalisierung des politischen Mordes," *Justiz*, vol. 5 (1930), 65쪽 이하.

34 Hugo Sinzheimer and Ernst Fraenkel, *Die Justiz in der Weimarer Republik. Eine Chronik* (Neuwied and Berlin, 1968) 참조.

35 Ernst Werner Techow, *Gemeine Mörder? Das Rathenau Attentat* (Leipzig, 1934), 31쪽.

36 Gotthard Jaspers, *Der Schutz der Republik. Studien zur staatlichen sicherung der Demokratie in der Weimarer Republik (1922–1930)* (Tübingen, 1963), 284, 287쪽.

37 James Morgan Read, *Atrocity Propaganda 1914–1919* (New York, 1972), 3쪽; Arthur

Ponsonby, *Falsehood in War-Time* (New York, 1971), 177쪽; R. K. Neumann, "Die Erotik in der Kriegsliteratur," *Zeitschrift für Sexualwissenschaft* (April 1914~March 1915), 390~391쪽.

38 Ferdinand Avenarius, *Das Bild als Narr* (München, 1918), 219쪽.

39 *Russisch-Deutsches Volks-Blatt 1813*, eingeleitet von Fritz Lange (reprint, Berlin, 1953), 84쪽에서 재인용.

40 Christoph Prigniz, *Vaterlandsliebe und Freiheit* (Wiesbaden, 1981), 138쪽 및 94쪽 이하.

41 Klaus Vondung, "Geschichte als Weltgericht genesis und degradation einer symbolik," *Kriegserlebnis*, ed. Klaus Vondung (Göttingen, 1980), 62~84쪽.

42 Leslie Susser, *Fascist and Anti-Fascist Attitudes in Britain between the Wars* (D.Phil. thesis, Oxford University, 1988), 89, 93~95쪽. 이 논문은 이 주제에 관하여 새롭고 중요한 관점들을 제시하고 있다.

43 같은 글, 114쪽.

44 Rudy Koshar, *Social Life, Local Politics and Nazism. Marburg 1880-1935* (Chapel Hill, 1986), 146, 149쪽.

45 J. M. Winter, "Some Paradoxes of the Great War," in *The Upheaval of War: Family, Work and Welfare in Europe, 1914-1918*, ed. J. M. Winter and R. Wall (Cambridge, 1988), 9~43쪽; Gisela Lebzelter, "Anti-Semitism, a Focal Point for the British Radical Right," in *Nationalist and Racist Movements in Britain and Germany, before 1914*, ed. Paul Kennedy and Anthony Nicholls (London, 1981), 96쪽.

46 Werner Angress, "Das deutsche Militär und die Juden im Ersten Weltkrieg," *Militärgeschichtliche Mitteilungen*, vol. 1 (1976), 79쪽.

47 Walter Laqueur, *Young Germany. A History of the German Youth Movement* (London, 1962), 10장; 전후 사회단체의 유대인 배제에 관해서는 George L. Mosse, *The Crisis of German Ideology* (New York, 1965), 3부 참조.

48 Egmont Zechlin, *Die deutsche Politik und die Juden im Ersten Weltkrieg* (Göttingen, 1969), 526~527쪽.

49 David Bankier, "Hitler and the Policy-Making Process on the Jewish Question," *Holocaust and Genocide Studies*, vol. 3, no. 1 (1988), 11쪽.

50 George L. Mosse, *Towards the Final Solution* (New York, 1978), 178~179, 182~183쪽.

51 George L. Mosse, *The Crisis of German Ideology* (New York, 1964), 242쪽.

52 Kurt Tucholski, "Das Gesicht," *Gesammelte Werke*, vol. 1, *1907-1924* (Hamburg, 1960), 1182~1183쪽; Detlef Hoffmann, "Der Mann mit dem Stahlhelm von Verdun. Fritz Erlers Plakat zur sechsten Kriegsanleihe 1917," in *Die Dekoration der Gewalt*, ed. Berthold Hinz (Giessen, 1979), 106쪽; Ernst Jünger, *Der Kampf als inneres Erlebnis* (Berlin, 1922), 32쪽.

53 Anneliese Thimme, 같은 책, 132쪽; Emil Julius Gumbel, 같은 책, 13쪽 등.

54 Victor Klemperer, *LTI* (Berlin, 1947), 54, 62쪽. 나치는 이런 어휘를 제3제국의 공식 언어로 삼았다. Gerhard Bauer, *Sprache und Sprachlosigkeit im Dritten Reich* (Cologne, 1988), 58~61쪽도 참조. 공화국은 그러한 언어를 전혀 사용하지 않았으나, 극단적 성향의 정당들만이 채택한 그러한 언어가 1928년 이후 정치적 담론을 크게 오염시켰다.

55 Emil Julius Gumbel, *Verräter verfallen der Feme* (Berlin, 1929), 30쪽; Ernst Werner Techow, 같은 책, ii쪽.

56 Victor Klemperer, 같은 책, 175쪽.

57 Hanns Oberlindober, *Ein Vaterland, das allen gehört* (München, 1939), 10쪽.

9 신화의 증축

1 Alfred Kerr, *Die Diktatur des Hausknechts und Melodien* (Frankfurt, 1983), 67쪽 이하.

2 Hanns Oberlindober, *Ein Vaterland, das allen gehört* (München, 1939), 4쪽.

3 *Die Fahne Hoch!* no. 40 (1932), 12쪽.

4 *Die Fahne Hoch!* no. 27 (1932), 3쪽.

5 Dolf Sternberger, Gerhard Stotz, and W. E. Süskind, *Aus dem Wörterbuch des Untermenschen* (München, 1962), 41~42쪽; Cornelia Berning, *Vom "Abstammungs-nachweis" zum "Zuchtwart." Vokabular des Nationalsozialismus* (Berlin, 1964), 81쪽.

6 Uwe Lars Nobbe, *Rufer des Reichs* (Potsdam, 1935), 72~73쪽.

7 *Adolf Hitler an seine Jugend* (München, 1940) 참조.

8 John F. Coverdale, *Italian Intervention in the Spanish Civil War* (Princeton, 1975), 328~329쪽.

9 Emilio Gentile, *Il Mito della Stato Nuovo dall'Antigiolittismo al Fascismo* (Rome and Bari, 1982), 243쪽; Renzo de Felice, *Intervista sul fascismo* (Rome and Bari, 1975), 53쪽.

10 Harald Scholtz, *NS-Auslese Schulen* (Göttingen, 1975), 99쪽.

11 G. A. Rowan-Robinson, *Elite für die Diktatur*, ed. H. Überhorst (Düsseldorf, 1969), 321쪽에서 재인용.

12 Detlef Hoffman, "Der Mann mit dem Stahlhelm von Verdun. Fritz Erlers Plakat zur sechsten Kriegsanleihe 1917," in *Die Dekoration der Gewalt*, ed. Berthold Hinz (Giessen, 1979), 110쪽.

13 Walter Bloem, *Deutschland. Ein Buch der grösse und der Hoffnung in Bildern, 1914-1924* (Berlin, 1924) 참조.

14 Marcia Landy, *Fascism in Film. The Italian Commercial Cinema, 1931-1943* (Princeton, 1986), 121쪽.

15 같은 책, 145쪽.
16 Hans Buchner, *Im Banner des Films* (München, 1927), 59쪽.
17 René Prédel, *La Société Française (1914–1945) à travers le cinéma* (Paris, 1972), 28쪽.
18 Clyde Jeavons, *A Pictorial History of War Films* (Secaucus, 1974), 46쪽.
19 C. E. M. Joad, "What Is Happening to the Peace Movement?" *The New Statesman and Nation*, vol. 13 (May 15, 1937), 803~804쪽.
20 Michael Howard, *War and the Liberal Conscience* (New Brunswick, 1978), 102쪽.
21 Peter Stansky and William Abrahams, *Journey to the Frontier* (Boston, 1966), 330쪽.
22 Vincent Brome, *The International Brigades, Spain 1936–1939* (London, 1965), 34쪽.
23 Hugh Thomas, *The Spanish Civil War* (London, 1977), 982쪽.
24 같은 책, 455쪽.
25 "La Guerre d'Espagne vue par le cinéma," *La Cahier de la cinémathèque*, no. 21 (January 1977), 36, 39, 64, 66쪽.
26 Alfred Kantorowicz, *Spanisches Kriegstagebuch* (Cologne, 1966), 290~291쪽.
27 같은 책, 410쪽.
28 Peter Stansky and William Abrahams, 같은 책, 395쪽.
29 Hugh Thomas, 같은 책, 455쪽.
30 Philip Toynbee, *Friends Apart. A Memoir of Esmond Romilly and Jasper Ridley in the Thirties* (London, 1954), 91쪽.
31 같은 곳.
32 Elke Bleier-Staudt, "Die deutschsprachige Lyrik des Spanischen Bürgerkriegs," in *Spanienkriegsliteratur*, ed. Helmut Kreuzer (Göttingen, 1986), 51쪽.
33 "Jamie Miravitlles: La Cultura en guerra," in *La Guerra Civil Española*, Exposición organizada por la Dirección General del Patrimonio Artístico. Palacio de Cristal del Retiro (Madrid, 1890), 98, 100쪽.
34 "Gimenez Caballero, La Mística de la Anticultura," in *La Guerra Civil Española*, 112쪽.
35 Georges Oudard, *Chemises noires, Brunes, Vertes en Espagne* (Paris, 1938), 64~65쪽.
36 Eoin O'Duffy, *Crusade in Spain* (London, 1938), 92쪽.
37 Bernard Bergonzi, "Roy Campbell: Outsider on the Right," *Journal of Contemporary History*, vol. 2, no. 2 (1967), 139, 142쪽.
38 John F. Coverdale, 같은 책, 184, 257쪽.
39 Peter Monteath, "Die Legion Condor im Spiegel der Literatur," in *Spanienkriegsliteratur*, 103쪽.
40 Reinhold Lütgemeier-Davin, "Basismobilisierung gegen den Krieg," in *Pazifismus in der Weimarer Republik*, ed. Karl Holl and Wolfram Wette (Paderborn, 1981), 49쪽.

41 같은 글, 59쪽.

42 Otmar Jung, "Spaltung und Rekonstruktion des Organisierten Pazifismus in der Spätzeit der Weimarer Republik," *Vierteljahrhefte für Zeitgeschichte*, 2. Heft, 34. Jhrg. (April 1986), 242~243쪽.

43 Martin Ceadel, *Pacifism in Britain, 1914-1945* (Oxford, 1980), 223쪽.

44 같은 책, 178쪽.

45 C. E. M. Joad, "What Is Happening to the Peace Movement?," 803~804쪽; 이와 유사했던 1920년대 로맹 롤랑의 사상 및 프랑스 평화주의 일반에 관해서는 David James Fisher, *Romain Rolland and the Politics of Intellectual Engagement* (Berkeley and Los Angeles, 1988), 193~195쪽 등을 참조.

46 Karl Hugo Sclutius, "Pazifistische Kriegspropaganda," *Die Weltbühne*, 25 (Erstes Halbjahr, 1929) 참조.

47 Modris Eksteins, "All Quiet on the Western Front and the Fate of a War," *Journal of Contemporary History*, vol. 15, no. 2 (April, 1980), 350쪽.

48 Karl Hugo Sclutius, 같은 글, 517쪽.

49 Modris Eksteins, *Rites of Spring. The Great War and the Birth of the Modern Age* (Boston, 1989), 284쪽.

50 같은 책, 520쪽 이하; Ludwig Renn, *War* (reprint, New York, 1988), 특히 165쪽 및 152, 334쪽.

51 German Werth, *Verdun* (Bergisch Gladbach, 1979), 349쪽.

52 Michael Golbach, *Die Wiederkehr des Weltkrieges in der Literatur* (Kronberg/Taunus, 1978), 288쪽.

10 2차대전, 신화, 그리고 전후 세대

1 총력전으로서의 1차대전에 관해서는 Modris Eksteins, *Rites of Spring. The Great War and the Birth of the Modern Age* (Boston, 1989), 157쪽 이하, 167쪽 참조.

2 Barry Fulkes, *Film Culture and Kulturfilm: Walter Ruttman* (Ph.D. dissertation, University of Wisconsin, 1973), 27쪽.

3 Hans Barkhausen, *Film Propaganda für Deutschland im Ersten und Zweiten Weltkrieg* (New York, 1982), 228쪽.

4 Charles C. Alexander, *Nationalism in American Thought, 1930-1945* (Chicago, 1969), 192쪽.

5 이는 케임브리지 대학 펨브루크 칼리지의 J. M. 윈터가 지적해준 내용이다.

6 Peter Hasubeck, *Das deutsche Lesebuch in der Zeit des Nationalsozialismus* (Hannover, 1972), 77쪽.

7 Max Simoneit, *Deutsches Soldatentum 1914 und 1934* (Berlin, 1940), 13, 21~22, 26쪽.

8 Hans-Jochen Gamm, *Der braune Kult* (Hamburg, 1962), 155쪽.

9 *Meldungen aus dem Reich*, ed. Heinz Boberach (Neuwied and Berlin, 1965), 8쪽.

10 Horst Burger, *Warum warst Du in der Hitler Jugend?* (Hamburg, 1978), 38쪽.

11 Heinz Höhne, *Der Orden unter dem Totenkopf. Die Geschichte der SS* (Gütersloh, 1967), 426쪽.

12 George H. Stein, *Geschichte der Waffen SS* (Düsseldorf, 1978), 141쪽; Hans Werner Neulen, *An deutscher Seite* (München, 1985), 127~133쪽의 수치들도 참조.

13 Hans Werner Neulen, *Europas Verratene Söhne* (Bergisch Gladbach, 1982), 201~202쪽의 목록 참조.

14 Felix Steiner, *Die Freiwilligen der Waffen SS. Idee und Opfergang* (Preussisch-Oldendorf, 1973), 313쪽.

15 Hans Werner Neulen, *An deutscher Seite*, 381쪽; N.K.C.A. Int'Veld, *De SS en Nederland* (Amsterdam, 1987), 408쪽. 서유럽 출신 의용병의 절반 이하가 친나치 또는 내셔널리즘 성향의 정당 소속이었고 나머지는 이상주의자였다는 표현은 의용병들이 기존에 관여한 정치 활동을 과소평가한 것이었다고 볼 수 있다. Heinz Höhne, 같은 책, 426쪽 참조.

16 N.K.C.A. Int'Veld, 같은 책, 410쪽.

17 의용병 전체의 동인에 대해서는 한스 베르너 노일렌과 게오르게 H. 슈타인 등이 쓴 다양한 기록(이 기록들 사이에서도 흔히 정반대의 의견이 나온다)을 바탕으로 했다. 의용병의 명예회복을 위해 쓰인 저서 대다수 및 슈타인의 예외적인 저서는 1966년에 처음 출간된 것이다. 하루 빨리 최근에 쓰인 기록이 보완되어야 한다.

18 Felix Steiner, 같은 책, 16쪽.

19 Maurice Barbarin, "La Compagnie 'Jean d'Arc' pendant la guerre d'Espagne," *Le combattant Europeen*, vol. 2 (September 15, 1943), 2~3쪽. 에스파냐 내전에서 내셔널리스트 진영을 위해 싸운 귀환병은 '볼셰비즘에 맞선 프랑스 의용대' 단체에 가입할 수 있게 되었다.

20 Philippe Burrin, *La Dérive Fasciste* (Paris, 1986), 86, 151쪽.

21 Abel Bonnard, "Des Jeunes gents jeune," *Jeune Force de France*, no. 3 (January 27, 1943) 참조.

22 Jean Mabire, *La Brigade Frankreich* (Paris, 1973), 5쪽.

23 같은 책, 32, 146쪽.

24 Saint-Loup [Marc Augier], *Les Hérétiques* (Paris, 1965), 22쪽.

25 Marc Augier, *Les Partisans* (Paris, 1943), 194~195쪽.

26 Jean Mabire, 같은 책, 33쪽.

27 Marc Augier, *Goetterdämmerung, Wende und Ende einer Zeit* (Buenos Aires, 1950), 79쪽.

28 Ernst von Salomon, *Der Fragebogen* (Hamburg, 1951), 721쪽.

29 예컨대 알랭 드 브누아 및 파리에서 출판된 잡지 『엘레망*Eléménts*』.

30 34쪽 참조.

31 Adolf Reith, *Denkmal ohne Pathos, Totenmahle des Zweiten Weltkrieges in Süd-Würtemberg-Hohenzollern mit geschichtlichen Einleitung* (Tübingen, 1967), 16쪽.

32 Meinhold Lurz, *Kriegerdenkmäler in Deutschland*, vol. 6, *Bundesrepublik* (Heidelberg, 1987), 123쪽.

33 같은 책, 126쪽.

34 *National-Zeitung*, Jahrg. 34, no. 46 (November 9, 1984), 4쪽.

35 Meinhold Lurz, 같은 책, 175쪽.

36 같은 책, 166, 169쪽.

37 *Kriegsgräberfürsorge*, 56. Jahrg. (May 1980), 11쪽 참조.

38 *Das Treptower Ehrenmal* (Arbeitsgemeinschaft "Junge Historiker," Des Hauses der Pioniere, Berlin-Treptow, 1987), 46쪽.

39 The Hans-Mallon Memorial on the island of Rügen built in 1931, Erich Blohm, *Hitler Jugend, Soziale Tatgemeinschaft* (Vlotho/Weser, 1937), 46쪽.

40 Sabine Stamer, "Vergessen über den Gräbern," *Die Zeit*, no. 47 (November 13, 1987), 82쪽; *Kriegsgräberfürsorge*, Heft 9, 4. Jahrg. (December1924), 71쪽.

41 *Der Freiwillige*, Heft 6, 25. Jahrg. (June 1979), 28쪽.

42 *Der Freiwillige*, Heft 4, 30. Jahrg. (April 1984), 24쪽.

43 Meinhold Lurz, 같은 책, 109쪽.

44 같은 책, 217쪽.

45 같은 책, 155쪽.

46 같은 책, 147~148쪽.

47 Adolf Reith, 같은 책, 24쪽.

48 Meinhold Lurz, 같은 책, 152쪽.

49 *Kriegergräberstätte München-Waldfriedhof* (München, 1963), 3쪽.

50 Klaus von Luzan, *Den Gefallenen. Ein Buch des Gedenkens und Trostes*, ed. Volksbund Deutscher Kriegsgräberfürsorge (München and Salzburg, 1952), 12쪽.

51 Walter Nutz, "Der Krieg als Abenteuer und Idylle. Landserhefte und triviale Kriegsromane," in *Gegenwartsliteratur und Drittes Reich*, ed. Hans Wagener (Stuttgart, 1977), 275~276쪽.

52 Peter Baum, *Die Unsichtbare Flagge. Ein Bericht* (München, 1952), 158쪽.

53 J. Glenn Gray, *The Warriors: Reflection on Men in Battle* (New York, 1959), 55쪽.

54 *Der Freiwillige*, Heft 8, 23. Jahrg. (August 1977), 15쪽; *Der Freiwillige*, Heft 11, 30. Jahrg. (November 1984), 3쪽.

55 Hans Hellmut Kirst, *Null-Acht Fünfzehn* (Wien, 1954), 304쪽.

56 Walter Nutz, 같은 글, 71쪽 등; *Der Landser* (1986) 참조.

57 Kurt P. Tauber, *Beyond the Eagle and Swastika: German Nationalism since 1945* (Middletown, Connecticut, 1967), vol. 1, 538~539쪽.

58 *Kriegsgräberstätte München-Waldfriedhof* (München, 1963), 8쪽.

59 Saul Friedländer, *Reflets du nazisme* (Paris, 1982), 137쪽 이하.

60 예컨대 Giannini Baget-Bozzo, *Il Partito Cristiano al Potere* (Firenze, 1974), 217쪽, 주 7 참조.

61 Philip Longworth, *The Unending Vigil. A History of the Commonwealth War Graves Commission, 1917-1967* (London, 1967), 183쪽.

62 같은 책, 129쪽.

63 같은 책, 163, 180쪽.

64 이 논쟁은 "The Conference on War Memorials, April 27, 1944," *Journal of the Royal Society of the Arts*, vol. 92 (June 9, 1944), 322쪽 이하에서 추적할 수 있다..

65 Philip Longworth, 같은 책, 183쪽.

66 "The Conference on War Memorials, April 27, 1944," *Journal of the Royal Society of the Arts*, vol. 92 (June 9, 1944), 323쪽.

67 David Cannadine, "War and Death, Grief and Mourning in Modern Britain," *Mirrors of Mortality. Studies in the Social History of Death*, ed. Joachim Whaley (New York, 1981), 233~234쪽; George L. Mosse, "Two World Wars and the Myth of the War Experience," *Journal of Contemporary History*, vol. 21 (1986), 503~505쪽.

68 Philip Longworth, 같은 책, xxiv쪽에서 재인용.

69 같은 곳.

70 131쪽 참조.

71 Klaus von Luzan, 같은 책, 11쪽.

72 Julian Bach, Jr., *America's Germany. An Account of the Occupation* (New York, 1946), 215쪽.

조지 L. 모스 연보

1918 9월 20일. 독일 베를린의 부유한 유대인 가문에서 태어난다. 외할아버지 루돌프 모세는 광고·출판업으로 성공해 당대 독일의 유력 신문인 『베를리너 타게블라트 *Berliner Tageblatt*』 등을 창간한 저명인사였다. 모스는 어린 시절 유명 사립학교인 몸젠 김나지움과 잘렘에서 교육받는다.

1933~ 나치 집권 후 영국으로 망명. 퀘이커교 계열의 부댐 학교에 다닌다. 이곳에서 자신의 동성애 성향을 알게 된다. 케임브리지 대학에 진학하면서 역사학에 관심을 갖기 시작한다. 에스파냐 내전을 계기로 파시즘에 대한 반감이 굳어진다.

1939~ 미국으로 이주. 해버퍼드 칼리지에서 학부과정을 마친다.

1946~ '16~17세기 영국 헌법사'를 주제로 한 논문으로 하버드 대학에서 역사학 박사학위를 받는다. 아이오와 대학에서 교수로 재직하며, 근대 초 유럽의 종교와 종교개혁에 대해 연구한다.

1950 박사논문을 바탕으로 한 『영국의 주권 투쟁 *The Struggle for Sovereignty in England*』 출간.

1953 『종교개혁 *The Reformation*』 출간.

1955 위스콘신 대학(매디슨) 교수로 부임해 근대사를 강의한다. 이후 30년 넘게 이곳에서 강의와 연구 활동을 계속한다.

1961 근대사 강의를 정리한『서유럽 문화 입문: 19세기와 20세기*The Culture of Western Europe: The Nineteenth and Twentieth Centuries, an Introduction*』출간.

1964 『독일 이데올로기의 위기: 제3제국의 지적 기원*The Crisis of German Ideology: Intellectual Origins of the Third Reich*』출간. 내셔널리즘의 뿌리를 분석한 책으로, 독일혁명은 어째서 반유대주의 성향을 띠게 되었는지를 추적한다. 이 시기를 전후로 내셔널리즘, 파시즘, 반유대주의 연구를 본격화한다.

1966 월터 라쿠어와 함께 학술지『현대사 저널*Journal of Contemporary History*』창간.

1969 이스라엘을 오가며 히브리 대학에서도 강의하기 시작. 기본적으로 자유주의자였던 모스는 개인주의와 연대에 기반을 둔 시오니즘을 지지했으나, 이스라엘의 배타적이고 공격적인 내셔널리즘에는 비판적 입장을 표한다.

1975 『대중의 국민화: 나폴레옹 전쟁에서 제3제국까지 독일의 정치적 상징주의와 대중운동*The Nationalization of the Masses: Political Symbolism and Mass Movements in Germany, from the Napoleonic Wars Through the Third Reich*』출간. 근대 국민국가의 지배 장치인 '정치종교'의 발전 과정을 분석한 책으로, 파시즘을 "18세기에 부상한 인민주권 사상에 기반을 둔 새로운 정치"로 규정하면서 그 대중민주주의적 성격을 파헤친다.

1978 『최종 해결을 향해: 유럽 인종주의의 역사*Toward the Final*

Solution: A History of European Racism』 출간. 유럽 인종주의의 뿌리에 그리스적 미의 관념이 자리하고 있다고 보는 모스는 이 책에서 애초에 흑인을 겨냥했던 인종주의가 점차 유대인을 표적으로 삼게 된 과정을 고찰한다.

1985 『내셔널리즘과 섹슈얼리티: 근대 유럽에서의 고결함과 비정상적 섹슈얼리티*Nationalism and Sexuality: Respectability and Abnormal Sexuality in Modern Europe*』 출간. 이 책은 근대사회의 가장 강력한 이데올로기인 내셔널리즘과, 근대적 섹슈얼리티를 지배하는 관념인 '고결함'의 관계를 살피고, 이것이 어떻게 인간의 육체와 섹슈얼리티에 대한 사회적 태도('남자다움'의 이상화, 남성성과 여성성, 정상과 비정상의 구분 등)를 형성하는지 분석한다.

1990 『전사자 숭배: 국가라는 종교의 희생제물*Fallen Soldiers: Reshaping the Memory of the World Wars*』 출간.

1996 『남자의 이미지: 현대 남성성의 창조*The Image of Man: The Creation of Modern Masculinity*』 출간. 『내셔널리즘과 섹슈얼리티』에서 다루었던 '남자다움'에 대한 연구를 더 확장해 남성 스테레오타입의 역사를 정리한 책. 여기서 모스는 '남자다움'으로 대변되는 남성적 고결함은 그 남성적 이상을 훼손하고 위협하는 반대 유형의 남성상, 즉 '유약하고, 소심하고, 여성적인' 남자 이미지를 낳았다고 밝힌다.

1999 『파시스트 혁명: 파시즘의 일반 이론을 향해*The Fascist Revolution: Toward a General Theory of Fascism*』 출간.
1월 22일. 미국 위스콘신 주 매디슨에서 생을 마친다.

2000 사후에 자서전 『역사와 마주하기*Confronting History*』 출간.

해설

민족주의를 탈주술화하기

전사자 추모비와 탈영병 기념비

임지현
한양대 사학과 교수
비교역사문화연구소 소장

2014년 10월 24일, 오스트리아의 수도 빈에서는 색다른 기념비의 제막식이 있었다. "모두가 혼자all alone"라는 알 듯 모를 듯한 명문이 새겨진 X자 형상의 이 기념비는 특이하게도 탈영병을 위한 기념비였다. 기념비를 세운 장소도 의미 있다. 기념비가 서 있는 '발하우스 광장'은 1938년 25만여 명의 빈 시민들이 히틀러를 열렬히 맞이한 '영웅 광장'의 지척에 있다. '영웅 광장'에는 2차대전의 오스트리아 희생자들을 기리는 전쟁 기념비가 서 있다. 그런 전쟁 기념비 바로 근처에 탈영병 기념비를 따로 세운 이유는 무엇일까? 내게는 자꾸 그 탈영병 기념비가 전쟁 기념비에 대한 무언의 항변처럼 느껴진다. 전쟁 기념비 자체보다는 오스트리아의 사회적 기억에 대한 항변이라고 하는 편이 더 맞겠다.

오스트리아가 '히틀러의 첫번째 희생자'였다는 전후의 조작된 기억은 많은 오스트리아인이 평균적 독일인들보다도 더 적극적인 히틀러 협력자였다는 사실을 지워버렸다. 협력의 기억을 지운다고 해서, 제3제국 전체 인구의 8퍼센트에 불과한 오스트리아인들이 나치 친위대SS의 14퍼센트를 차지했으며 그중 40퍼센트가 홀로코스트에 가담했다는 통계까지 지워지는 것은 아니다. '히틀러의 첫번째 희생자'라고 규정함으로써 협력의 기억을 부정해온 오스트리아에서 '전우를 배반한' 탈영병을 위한 기념비를 세웠다는 것은 어쨌거나 사회적 기억이 그만큼 민주화되었다는 징표다.* 탈영병의 기억을 내세움으로써 오스트리아의 희생자 의식을 정당화하는 측면도 물론 있을 것이다. 그렇다 해도 조국을 위해 죽어간 자보다 조국을 배반하고 전선을 이탈한 자를 추모한다는 것은 그리 쉬운 일이 아니다.

2차대전 당시 히틀러의 군대에서 탈영한 오스트리아 병사는 약 2만 명을 헤아리는데, 그 가운데 약 1,500명이 나치의 군사재판에서 약식 처형되었다. 오스트리아 최초의 탈영병 기념비 제막식을 지켜본 92세의 탈영병 리하르트 바다니에게 이 기념비는 지난 세월에 대한 보상과 같은 것이었다. 입영 전야 어머니가 은근히 건네준 하얀 천 조각을 회고하는 이 탈영병의 기억은 오랜 동안 억압되어왔다. 이곳에서 탈영병은 배반자라는 이미지와 겹쳐져서 기억되어왔다. 다른 대부분의 나라에서도 사정은 마찬가지일 것이다. 탈영병을 기리는 기념비를 세웠다는 점에서 오스트리아의 사정은 오히려 낫다. 그래도 쉽지는 않았던 모양이다.

기념비 건립에 앞서 2009년 오스트리아 의회는 나치가 범죄자로 낙인찍은 탈영병들을 복권시킨다는 결의안을 통과시켰지만, '전우를 배반했다'는 사회적 낙인까지 지우지는 못했다. BBC 방송과의 인터뷰에서 오스트리아 재향군인회의 일부 완고한 회원들은 '전우를 배반한' 탈영병들을 나치와 싸운 '레지스탕스 전사'들과 혼동해서는 안 된다고 못박았다. 이들에게 탈영은 나치에 대한 저항이 아니라 자신들에 대한 배반으로 비추어진 모양이다. 하지만 죽음을 무릅쓰고 탈영한 자들이 죽기 살기로 싸운 자들보다 비겁하다고 생각할 이유는 없다. 전우를 배반한 일이 다른 사람을 죽이는 것보다 더 나쁜 죄악이라고 판단할 이유는 더더욱 없다.

*http://www.bbc.com/news/world-europe-29754386#story_continues_1. (2014년 12월 28일 방문)

전사자를 기억하는 일이 탈영병을 추모하는 것보다 더 소중한 일이라고 지레짐작할 이유는 결코 없다.

•

탈영병을 기념하자는 제안은 이미 2차대전 당시인 1943년 베네치아의 반反파시스트 빨치산의 입에서 나왔다. "조국을 위해 죽은 자들에게 바친 우스꽝스러운 기념비들을 부수고 그 위에 탈영병들을 위한 기념비를 세우자"는 제안이었다. 전장에서 죽은 자들은 모두 전쟁을 저주하면서, 그리고 탈영자들의 행운을 부러워하면서 죽어갔기 때문이라는 것이 그 빨치산의 변이었다.* 이 빨치산에 앞서 일찍이 1925년 전사자 숭배에 일침을 가한 것은 독일의 평화주의 운동가이자 저널리스트, 작가였던 쿠르트 투홀스키였다. 곳곳에 흩어져 있던 1차대전의 전사자 기념비에 분개한 그는 탈영병을 위한 대안적 기념비를 제안했다. "여기 동료 인간을 쏘아 죽이기를 거부한 한 남자가 살았노라. 그에게 경의를."

전사자 추모비의 대안으로 제시되었던 투홀스키의 탈영병 기념비가 현실화된 것은 2차대전이 끝나고도 한참 후의 일이었다. 1986년 브레멘을 시작으로 1987년 카셀, 1995년 에어푸르트, 1999년 포츠담, 2005년 울름, 2007년 슈투트가르트 등 독일 각지에 탈영병 기념비가 세워지기에 이르렀다. 전쟁 말기 나치의 군사재판으로 약식 처형당해 본보기로 전봇대에 줄줄이 매달린 독일군 탈영병들의 주검에 대한 귄터 그라스의 회고도 그렇지만, 처형된 독일군 탈영병의 수가 1만 5,000명이라는 통계는 더욱 놀랍다. 실제 탈영병의 수는 훨씬 많았을 것이다. 그럼에도 전후 독일의 사회적 기억에서 이 탈영병들의 역사는 쉽게 자리를 찾지 못했다. '전우를 배반하고 조국을 등진' 탈영병들은 기억되기보다는 잊혀야만 할 존재였다.

* 안토니오 네그리/마이클 하트, 『제국』, 윤수종 옮김(이학사, 2001), 275쪽.

탈영병 기념비들이 작금의 소박한 수준으로나마 세워지기까지는 실제로 적지 않은 우여곡절을 겪어야 했다. 보수 세력의 반발도 결코 무시할 수 없는 수준이었지만, '전우를 배반하고 조국을 등진' 탈영병들에 대한 사회적 통념도 큰 장애물이었다. 시베리아에 억류되었던 독일군 포로들이 귀향했을 때, 포로수용소에서 소련군에 협력한 독일군 포로들은 '전우를 배반하고 학대한 죄'로 기소되었다. 나치와 협력해서 홀로코스트에 가담한 죄보다는 소련군에 부역하여 전우를 배반한 죄가 더 컸다.* '인류에 반하는 범죄'보다는 '민족에 반하는 범죄'가 더 무거운 처벌을 받은 것이다.

그러므로 탈영병들은 '반인간적 범죄'에 저항한 휴머니스트가 아니라 반민족적 범죄를 저지른 민족 반역자로 기억되는 경우가 더 많았다. 탈영병 기념비가 환영받기는 어려운 조건이었던 것이다. 예컨대 투홀스키의 명문이 새겨진 울름의 기념비는 1989년 시 중심부에 세워졌지만 곧 시의회의 결의로 철거되어 사유지로 쫓겨갔다. 그후 2003년에야 이라크 전쟁에 대한 반전 평화운동에 탄력을 받아 울름 대학 식물원 입구의 공유지로 다시 이전할 수 있었다.† 2002년 독일 의회가 탈영병에 대한 나치의 유죄판결을 공식적으로 뒤집은 것도 크게 작용했다. 하지만 이율배반적이게도 조국과 민족을 배반한 범죄라는 낙인은 아직도 유효하다.

•

막스 베버는 종교적 심성으로부터 세속적 합리주의로의 전환이 가져온 '탈주술화'를 근대의 특징으로 꼽았다. 그러나 막스 베버는 근대의 '재주술화' 과정에도 주목했다. 루이 15세가 세운 부르

* Frank Biess, "Between Amnesty and Anti-communism: The West German Kameradenschinder Trials, 1948-1960," in Omer Bartov, Atina Grossmann and Mary Nolan eds., *Crimes of War: Guilt and Denial in the Twentieth Century* (New York: The New Press, 2002), 138~160쪽.

† http://sites-of-memory.de/main/ulmdeserters.html.(2014년 12월 28일 방문)

봉 왕조의 전통 종교 신전이 프랑스혁명 이후 민족의 영웅을 제사지내는 정치종교의 신전으로 탈바꿈한 팡테옹의 역사가 보여주듯, 실상 탈주술화는 재주술화 과정이기도 했다. 조지 모스의 『전사자 숭배』는 근대의 재주술화 과정, 즉 국민국가가 죽은 자들을 조국과 민족의 이름으로 불러내어 전유하는 권력의 은밀한 헤게모니적 작동 메커니즘을 잘 드러내주는 역작이다. 전사자 추모비의 무성한 숲 속에서 탈영병의 윤리적 결단과 용기를 기리는 탈영병 기념비를 찾아볼 수 없는 이유도 여기에 있다. 탈영병에 대한 기억은 재주술화를 통해 권력을 정당화하는 민족주의적 제의에 찬물을 끼얹는 거북한 코드인 것이다.

일본 총리의 야스쿠니 신사 참배 문제로 여전히 시끄러운 동아시아의 상황 역시 아시아적 특수성보다는 국민국가의 헤게모니적 '재주술화'라는 지구적 근대의 한 모습으로 포착할 수 있지 않을까 한다. 현재 동아시아에서 야스쿠니 논란은 어떤 전사자를 누가 어디에서 어떻게 기릴 것인가 하는 문제에서 크게 벗어나지 못하고 있다. 포스트 제국 일본이 됐든 포스트 식민지 한반도나 중국이 됐든 전사자를 기리는 행위 자체에 대한 문제제기는 거의 없고 탈영병 기념비는 아예 기대조차 할 수 없다. 21세기 동아시아의 기억 문화는 '호국영령護國英靈'에 대한 국가적 제사를 통해 정치종교의 차원으로 승화된 전사자 숭배의 정점을 보여준다. 전사자를 '호국영령'으로 현창하는 야스쿠니 신사의 '영령 제사'의 논리가 서울의 전쟁기념관이나 중국의 항일전쟁기념관에서 공통적으로 발견된다고 해서 놀라운 일은 아닌 것이다.* 무명용사 탑이나 '꺼지지 않는 불꽃' 조각상에서 보듯 '국가를 위해 죽은' 전사자들의 죽음을 특권화하고 제사지내는 20세기의 국민국가적 제의는 동아시아 기억 문화의 중심부에 자리한다.

* 다카하시 데쓰야, 『결코 피할 수 없는 야스쿠니 문제』, 현대송 옮김 (역사비평사, 2005), 185~186쪽.

단순화를 무릅쓰고 말한다면, 러일전쟁에서 시작하여 총력전 체제에서 만개한 일본 제국의 정치종교는 여전히 동아시아 각국의 정치문화를 지배하고 있는 것이다. 일본의 제국주의 전쟁에서 조국을 위해 죽어간 영령을 달래는 야스쿠니 신사는 도쿄 한복판에만 있는 것이 아니다. 서울 동작동 국립묘지에도 '정국교靖國橋'라는 이름의 다리가 버젓이 존재한다. 여기서 '정국'의 일본어 독음은 '야스쿠니'다. 중국의 경우에도 중화민국 시기 쓰촨의 일부 군벌이 자신들을 '정국군'이라고 불렀다. 그 탓인지 쿤밍 시에는 '정국소학교'도 있다. 일본식으로 읽으면, 야스쿠니 군대와 야스쿠니 초등학교가 되는 셈이다. 어원을 거슬러올라가면 '나라를 안정시킨다'는 의미로 '정국'을 사용한 『춘추좌전春秋左傳』에 이르게 된다.*

『춘추좌전』의 '정국'에 기원을 두고 있다고 해도, 야스쿠니는 그 '정국'과 다르다. 이탈리아 파시즘의 이론가인 엔리코 코라디니가 러일전쟁 직후 국가에 신성을 부여하여 절대적 숭배의 대상으로 만든 일본의 정치종교를 배우라고 파시스트들을 독려했을 때,† 그가 본 것은 고대 왕권국가의 도덕률인 '정국'이 아니라 근대 국민국가의 헤게모니적 지배 장치인 '야스쿠니'였다. 『대중의 국민화—독일 대중은 어떻게 히틀러의 국민이 되었는가?』에서 조지 모스는 정치종교가 파시즘과 나치즘의 패망으로 사라진 것이 아니라 여전히 살아 있는 역사라고 결론내린 바 있다. 20세기 전반 나치즘과 파시즘의 기억 문화를 다룬 모스의 책을 읽으면서 자꾸 21세기의 동아시아 기억 문화가 겹쳐지는 것은 참으로 불편한 경험이다. 동아시아의 역사적 맥락으로 이주할 때 생기는 그 불편

* 중국의 '정국' 용례에 대해서는 서강대학교 디지털역사연구소의 정면 연구교수가 귀중한 정보를 주었다.

† Emilio Gentile, *The Sacralization of Politics in fascist Italy*, translated by Keith Botsford (Cambridge: Harvard University Press, 1996), 14쪽.

한 긴장감은 트랜스내셔널한 공간에서 모스의 지적 유산이 어떻게 작동하는가를 잘 드러내준다.

•

『전사자 숭배』는 『대중의 국민화』와 더불어 근대 국민국가의 지배 장치인 정치종교를 다룬 모스의 이부작 중 하나다. 모스의 어법으로 말한다면, 『전사자 숭배』는 근대 국가가 전사자에게 죽음의 의미를 부여하고 서열화하여 국가로 회수하는 추도의 정치를 비교사적으로 분석한 책이다. 독일을 중심으로 하되 프랑스와 이탈리아 그리고 가끔은 영국까지 분석의 대상이다. 모스에 따르면, 국가가 구성한 전쟁에 대한 공식적 기억은 "전쟁의 공포가 아니라 영광이었고 비극이 아닌 의의였다." 1차대전 이후 신성한 경험으로 구성된 전쟁의 기억은 국가에 전례 없이 종교적 분위기를 부여하고, 그리스도의 품에 안긴 전사자의 그림 등에서 보듯 순교와 부활이라는 전통적 믿음을 국가라는 전면적 시민종교에 투영했다.

파시즘이 "18세기에 부상한 인민주권 사상에 기반을 둔 새로운 정치"*였다면, 전사자 숭배의 신화는 프랑스혁명 당시 혁명의 "대의와 국가에 헌신하여 자원입대한 의용병을 중심으로 구성되었다."(16쪽) 그 신화는 봉건 시대의 잡다한 용병들 대신 부르주아 교양계급이 의용병으로 입대하면서 가능했다. 부르주아 의용병들은 자신들이 겪은 전쟁 경험의 신화를 제작하고 유포했으며, 이들에 의해 남편, 친구, 아들의 전사는 국가와 대의를 위한 희생으로 승격되었다. "전사자 숭배는 국가라는 종교에 순교자를 제공했고 죽은 이들의 마지막 안식처는 국가적 경배의 신전이 되었다."(44쪽) 전사자를 어떻게 매장하고 추모하는지, 전쟁 기념물

*조지 모스, 『대중의 국민화—독일 대중은 어떻게 히틀러의 국민이 되었는가?』, 임지현·김지혜 옮김(소나무, 2008), 26쪽.

에 어떤 상징성을 투영할 것인지 등 전사자 묘역의 건설과 관리에 대한 문제들이 이미 1914년이면 널리 논의되면서 정리되어갔다.

전사자 숭배를 통해 전쟁을 미화하고 신화화하는 '위로부터의' 정치종교적 시도와 더불어 포탄, 탄약통, 철모, 철십자훈장 등이 주방용품이나 장식품의 모습으로 일상에 침투하는 전쟁의 '사소화trivialization' 작업은 전쟁을 별 것 아닌 익숙한 것으로 다가오게 하는 '아래로부터의' 헤게모니화 작업이었다. 국가의 지도나 분쟁지역의 영토 모양이 그려진 병따개나 앞치마가 '머그잔 민족주의'의 형태로 민족주의의 일상화에 기여하는 것과 유사한 효과였다. 그림엽서나 포스터, 전쟁영화 등이 고향과 가족을 꿈꾸면서도 자신의 의무를 다하는 꿋꿋하고 강인한 남성 병사의 이미지를 만들 때, 진짜 시체나 고통스러워하는 부상자들은 어디에도 없었다. 그림엽서에서 흔히 보듯, 전쟁터 부근 자연의 아름다움을 즐기는 듯한 자국 병사들의 평온한 이미지는 남색 행위에 몰두하거나 야만적 약탈과 살인을 자행하는 스테레오타입화된 적군 병사들의 이미지와 대조되었다.

민족을 '기억할 수 없는 먼 과거로부터 영속된 운명공동체'라고 믿는 민족주의는 조국을 위해 죽어간 자들의 제사를 통해 영속된 운명공동체를 재확인한다. 전사자 숭배가 제국과 식민지, 독재와 민주주의, 사회주의와 자본주의를 막론하고 모든 국민국가의 트랜스내셔널한 규범으로 자리잡은 것도 민족이 갖는 제사공동체적 성격 때문이다. 조국과 민족을 위해 목숨을 바친 전사자들이 많으면 많을수록 그 제사공동체의 유대는 강화된다. '국사國史'와 '민족문학'은 제사공동체로서의 국가가 죽은 자들을 제사지낼 때 바치는 제문이다. 이 제문을 통해 전사자들은 영령으로 부활하여 민족의 영속적 삶을 가능케 하는 순교자로 자리매김한다.

전사자 숭배는 이처럼 민족주의가 갖는 주술적 힘의 원천이기도 하다. 따라서 전사자 숭배의 메커니즘을 벌거벗기는 것은 민족주의를 탈주술화하는 출발점이 된다. 야스쿠니 문제를 일본의 고유한 문제가 아니라 동아시아 공통의 문제로 사유하는 트랜스내셔널한 역사의 지렛대로서 모스의 『전사자 숭배』가 갖는 의미도 여기에 있다. 군사정권의 희생자인 실종자들을 기리기 위해 만든 피에타 상, 죽은 예수는 간데없이 덩그러니 홀로 남아 허공을 붙잡고 있는 성모 마리아를 조각한 아르헨티나의 피에타 상이 이 글을 쓰는 내내 뇌리를 떠나지 않았다. 국가와 민족으로 회수되지 않으면서 죽은 자들을 기리고 남은 자들을 위로하는 기념 문화는 어떻게 가능할 것인가? 탈영병을 위한 기념비가 혹 하나의 대안은 아닐까? 모스라면 어떻게 생각할까?

찾아보기

전사자 숭배
국가라는 종교의 희생제물

1판 1쇄 2015년 3월 30일
1판 2쇄 2025년 4월 21일

지은이 조지 L. 모스
옮긴이 오윤성

기획 고원효
책임편집 김영옥
편집 송지선 허정은 고원효
디자인 이현정 최미영
저작권 박지영 형소진 오서영
마케팅 정민호 서지화 한민아 이민경 왕지경 정유진 정경주 김수인 김혜원 김예진 이서진 나현후
브랜딩 함유지 박민재 김희숙 이송이 김하연 박다솔 조다현

제작 강신은 김동욱 이순호
제작처 영신사(인쇄) 경일제책(제본)

펴낸곳 (주)문학동네
펴낸이 김소영
출판등록 1993년 10월 22일 제2003-000045호
주소 10881 경기도 파주시 회동길 210
전자우편 editor@munhak.com
대표전화 031) 955-8888
팩스 031) 955-8855
문학동네카페 http://cafe.naver.com/mhdn
인스타그램 @munhakdongne
트위터 @munhakdongne
북클럽문학동네 http://bookclubmunhak.com

ISBN 978-89-546-3575-2 93900

잘못된 책은 구입하신 서점에서 교환해드립니다.
기타 교환 문의 031-955-2661, 3580

www.munhak.com